經典收藏增訂版

TAROT

第一本專為塔羅**初學者**設計的最佳入門全書

THE COMPLETE GUIDE
OF TAROT

塔羅占卜全書

AOA國際占星研究院創辦人・英國、澳洲占星年會唯一華人講師 **魯道夫**
「命運好好玩」專業占星塔羅老師 **Amanda**

協力著作

塔羅牌圖解說明,精湛詳細
經典的透特、馬賽、偉特牌義介紹
大小祕儀圖案的意義與源由
10種占卜牌陣示範、實際案例解說
50種常見熱門塔羅牌介紹

更完整的塔羅占卜全書

多年前，我在春光的主編邀請之下寫了這本《塔羅占卜全書》，將我在歐洲所學習到的塔羅知識與讀者分享，也因此開始了塔羅的教學工作。

一晃眼十多年過去了，當我們得知《塔羅占卜全書》將要全新改版時，我們決定將這本書重新整理，並邀請我的同事與好友 Amanda 老師貢獻她的所學。我們在這本書當中加入了透特塔羅的詮釋內容，其中也包含了透特塔羅最強調的卡巴拉思想，克勞力所創作的透特塔羅包含了許多神祕學的深奧思想，從塔羅與占星的連結，到卡巴拉生命之樹與神祕學的深刻連結，奇幻的畫風更是引人注目，希望這本書將馬賽、偉特、透特等不同塔羅牌的比較與整合，能夠幫助塔羅愛好者們對這門占卜藝術有更深入的認識。

魯道夫

2018年6月

不同階段閱讀，不一樣的知識收穫

在塔羅牌剛引進的早期，受到日本動漫的影響，很多人覺得塔羅牌帶有強烈神祕色彩，利用它就能夠呼風喚雨，甚至可以迷惑暗戀的對象。另外一種類型的讀者，則是被塔羅牌的牌面上，那些美麗又看似奇幻的圖案所吸引，想要進一步的認識它。事實上，塔羅牌確實是接觸神祕學的一項非常棒的工具。

我很幸運的在學習塔羅牌的過程中，跟隨過幾位老師都不走神神鬼鬼路線，而是很學理的從牌面圖案的基本定義，顏色、數字，甚至是牌卡位於整副牌當中之位置等方面，原汁原味的讓我認識了塔羅牌的真正意涵，並且透過塔羅牌有機會探索神祕學的天地。

魯道夫老師所著的《塔羅占卜全書》，提供非常豐富的內容，在不同的學習階段閱讀本書，都能夠有不一樣的收穫。這一次有幸參與本書的修訂，更加入了透特塔羅（Thoth Tarot）的全新內容。由阿萊斯特克勞力先生（Aleister Crowley）所設計的透特塔羅，可以說是他對於神祕學知識的壓卷之作，與偉特塔羅最大的不同之處，就是克勞力先生將所有他知悉的神祕學範疇，都盡量的放入牌卡圖案當中。因此在剛接觸之時，需要一些指引才能夠一窺奧妙。

　　偉特塔羅是我個人很喜愛也時常使用的塔羅牌，一些讀者可能認為相較於透特塔羅的神祕感，偉特塔羅只要會看圖說故事就能夠運用了。對於這樣的朋友，我只能說你太小看同樣身為黃金黎明學社會員的萊德偉特先生（Arthur Edward Waite）。好入門不代表沒有深度，如同一位老師將課程內容講的非常淺顯易懂，不見得是課程簡單，而是那位老師自己已經融會貫通，能夠深入淺出的讓學生們聽得懂學得會。只要懂得運用，偉特塔羅絕對能夠分析得很深入很全面。

　　在此我衷心感謝國際占星研究院（AOA）的創辦人魯道夫老師，他給我的教導與提攜，讓我受益匪淺。我們兩人有一項共通的特質，就是對於學習都抱持著極大的熱情，並且真心樂於與大家分享。也要感謝Yvetta對於我的督促與照顧，沒有妳，我無法走到現在的局面。

　　我更要感謝我的父母，從小你們就給了我極大的空間與信任，讓我探索這個世界，也使我擁有勇往直前的樂觀及勇氣。謝謝我的弟弟在我需要時所提供之協助。我的先生Brian給予我的支持與鼓勵，更是我得以展翅翱翔的最大力量。

　　在我教授塔羅牌、占星學的多年經驗當中，總是提醒剛入門的學生，千萬不要握緊雙拳發誓一定要認真把老師上課時所說的話，一字不漏的記下來。反倒是提醒同學們，我們態度嚴謹但是心情要放輕鬆，能夠對於一項事物抱持著輕鬆有興趣的想法，路途才能走得長久。對於《塔羅占卜全書》的看法也是如此，衷心希望每一位讀者，能夠帶著探索的心翻開扉頁，在閱讀完畢之後帶著微笑闔上書本，並且在下一次閱讀時，依然擁有同樣喜悅且享受的心情。

Amanda
2018年6月

目 錄
/
CONTENTS

U.S. Games System／俄羅斯塔羅（Russian Tarot of St. Petersburg

chapter1
塔羅牌的演變

提起塔羅牌的由來，總是充滿了遙遠國度的神祕傳說色彩。

有人說塔羅是源於埃及，有人說塔羅是猶太人宗教儀式使用的紙牌，甚至有人說是從東方拜占庭帝國，或是由更遙遠的印度甚至中國傳入西方。這些眾說紛紜的傳說都有其根據，但卻又缺少了一點說服力。相傳十八世紀末法國學者在埃及的金字塔中，發現了七十八幅與現代塔羅相似的畫卷，神祕學者吉特‧吉柏林（Court de Gebelin）大膽的推論這就是原始塔羅牌，但這些畫的真假未經考究，所以不能因此斷定埃及就是塔羅的發源地。除此之外有人認為，塔羅「TAROT」這個字就是古埃及文中的「王道TAR-OT」。或說塔羅乃是一本古埃及傳達神意之書，為了避免文字為異族解讀而洩漏天機，所以由神官繪製成圖案，傳入歐洲後才演變成為塔羅牌。

Eight of Swords

XIX ✦ The Sun

U.S. Games System ／幻想塔羅（Fantastical Tarot）

什麼是塔羅牌

什麼是塔羅牌？

簡單的說塔羅牌是一套七十八張的紙牌，大約是在中古世紀末期，開始於歐洲流傳，起初這樣的紙牌僅被拿來當作遊戲使用，即使到了今天在法國與義大利仍然流傳一種也稱為「塔羅」的紙牌遊戲，這樣的遊戲塔羅牌是介於塔羅牌和撲克牌演變史之間，和我們將要討論的塔羅牌不太相同。

現今作為占卜用的塔羅牌是由兩個部分組成，第一部分由我們稱之為大祕儀（Major arcana）的二十二張紙牌組成，包括：愚人、魔術師、女祭司、女王、皇帝、教皇、戀人、戰車、力量、隱士、命運之輪、正義、倒懸者、死神、節制、惡魔、高塔、星辰、月亮、太陽、審判、以及世界，其編號次序由0至22。

大祕儀的牌面內容在往後撲克牌的發展中幾乎都已經消失，只剩下變成了Jack（通常稱之為鬼牌）的愚人。

而第二部分則是由五十六張稱為小祕儀（Minor Arcana）的紙牌所組成，共有四組圖案，分別是聖杯、寶劍、權杖以及金幣，這些圖樣在今日的撲克牌中，聖杯演變成紅心、金幣演變成方塊、權杖演變成黑桃而梅花則取代了寶劍；和撲克牌相似，在小祕儀的四組圖案當中，包含了數字1到10。再加上四張分別是國王、皇后、騎士以及侍衛的宮廷牌，聰明的你一定發現，這正是撲克牌的前身，只是騎士和侍衛已經結合成一張J、皇后變成Q、國王則由K代表。

如果你已經開始或是曾經接

觸過塔羅牌，相信你會發現占卜用的紙牌琳瑯滿目，讓人眼花繚亂。從原始古老的威斯康提塔羅牌或馬賽塔羅牌，到流傳甚廣的偉特塔羅牌或是克勞力透特塔羅牌，甚至還有魔戒塔羅、希臘神話塔羅、埃及風格塔羅、精靈塔羅……或是奧修禪卡（1）、易經禪卡、天使神諭卡（2）等等。你會問：這麼多種塔羅牌該用哪一種呢？事實上塔羅牌是一種符號象徵的應用，無論使用哪一種紙牌，重要的是你要能夠解讀紙牌上的符號！馬賽塔羅和偉特塔羅還有克勞力透特塔羅，都是結合西方神祕學與符號學大成於一身的作品，也因此才能夠在西方廣為流傳，而大部分現代創作者繪製的塔羅牌，也不出其中三昧。

Gandalf confronts the Balrog.
Gandalf loses his life,
but is to be reborn.

特別要說明的是，選擇一副用來順手的塔羅牌對占卜者來說相當重要！不過所謂的奧修禪卡、易經禪卡或是天使神諭卡，還有部分的埃及風格紙牌，都已經超出了一般塔羅牌所能詮釋的範圍，這一類的紙牌有另外的詮釋方式，所以並不在本書的研究範圍之內。接下來就讓我們進入塔羅牌的歷史傳說世界吧！

1／奧修禪卡

「奧修禪卡」是「奧修禪宗塔羅牌」的簡稱。

奧修禪卡跟傳統的塔羅牌不一樣，它並不是要讓你用它來玩預測的遊戲，它是一個禪宗超凡的遊戲，它可以反映出當下那個片刻，原原本本地呈現出此時此地的現況，沒有任何判斷或比較。這個遊戲是一個喚醒，使你能夠融入敏感性、直覺、慈悲、接受性、勇氣和個體性。

2／天使神諭卡

十多年前由美國人 Juliet Jaffray Hubbs 和 Nora Monaco 所創造的宇宙卡，由 88 張如 Mini Visa 卡般大小的「宇宙天使卡」所組成。每一盒「宇宙卡」內，更有一本厚約百多頁，文字華麗，清楚易明的解卡冊，詳盡解釋每一張卡背後的含義。不過每卡者 Juliet 及 Nora 提議，除了他們所提供的意思之外，你自己也可有自己的注釋，畢竟每個人的溝通方法不同，可能你跟你自己的天使溝通方法又有另外一套。而為了令過程變得簡單和易明，每一張牌面只有一個簡單的單字，這個單字，便是天使給你的話語。

● 塔羅牌 tarot（1375～1400）●

用於占卜和遊戲的一種成套的紙牌。其真正發源地不詳，類似現在形式的塔羅特牌最早出現在14世紀後期的義大利和法國。標準的現代塔羅特牌每付有78張牌，其中22張上印有圖畫代表各種勢力、人物、美德和邪惡。剩下的牌被分成4種花色：一、魔杖或棍棒（梅花）；二、杯（紅心）；三、刀劍（黑桃）；四、錢幣、五角星形或圓盤（方塊），每種花色14張牌，其中10張是數位牌，另外四張是宮廷牌（國王、皇后、騎士和侍從）。現代的撲克牌就是從後面描述的這種牌演變而成的。塔羅特牌起先只用來娛樂，18世紀時被賦予深奧的含義，現在則普遍被用來作占卜。每一張牌的寓意按照牌在攤開時是否被顛倒放置、牌所處的位置和鄰近牌的涵義而有所變化。

● 西方神祕學的三大作品 ●

馬賽塔羅和偉特塔羅還有克勞力透特塔羅，都是結合了西方神祕學與符號學大成的作品，因此在西方能夠廣為流傳，而大部分現代創作者繪製的塔羅牌，也不出其中三昧。

● 塔羅牌與撲克牌的關係 ●

小祕儀的四組圖案當中，包含了數字1到10。再加上四張分別是國王、皇后、騎士以及侍從的宮廷牌，聰明的你一定發現，這正是撲克牌的前身，只是騎士和侍從已經結合成一張J、皇后變成Q、國王則由K代表。

塔羅牌的歷史傳說

埃及

神祕紙牌的來源推論

提起塔羅牌的由來，總是充滿了遙遠國度的神祕傳說色彩。有人說塔羅是從埃及來的，有人說塔羅是猶太人宗教儀式用的紙牌，甚至有人說是從東方拜占庭帝國，或是由更遙遠的印度甚至中國傳入西方。這些眾說紛紜的傳說都有其根據，但卻又缺少了一點說服力。

相傳十八世紀末法國學者在埃及的金字塔中，發現了七十八幅與現代塔羅相似的畫卷，神祕學者吉特‧吉柏林大膽的推論這就是原始塔羅牌，但這些畫的真假未經考究，所以不能因此斷定埃及就是塔羅的發源地。除此之外有人認為，塔羅「TAROT」這個字就是古埃及文中的「王道 TAR-OT」。或說塔羅乃是一本古埃及傳達神意之書，為了避免文字為異族解讀而洩漏天機，所以由神官繪製成圖案，傳入歐洲後才演變成為塔羅牌。事實上現今塔羅中呈現出的埃及情調，是因為融入了十九世紀末期二十世紀初神祕結社的風格所造成的。所以，若要根據這些得出塔羅來自埃及的推論，似乎有點兒牽強。

於埃及金字塔中發現了七十八幅與塔羅相似的畫卷。

另外一個塔羅來自猶太（3）卡巴拉（Kabbalah）的說法，則是因為二十二個希伯來字母與二十二張牌恰可互相呼應，且 Tarot 的發音頗似希伯來語中的「律則 TARAH」。雖然二十二個希伯來字母與二十二張大祕儀的數目正好相符，但也無法證實，塔羅是猶太密法中所使用的工具。他和另外兩位著名的法國神祕學研究者艾提雅（Eteilla）和阿爾法‧李維（Eliphas Levi）努力地想找出之間的關聯，但這些論點實在無法證實馬賽塔羅來自猶太卡巴拉。不過，這個說法卻在後來成為啟發「神祕結社黃金黎明」的重要關鍵。

而塔羅從遠東（印度或中國）傳入的說法似乎更為遙遠模糊，源頭究竟是在印度還是中國難以考證。有人說塔羅類似於中國明朝天啟年間出現的四色牌（paper tickets 在今天仍然流傳於民間），其根源是唐朝時做為賭博籌碼的葉子戲，在紙張上刻劃人物圖案做為骨牌賭局時的籌碼，後來逐漸演變成明朝的四色牌或是今日常見的麻將。

不過，這只能增加塔羅的神祕故事性，並不足以證實小祕儀就是中國四色牌的另一化身，但或許這兩種牌戲有著相同的淵源也說不定。

從遊戲到占卜的紙牌

姑且不論源頭是否來自遠東，但可以確信的是塔羅是經由吉普賽人傳入歐洲。根據考證有一支從印度經由拜占庭移入歐洲的吉普賽人，日常使用中的紙牌，其發音類似「TAR」，且當時在拜占廷帝國流行一種類似軍棋的四色牌戲，將牌分成了劍、權杖、酒杯、金幣（或盾牌），這似乎就是塔羅牌中小祕儀的前身。

紙牌最早出現的文獻紀錄是在西元一三六九年由法王查理六世頒佈的賭博紙牌禁令中，到了西元一三七七年，當時義大利北部流行一種稱為「奈比卡（naibbi）」的紙牌，同年一位德國的僧侶喬那司（Johnnas）在記述上提到，曾在瑞士及西班牙看到遊戲的紙牌，當時有許多國家更明文規定出允許和禁止玩牌的時間。

西元一三九二年法王查理六世付了 56 Sols（當時的貨幣）請畫家傑克敏·葛林高諾（Jacquemin Gringonneu）畫出三套塔羅牌，也許是受到來自義大利北部威斯康提家族的影響，因為當時查理六世的弟弟，希望迎娶威斯康提家族的米蘭的華倫泰（Valentine de Milan），而唯一完整的古老塔羅牌正是來自這個家族。至今在法國巴黎國家圖書館，仍典藏了一副僅剩下十七張的塔羅牌，據說這就是查理六世的塔羅牌，但也有人說這副牌出自於十五世紀的威尼斯。看來塔羅牌的誕生不僅充滿神祕色彩，甚至還夾雜了人類的愛恨情仇在其中。

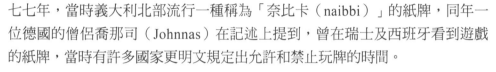

3 ╱ 猶太 Judaea

亦作 Judea，《舊約》作 Judah，希伯來語作 Yehudah。

古代巴勒斯坦三個傳統區畫的最南一段，以色列人占領巴勒斯坦之前由迦南人控制。大衛成為猶大國王（西元前十世紀）時，奪取古代迦南人（傑布西特人〔Jebusite〕，又譯耶布斯人）的要塞耶路撒冷，把它建為以色列各支派的聯合王國的首都。大衛之子所羅門王（西元前十世紀）死後，北方十個支派從猶大分裂出去，而耶路撒冷繼續作為猶大王國的首都。猶大王國維持到西元前五八六年，巴比倫人征服了猶大，摧毀了耶路撒冷。後來，波斯國王允許被俘的猶太人從巴比倫尼亞（Babylonia）重返故土，重建聖殿和耶路撒冷的圍牆。亞歷山大大帝征服近東後，猶太先後受托勒密王朝和塞琉西王朝的統治。猶太領袖馬加比家族（Maccabees）逐漸把塞琉西王朝趕出國土，建立復興的猶太王國。西元前三十七年希律大王被羅馬任命為猶太國王，後為整個巴勒斯坦的國王。西元六十六年猶太人起義爆發，耶路撒冷城被毀。猶太這名字仍被用來粗略地表示與今以色列相同的區域。（大英百科）

最早的塔羅牌哪裡找

義大利北部的威斯康提家族和塔羅的發源息息相關，至今仍存有二百三十九張分成了十一組的威斯康提宮廷大祕儀塔羅牌（稱做 Visconti-Sforza）據說是今天僅存最古老的塔羅牌。但這些大祕儀塔羅牌既沒有編號，也沒有名字，似乎不是用來玩紙牌遊戲的，很可能僅為宮廷典藏之用。

不過現存的古老塔羅牌似乎都沒有看到小祕儀的蹤跡，是否有可能在當時大小祕儀仍是分開來的兩組紙牌遊戲呢？這點頗令人好奇。目前在紐約的賽諾能中世紀（Pierpont-Morgan）圖書館，擁有收藏最完整的威斯康提宮廷大祕儀塔羅牌，經過查證是在西元一四二五年由義大利畫家所繪製。

文藝復興時期的塔羅牌

在十六世紀之前由於塔羅牌仍用手繪的方式保存，流傳的速度不快。到了十六世紀由於印刷術的普及，塔羅紙牌突然間像是野火燎原一般地流行起來，一種被稱為馬賽塔羅（Le Tarot de Marseille）的紙牌從義大利北部的米蘭開始，流傳到倫巴底、波隆涅、佛羅倫斯，一直到羅馬都可以看見塔羅的蹤影。

義大利北部所出現的塔羅牌，大抵上與今天的馬賽塔羅相似，以木刻的手法複製再以人工上色。但在排列的順序上卻又與大祕儀不盡相同。在羅馬與倫巴底也出現了九十八張的塔羅牌，這副牌依據當時人們的信仰，添加了黃道十二宮（4）以及天主教的道德信仰等主題。

這些古老形式的牌當中，大祕儀多半

是以 21+1 的形式存在，給予從1到21的編號，而尚未編號的一張牌，法國人管他叫「A tous」或「le mat」，義大利人則稱為「Triomphes」，象徵玩家的勝利，事實上也就是今天的愚人。西元一四五七年法國僧侶聖安東（Saint Antoine）在他的神學論述《宗教療法（Traite de theologie）中，》說明了塔羅牌的使用。

西元一五〇〇年在一本拉丁文手抄書（Sermones de ludo cum aliis）中，更發現了塔羅牌大祕儀的列表。

從這些資料看來，我們可以確信在十五世紀時，塔羅已經不再只是單純的紙牌遊戲，同時也被使用在占卜上。馬賽塔羅在這時候已經有制式的繪製規定，不過卻受到天主教會的打壓，特別是因為牌中包含了惡魔、死神、高塔等，方濟會的修士們認為塔羅牌是魔鬼所創造的，但這些譴責卻無損塔羅牌的魅力與流傳。

4／黃道十二宮

天文學名詞，指天球上黃道南北兩邊各 9°寬的環形區域。月球和一些主要行星（冥王星除外）的軌道都在黃道帶中。黃道十二宮的一宮各占整個黃道帶的 1/12（或 30°），實際上，黃道十二宮與太陽實際所處的黃道星座已不能一一對應。黃道星座的大小和形狀並不一致，而太陽每年總要穿過的蛇夫座，並非黃道十二宮之一。由於黃道星座的形象多為動物，古希臘把黃道帶稱為「動物圈」或「獸帶」。在古代，黃道星座的數目和大小是不同的，到了數學天文學發展以後，才固定下來。黃道十二宮符號的來歷迄今未明：它們似乎是在中世紀晚期的希臘文獻中最先出現的。（大英百科）

西元一七八一年，一位法國的神祕學研究者吉特・吉柏林在「原始世界（Le monde primitif）」上發表了他的論述，他的研究認為塔羅來自埃及，並且將猶太的卡巴拉密術與之結合，從而認定塔羅與猶太卡巴拉的關係（也就是之前提到塔羅來自埃及或猶太論點的根源）。塔羅來自埃及的說法在法國引起了軒然大波，卻也使更多人從事與塔羅相關的研究。

十年後，尚・巴提斯・艾理持（Jean-Baptiste Alliette）化名艾提雅，承繼吉特・吉柏林的論點，完成了一本塔羅著作，將塔羅與占星以及卡巴拉更緊密的結合，這兩人的研究在十九世紀達到了高潮。之後法國的研究者阿佛思路易・康士坦（Alphonse Louis Constant）以筆名阿爾法・李維呼應前人的研究，試著要找出馬賽塔羅的根源，但可惜沒有成功。

他的成就在於根據吉特・吉柏林的想法，探究出二十二個希伯來字母與二十二張牌的關聯性，對於之後興起的英國玫瑰十字會和金色黎明等神祕學社有重大的影響。

十九世紀是塔羅牌重大的**轉捩點**，當時在英國與歐陸盛行著神祕學，許多神祕學研究社團出現，其中與塔羅牌最為相關的是「玫瑰十字會 Rosicrucian」與「黃金黎明 Golden Dawn」。這些社團繼承了法國學者們以及日耳曼地區共濟會的研究，更進一步的發展塔羅牌與占星術、卡巴拉、埃及神祕學的聯結性。早期出現的玫瑰十字會，是一個組

織嚴密的神祕學研究社團，廣泛地流傳在歐陸的日耳曼、法國及英國。著名的萊德偉特塔羅牌創作者亞瑟・偉特（Arthur Eduard Waite），就是屬於這個神祕學研究社的一員，但後來他離開了玫瑰十字結社，並在末期加入了黃金黎明且創造出著名的萊德偉特塔羅牌。

西元一八八八年，三位共濟會成員威廉・威斯考（Dr. William Wynn Westcott）、威廉・伍德曼（William Robert Woodman）與黎代爾・馬瑟（Liddell MacGregor Mathers）共同創立了「黃金黎明神祕學社 Hermetic Order of the Golden Dawn」，他們宣稱自己屬於日耳曼玫瑰十字的分支機構。在這個神祕學社中將會員分成十個等級，每個等級必須經由測驗來晉升，獲得晉升的人將可參加特殊的魔法晉升儀式，他們以嚴謹的結構和西方神祕學、猶太卡巴拉、和埃及神學的知識（主要來自李維的論述）聞名。不幸的是，名聲使這個社團的主要成員開始自我膨脹，宣稱自己具有與基督教傳說中東方三博士的同等知識，並引起了成員間的相互攻擊。

西元一八九八年加入的會員阿萊斯特・克勞力（Aleister Crowley）（也就是後來克勞力透特塔羅牌的創作者）是主導這場爭執的主角，最後馬瑟開始攻擊威斯考，指出他當初創立玫瑰十字會時引以為據的文件是偽造的，最後馬瑟不得不離開黃金黎明，前往巴黎去建立了另一個類似的神祕學社。

馬賽塔羅牌。

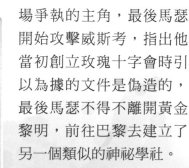

今日流傳的塔羅牌

在馬瑟離開黃金黎明之後，西元一八九二年著名的愛爾蘭詩人葉慈接掌了大部分的工作，但真正發揚光大的要算是亞瑟‧愛德華‧偉特（Arthur Edward Waite，俗稱 A.E. 偉特）。西元一九〇三年偉特離開玫瑰十字會（5）後進入了黃金黎明，並主導了這個神祕學社的事務，他在神祕學社當中導入了許多與基督教有關的論述，並創造了在今日大受歡迎的萊德偉特塔羅牌。

這一副牌是由偉特與另一位黃金黎明成員潘蜜拉史密斯（Pamela Colman Smith）共同創造出來的。與馬賽塔羅牌不同的是，他將原本編號 8 的正義與編號 11 的力量調換，並在愚人上面加了編號 0（有人說此一舉動是從阿爾法‧李維開始就有的）。依照萊德偉特的說法，塔羅是一種符號，他的塔羅牌是將各種黃金黎明的研究精華，融入圖畫當中。

無論大小祕儀，每一個符號都代表著特殊意義，更方便的是將原本僅以象徵符號代表的小祕儀，加入了更容易瞭解的故事圖像，讓使用這副牌的人只要稍具神祕學的基礎就能夠使用。這也就是為什麼這副牌在今日大受歡迎，甚至被視為初學者的入門牌的原因。

另一副知名的塔羅牌就是之前提過的阿萊斯特‧克勞力，在西元一九四三年所完成的透特塔羅。

克勞力這個人本身相當受到爭議。他是一個神祕學研

無論大小祕儀，每一個圖形都有特別的意義。

5 ∕ 玫瑰十字會 Rosicrucian

　　散見於世界各地的祕密結社。其成員聲稱有古傳祕術。該會以玫瑰花和十字架圖案為標誌，故名。現存最早的有關史料是西元 1614 年出版的《兄弟會的傳說》，該書講述的是羅森克洛茲的故事，據說他是玫瑰十字會的創始人。據記載，他生於 1378 年，在去中東的旅行中獲得了智慧，在返回德國之後，又將這一智慧傳授給他的信徒。現在，他往往被視為一種象徵，而非真實的人物。也有人認為帕拉塞爾蘇斯是該會真正的創始人；另一些人認為玫瑰十字會教義是將柏拉圖、耶穌基督、斐洛、柏羅丁和其他人的至理名言累積而成。關於該會 17 世紀以前的歷史沒有可靠記載。國際「古代神祕玫瑰十字會」（Ancient Mystical Order Rosae Cruci 成立於西元 1915 年；它和其他的玫瑰十字會至今仍在開展工作。）（大英百科）

6 ∕ 埃及知識之神透特（THOTH）

　　古埃及宗教所奉的神，原是月神，後司計算與學問。據說他發明語言和文字，創立社會秩序，為諸神擔任文書、譯員和顧問，又在世間代表太陽神瑞（Re）。

究者且相當著迷於魔法的研究，行事放蕩不羈，甚至稱自己為惡魔之子。他自稱受到了埃及知識之神透特（THOTH）（6）的感召而創造出這套透特塔羅牌，並結合了卡巴拉與埃及神祕學的內容。這是另一套在今天廣為流傳的塔羅牌，許多人被插圖中的超現實與神祕元素吸引，進而喜愛上這副牌。

許多人將這兩套牌視為同一個系統，不過我並不建議如此使用，畢竟克勞力與偉特的思想仍有許多差異。今天這兩套塔羅牌在歐陸以外的地區廣為流傳，但是歐陸地區的占卜者，特別是法國、義大利和瑞士地區，則受到歷史因素的影響，反而特別喜歡使用馬賽塔羅牌。

馬賽塔羅牌的解釋雖然與卡巴拉（7）或埃及神話無關，但是使用時必須深入瞭解中古世紀的歷史，以及歐陸地區傳統上對於數字的看法，沒有辦法像偉特塔羅牌般容易親近，初學者只要看圖說故事，就可以有初步的了解。

今天，大家能夠找到的塔羅牌中英書籍，多半受到了偉特與克勞力的影響（偉特還是佔了大部分），這也使得現今的許多塔羅牌，多半依照著偉特的想法去衍生創作。不過要提醒大家，不同的塔羅牌雖然看似大同小異，但是不可以不知變通，必須深入的瞭解你所使用的塔羅牌出自何處，以及創作者的精神何在。

另一方面，有別於英美塔羅愛好者，法國與瑞士的馬賽塔羅占卜者與愛好者，同時都在進行古老馬賽塔羅的修補和研究工作，他們將保留下來殘缺不全的塔羅牌補齊，並重新上色回復原來的樣子，從這些過程中獲得對古老馬賽塔羅的更深層認識。

事實上每一套牌都可以是獨立的體系，除了牌中的基本含意外，多半還要再加入創作者的特殊意義（也就是牌中所包含的特殊符號和顏色），以及占卜者的靈覺，但這三者絕不是死板不變或是無限上綱，過度依賴書中解釋的牌義，會讓你犯下不知變通的錯誤，甚至有人使用偉特系統的塔羅解讀法來解釋馬賽塔羅牌，這更是莫大的謬誤。

塔羅牌之所以在今日大受歡迎，應該可以歸功於偉特的創作，這使得入門的人可以輕鬆的看圖說故事，但是也讓許多人忘記了牌的本意而天馬行空的過度擴張解釋，這可是大大地違背了偉特大師的本意喔。

要使用塔羅牌占卜，你得對西方神祕學有著一定程度的瞭解，像是我們不能把中國人對數字「四」的看法硬塞到塔羅裡面，要知道「四」這個數字在西方具有穩固的意思，在卡巴拉當中則代表著測量的意思。

想要學塔羅牌？你準備好了嗎？現在就讓我們一起進入塔羅牌的奧祕世界吧！

7／卡巴拉Kabbala亦作Kabala、Kabbalah、Cabala、Cabbala或Cabbalah。

猶太教神祕主義體系。

自從12世紀以來，數百年內多次出現。此詞又泛指猶太教一切神祕主義派別。最初的卡巴拉稱為靈輪（Merkava），西元1世紀開始流行於巴勒斯坦。已知猶太教神祕主義的最古老的經籍是《創世之書》（Sefer Yetzira）。靈輪的主要經籍是《光明之書》（Sefer ha-bahir），成書於12世紀。在13世紀，《隱喻之書》（Sefer ha-temuna）出現於西班牙，作者不詳。著名的《光輝之書》（Sefer ha-zohar）也出自西班牙卡巴拉派的手筆。西元1492年西班牙驅逐猶太人，猶太人愈益希望彌賽亞到來，卡巴拉為廣大群眾所歡迎。（大英百科）

馬賽塔羅　　　　　　偉特塔羅　　　　　　透特塔羅

chapter2
認識塔羅牌

　　本書將介紹西方世界最常使用的三種塔羅牌,第一種是西方世界占卜者最常使用的馬賽塔羅牌,意為最古老的塔羅牌;其次是在台灣已經廣為流傳,稱為偉特塔羅牌;第三種則是充滿神秘學色彩的透特塔羅牌。以下就為大家一一介紹這三種牌的特色,以及之間的差異。

XVIII • The Moon

U.S. Games System／幻想塔羅（Fantastical Tarot）

塔羅牌的基礎認識

馬賽塔羅牌的基礎認識

十六世紀時由於刻板印刷術的發明，使得塔羅牌可以快速且大量印製，因此塔羅占卜開始在民間廣為流傳。由於當時馬賽為西南歐的重要商港，商業交易興盛，很自然的成為塔羅牌印製的重鎮，這就是馬賽塔羅名稱的來由。

大約在西元一三五七年左右，歐陸出現了一種用來賭博的奈比卡紙牌，不過至今仍無法證實這種紙牌與馬賽塔羅的關係。到了十五世紀時，另一種用來賭博的塔羅牌，以21+1的形式出現，很快的就在義大利法國等歐陸國家掀起流行風潮，著名的威斯康提塔羅就在此時興起。比較威斯康提與馬賽塔羅牌的異同，我們可以發現兩者之間有緊密的連結。

這樣的紙牌直到今天仍流傳在法國民間，如果你在法國問人家會不會玩塔羅，許多人恐怕會回答你會，但是他們指的是那種遊戲紙牌的塔羅，而不是占卜用的塔羅，這也是讓許多塔羅初學者覺得莫名其妙的原因。事實上，從塔羅與撲克牌的演變史看來，遊戲與占卜兼具的雙重功能，讓人更為其奧祕所著迷。

在今天馬賽塔羅除了歐陸的占卜者外，並不常被使用，但卻是最古老最經典的塔羅牌，有別於近代塔羅牌，馬賽塔羅中多了中古世紀的神祕味道，在牌義詮釋上也和偉特塔羅有些許的出入。無論是義大利威斯康提風格、中世紀風格，來自馬賽或是瑞士插畫家手筆，馬賽塔羅特有的單刀直入式意念，讓占卜者不受複雜思緒的干擾，絕對是繁複的近代塔羅所無法取代的。這也讓占卜者（避免過多詮釋）得以直接進入原始塔羅的世界！由於其背景特殊，廣受歐陸紙牌占卜者的喜愛，如果覺得偉特塔羅牌太普通、克勞力透特塔羅牌太抽象花俏，那麼馬賽塔羅牌絕對是不錯的選擇。

偉特塔羅牌的基礎認識

十九世紀末英國神祕結社黃金黎明成員偉特所創的偉特塔羅，是現今最流行的一副紙牌。比較起同時間創作的克勞力透特塔羅或是黃金黎明塔羅，偉特的確簡單了許多。他將「黃金黎明神祕學社」所研究的塔羅精華都以生動的圖畫表示出來，許多人說偉特是非常初階的入門塔羅牌，事實上這正是所謂的外行看熱鬧，內行看門道。

偉特塔羅牌在今天已經成為許多占卜者愛用的塔羅牌，也是許多塔羅占卜師在教授學生時指定使用的牌，很有「正統」的架勢。事實上正因為它的廣泛流行，讓許多現代的塔羅占卜師有著共同的語言。

不過現今流行的偉特塔羅牌，與馬賽塔羅有著部分的差異。在馬賽塔羅牌的排列上，首先愚人不列入號碼，他不可以是編號0或編號22，愚人牌有著獨特於其他牌的特性，有時候給人難以歸類，無法融入群體的感覺。其次是編號8的正義與編號11的力量，與今日的偉特塔羅牌不同，有人說這是偉特的傑作，但事實上在吉特·吉柏林的著作當中，我們已經看到他大力的提倡這樣的思想，在當時或許並沒有受到其他塔羅占卜者的接受，不過他的想法卻在偉特所創製的塔羅牌當中實現了。

正因偉特塔羅簡單生動好上手的特性，容易讓人陷入只要看圖說話就可以的迷思當中。如果沒有作深入的探究，那麼你推算出來的結果大概只能唬弄小朋友。畢竟偉特塔羅是將占星術、猶太卡巴拉、生命數字等西洋神祕學融合在一起的精華創作，不管老手新手，都能夠感受到他的經典雋永與實用價值。偉特塔羅牌的受歡迎，我們可以從這套牌有許多不同衍生的創作看出來，其中有與原始的偉特塔羅完全相同的牌，主要的差異在於上色的方法或是牌的大小，或是因為繪者的不同，而有不同的詮釋方式，創造出的版本，有：偉特塔羅普及版、偉特塔羅夜光版等等，當然也有部分的牌承襲了偉特的精神，但用完完全全不同的畫風，像是所謂的俄羅斯塔羅、新視覺塔羅、貓族塔羅等。使用這些牌你仍可以參考大部分的偉特塔羅牌的牌義。

透特塔羅牌的基礎認識

同樣身為黃金黎明學社成員的阿萊斯特·克勞力先生，並不像萊德偉特一般謹遵著學社不可張揚的教義，而是一股腦的將自己所學所用所接觸到的全部神祕學知識，都放入透特塔羅牌的圖案當中，因此許多初學者會認為透特過於複雜不知道該如何解讀。

克勞力先生委託芙瑞妲哈利斯女士（Lady Frieda Harris）繪製透特塔羅牌，牌面的圖案內容，除了黃金黎明學社的魔法教義之外，還包含了克勞力先生醉心的埃及神祕學、卡巴拉、希伯來文、鍊金術、占星學、希臘羅馬神話故事、色彩學，甚至太極的圖像亦在牌中出現。

以大祕儀為例，每一張牌對於希伯來字母的意涵、數字學的意義、占星學的對應，以及卡巴拉生命之樹的路徑，都有其象徵。小祕儀的部分，更是每一張牌對應著行星與星座的結合。本書對於透特塔羅做了最核心且重點的詮釋，建議初學者先把握每一張牌的基本意涵，隨著自己占卜經驗的累積，輔以對於上述領域擁有更進一步的涉略，在解釋及運用透特塔羅牌時，便能夠更深入更全面。

接下來我們就透過這三套最經典的塔羅牌，來敲開西方神祕學的大門！

─────────● 偉特、馬賽、與透特塔羅牌的差異 ●─────────

（1）在牌的排列上，每張牌都有他的號碼，例如：魔術師是數字1，女皇是數字3等，有時候有人會把愚人排在數字0，但事實上，偉特塔羅的愚人不列入號碼排序，它不可以是編號0或編號22，因為它有著不同於其他牌的獨特性，有時候會給人難以歸類，無法融入群體的感覺。

（2）其次是馬賽的編號8正義、編號11力量，與今日的偉特塔羅牌把正義放在編號11而把力量放在數字8的位置不同，有人說這是偉特的傑作，但事實上在吉特·吉柏林的著作當中我們已經看到他大力的提倡這樣的思想，在當時或許並沒有受到其他塔羅占卜者的接受，不過他的想法卻在偉特所創製的塔羅牌當中實現了。

（3）透特塔羅牌對於大祕儀的排列，採取與馬賽塔羅相同的順序，將正義牌置於編號8、力量牌為編號11，但是在名稱上有所變動。偉特塔羅的魔術師（The Magician），透特塔羅稱為鍊金術士（The Magus）。偉特塔羅的力量（Strength），透特塔羅稱為慾望（Lust）。偉特塔羅的正義（Justice），透特塔羅稱為調節（Adjustment）。偉特塔羅的命運之輪（Wheel of Fortune），透特塔羅稱為命運（Fortune）。偉特塔羅的節制（Temperance），透特塔羅稱為術（Art）。偉特塔羅的審判（Judgement），透特塔羅稱為新紀元（The Aeon）。偉特塔羅的世界（The World），透特塔羅稱為宇宙（The Universe）。

（4）宮廷牌的名稱部分，偉特依序為：侍衛、騎士、皇后、國王；透特則為：公主、王子、皇后、騎士。

大祕儀與小祕儀

在大家常接觸的塔羅書中，常常會聽到所謂的大祕儀或小祕儀，也有人稱之為大阿爾克納或小阿爾克納。

之前我們從歷史角度介紹過兩種牌的區分，來自於兩個不同的世界，卻在中世紀的歐洲藉由吉普賽人與義大利人，呈現出今日塔羅牌的雛形。

大祕儀隱喻完整的生命歷程。

大阿爾克納在市面的塔羅書中比較常被介紹，這二十二張牌或許大家都十分熟悉，包括了魔術師、女祭司等。在占卜中能夠明確的描述事情的根源與特性、人物的性格、事物的發展演變等等。比起小祕儀的繁雜意涵，更容易為初學者所接受，這也是為什麼許多初學者常常捨棄小祕儀，只用二十二張的大祕儀。

事實上，大小祕儀各具特色，不過單用大祕儀也可以占卜推算出詳細結果，有人說大祕儀用來解釋事物的背景與原因，這樣的說法值得作為參考。

由於大祕儀隱喻完整的生命歷程，象徵從物質的毀壞到精神的學習與建立，這樣的特質，面對生活當中的實際問題，造成占卜者有時只能藉由牌面圖案中的蛛絲馬跡，來給予當事人一些指示。但是小祕儀在這方面的能力就比較明確，小祕儀由於分類更加精細，所以能給予事件發生中，人、事、時、地、物的明確暗示。而這些都是大祕儀占卜較難顯示的部分（甚至憑藉的是占卜師的直覺）。不過如果你使用的是七十八張大祕儀加小祕儀，你就必須依照小祕儀的指示來回答問題。

小祕儀往往在推算一些細節時會發生驚人的效應。

同時使用大小祕儀，必須注意到大祕儀的關鍵位置，如果占卜的過程中大祕儀出現的次數相當多，表示事情的成因複雜且影響重大；反之如果只有一張，則代表整個事情的關鍵所在，塔羅占卜者必須詳細的思考它代表著何種涵義與訊息。

小祕儀往往在推算一些細節時會發生驚人的效應。

某次我幫一位朋友推算愛情時，她拿到了一張聖杯國王，我依照牌義顯示的外形向她描述，她將會與一個年屆四十，黑髮眼神溫柔的男子相遇，有可能是天蠍或雙魚座。當時，她表示身邊沒有認識這樣的人。我笑笑的說，這不重要，當他出現時你就會想起我說過的話了。

大祕儀的名稱對照表

編號	法文	英文名稱	中文名稱	代表意義
0	LE MAT	The Fool	愚人	流浪、大智慧
1	LE BATELEUR	The Magician	魔術師	世俗、力量
2	LA PAPESSE	The High Priestess	女祭司	知性、慈悲
3	L`IMPERATRICE	The Empress	女帝	成功、母性
4	L`EMPEREUR	The Emperor	皇帝	權力、專橫
5	LE PAPE	The Hierophant	教皇	智慧、幫助
6	L`AMOUREUX	The Lovers	戀人	愛情、不穩定
7	LE CHARIOT	The Chariot	戰車	勇氣、勝利
8	LA FORCE	Strength	力量	精神與肉體力量的配合
9	L`HERMIT	The Hermit	隱士	理性、知性
10	LA ROUE DE FORTUNE	Wheel of fortune	命運之輪	輪迴、命運
11	LA JUSTICE	Justice	正義	真理、高貴
12	LE PENDU	The hanged man	倒懸者	忍耐、徒勞
13	LA MORT	Death	死神	滅亡、再生
14	LA TEMPERANCE	Temperance	節制	淨化、磨鍊
15	LE DIABLE	The Devil	惡魔	慾望、創造
16	LA MAISON DE DIEU	The Tower	高塔	崩壞、混亂
17	L`ETOILE	The Star	星辰	希望、夢想
18	LA LUNE	The Moon	月亮	溫柔、安詳
19	LE SOLEIL	The Sun	太陽	光輝、生命
20	LE JUGEMENT	Judgement	審判	復活、判斷
21	LE MONDE	The World	世界	未來

一個星期後，她打電話來對我大叫，她真的遇到了一個雙魚座的男人，而且擁有一頭黑髮以及溫柔眼神。剛開始她有點排斥這種巧合性，但是男人的溫柔攻勢讓她無法抵擋，兩年後他們便決定結婚。

　　大祕儀與小祕儀各有其特色，對於初學者來說或許先熟悉大祕儀比較簡單。但當你無法滿足於大祕儀中模糊且哲學性的解釋時，那麼小祕儀正好可以提供你一個驚奇的世界！

小祕儀的分類法

　　小祕儀通常以四大要素為主要構成方式，將此要素搭配數字即為小祕儀。

四大要素			
火	風	水	土
Fire	Air	Water	Earth
權杖	寶劍	聖杯	錢幣／星星
火與牌中的權杖牌組相關，代表主動、積極、外向，富有創造力、熱情如火。火通常與運動、戰爭、行動力、直覺有關。具有火相特質的人，個性衝動，直來直往，精力充沛，特別引人注目，星座學上的火相星座：獅子、射手、白羊座都有這些特質。	風飄忽不定，無法捉摸，變動性強。星座學風代表抽象思考分析與清晰判斷力，著重理論。實際追求資訊、創作、旅行學習。但另一方面，風和麻煩、問題、爭執、疾病、死亡等負面事物相關。星座學上的風相星座有雙子、天秤、水瓶座，都有這些特質。	人說女人溫柔如水，水與感情感性、潛意識相關的陰性元素有密切關係。相對火的主動，水為被動，有水相特質的人特別注重人際關係與感情，較女性化，心思細膩敏感，多愁善感，喜歡照顧人也需要受人保護。在星座學上水相星座有雙魚、巨蟹、和天蠍座。	土地滋養萬物，屬最穩定的特質。如果風是理論家，土就是實踐家。土相特質的人勤奮努力，重視財富安全感，經濟要有保障才可以放心享樂，不知變通。所以與土相相關的錢幣牌組除表現金錢物質方面之外，也代表物質享受和娛樂。土相星座有山羊、金牛和處女座。

符號與顏色

符號與顏色在塔羅牌占卜中不容被忽視！藉由對牌面符號與顏色的詮釋，能夠讓你對當事人的背景有更深入的瞭解。特別是當你只使用大祕儀時，這一個部分更顯重要，因為你將藉此來給予當事人更精細的解答。

除了人物牌之外，常見的符號與圖案包括下列幾種，另外在牌義中我也會提出更詳細的解說。

1 動物

狗：警告、危險。

狼：獸性、不安。

獅子：獸性、勇氣、四元素中的火元素。

老鷹：權威、統治、四元素中的水元素。

牛：四元素中的土元素。

蛇：伊甸園中誘惑夏娃的蛇，有時也是埃及神話中賽特的代表，在西洋神話中有時蛇也代表著大地女神的使者，不過這一層意義並沒有使用在塔羅牌中。

螃蟹：不安、猜忌。

朱鷺：智慧、埃及之神透特的象徵。

2 植物

玫瑰：神聖、愛情。

百合：純潔。

麥田：富饒。

葡萄：豐收。

樹：生命之樹，也常是權杖的代替象徵。

3 自然

太陽：生命力、熱情。

水：冷靜、沈思、理性。

雲：幻想、虛幻。

星：希望。

山：阻礙、困擾、危險。

4 神話

天使：宣傳者、宣告、保護者、指引者。

司芬尼克斯（人面獅身）：謎題、智慧的象徵。

弩特：埃及神話中引導靈魂上天的神，出現在命運之輪中。

蓋亞：西洋神話當中的大地女神。

5 物體與符號

倒8字：力量、能力、無限。

伊西斯冠冕：伊西斯的象徵，代表著重生與生產，是大地之神霍爾斯的母親。

權杖：統治、行動。

金星符號：代表愛神維納斯，象徵愛情。

皇冠：榮耀。

鑰匙：關鍵、開啟。

五角星（金幣）：智慧、保護、物質。

聖杯：情感。

寶劍：理解、理性、破壞。

輪子：轉動、循環。

布幔：神祕、隱藏，有時巨大的袍子也可視為布幔的替代。

旗子：宣告。

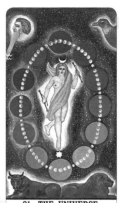

6 顏色

紅：熱情、勇氣、精力旺盛、歡樂。

黃：淺黃、金黃與肉色代表生命力、活力、滿足，小麥的土黃色代表富饒。

藍：淺藍色代表理智、思考，深藍色代表神祕。

白：聖性、純潔。

綠：生產力、富饒。

灰：枯竭、蕭條、失望。

黑：絕望、恐懼。

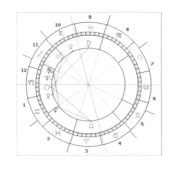

塔羅牌與占星術

塔羅牌與占星術的關係淵源極為古老，早在十六世紀時就發現一副流傳在羅馬的塔羅牌，其中添加了黃道十二宮及四元素的圖案。此外向前回溯，在古老的馬賽塔羅牌當中，可以發現與占星相對應的大祕儀。後來，經過A. E.李維以及其他的塔羅研究者整理發現，塔羅牌中的二十二張牌，分別代表了十顆行星及黃道十二宮，其對應關係說明如下：

0 愚人→天王星

代表奇異創新與改革的能力，創意、發明、科技、特立獨行、反傳統、無法掌握、無法控制的突變與改革創造的力量。

1 魔術師→水星

代表溝通與學習能力，變動、迅速、傳播、溝通、傳送運輸、理性思考分析，傳遞訊息與快速變動的力量

2 女祭司→月亮

反應事物的介質與潛藏的靈魂，一個人的情緒反應、潛意識、不安與依賴、感情態度、母性、戀家、善變、敏感、害羞、情緒的、直覺能力。

隨著情緒波動而產生的力量，正面影響包括纖細敏感、包容、富同情心、深思熟慮、想像力豐富；負面影響則是善變、忌妒、膽怯、歇斯底里。

3 女皇→金星

一個人的愛情、金錢觀及藝術能力。心中的女性原型,和平、浪漫、愛情、友誼、愉快的、藝術氣氛、田園風光,和平與平衡的力量。

4 皇帝→白羊座

白羊座在占星學中屬於火相星座,若以開創、固定、變動的三分法來看,具備開創的特質。此外還擁有火相星座的外放、自信與開朗,以及一馬當先向前衝的力量,代表著快樂與自信。不過開創的火相特質就如同星星般的火苗一般,容易點燃但很難延續燃燒。

5 教皇→金牛座

金牛座是土相星座,在三分法中具有固定的特質。他們固守現存的物質世界,土相星座擁有腳踏實地的毅力,與不輕易妥協的個性,再加上受固定星座的影響,使得他們擁有強大的資源、物質世界與金錢。

6 戀人→雙子座

象徵兄弟姊妹、溝通與知識的傳播。雙子座是風相星座,而且若從三分法看來,他屬於變動的星座,擁有不穩定的特性。此外雙子座象徵兄弟姊妹、朋友、還有小時候的環境等等所產生的影響。

7 戰車→巨蟹座

黃道十二宮中太陽運行到巨蟹時,就如同人的一生走到了青少年時期。此時總是對許多事情敏感而尷尬,所以極易選擇逃避或是無法控制自己的情緒。巨蟹座暗示著情感是事物的推進力,同時也象徵著家人的影響力,特別是家族中的女性具有強大的影響力。除此也象徵著情緒與衝動。

8 力量→獅子座

獅子座屬於黃道的第五個星座,掌管愉快的事物以及追求的目標。愉快的事物當然包括了興趣、休閒、戲劇、戀愛,這也是為什麼第五宮又被稱做戀愛宮。在三分法中和金牛、天蠍、水瓶一樣,同屬於固定星座,他們堅守著自己的信念,對獅子座來說熱情、自我與理想是必須堅守的。

9 隱士→處女座

處女座屬於變動的土相星座，意思是在人生觀較為實際的土相星座中，處女座的特性較不安穩，受到守護星水星的影響，喜歡思考卻容易陷入雜亂，精神緊張和毛躁不安。有人說處女座的守護神，是希臘神話中掌管工藝的火神沃肯，祂的主要職責是替眾神服務並且照護兒童。

10 命運之輪→木星

象徵提昇物質束縛的免疫力，理想、抱負與幸運機會。代表向上提昇、理想、仁慈、希望、進步，擴張與帶來機會的力量，正面影響有樂觀、幸運、大方、自信、仁慈、充滿理想與追求心靈上的成長；負面影響則是過於樂觀、誇張、放縱。

11 正義→天秤座

黃道上的第七個星座，讓人注意到自己之外的人，像是對手、伴侶，此外也掌管兩個人的生活，例如：合夥關係、契約關係和法律事務等。天秤座是屬於開創的風相星座，他們講求公平與正義，還有平衡。

12 倒懸者→海王星（卡巴拉中的水元素）

展現敏感與幻想，擁有愛、仁慈、犧牲、虛幻、夢境、藝術展現、心靈感應的直覺，具備無法捉摸的直覺與虛幻力量。在正面影響上有，仁慈、感受力強、浪漫、想像力豐富以及具藝術創造力；負面影響則是欺騙、麻痺、蠱惑、過於理想化。

13 死神→天蠍座

天蠍座是黃道上的第八個星座，掌管著神祕及隱藏的事物，包括死亡、地下的資源、黑社會、魔法、巫術、巫醫、命相占卜等神祕的事情，這些事物幾乎都歸他管。而向來被人們避而不談的性也由天蠍座掌控，天蠍座由冥王星與火星共管，天蠍座對情感與情緒的控制力，也代表了再生能力。

14 節制→射手座

　　射手座是黃道上的第九個星座，掌管的是長遠的距離、追求、真理、人生哲學和國外的事物，屬於變動的火相星座。射手座的出現暗示著交流、旅行等事物，通常也象徵著和宗教有關的事物，還有學習研究的精神。

15 惡魔→摩羯座

　　在三分法中屬於開創的土相星座，比起固定土相星座中的金牛座來的積極，也比起變動土相星座的處女座來的穩定。摩羯座象徵著事業、名聲與成功的追求，所以代表著世俗事物的束縛，也暗示著約束力量。

16 高塔→火星

　　重視物質勝過靈魂，象徵行動力與決斷力和性衝動，是心目中男性的原型。代表行動、創造、建構、破壞、性、暴力、意志、體力，兼具開創衝刺與破壞的力量。正面影響代表了積極主動、行動力強、意志力強、行事果斷；負面影響卻包括了暴力、侵略、破壞、好鬥、魯莽、沒耐性。

17 星辰→水瓶座

　　黃道第十一個星座，掌管著人際關係與群體生活，風相星座代表著精神力量的接收與智慧。屬於三分法當中的固定星座，象徵著行星的規律，水瓶座同時也是人道主義與博愛的象徵，同時暗示著出乎意料的結果或轉變。

18 月亮→雙魚座

　　雙魚座是變動的水相星座，敏感且哀傷於世事的變化無常。感情豐富卻害怕孤單寂寞，非常需要愛以及精神上的寄託，自制力不強。有時雙魚的愛，能轉化成另一種無私的愛，促使他們成為宗教上的神職人員，為了全人類的福祉而犧牲奉獻。

19 太陽→太陽

　　以自我為中心，所展現的創造與表現的力量，代表心靈的本質、自我的態度、力量的來源、創造力以及強大的力量，擁有自我、活力、表現方式。正面影響包括熱情、自信、領導力強、富創造力、擅長表現自我；負面影響則是傲慢、誇大。

20 審判→冥王星（卡巴拉中的火元素）

擁有再生、強大的意志與精神力量，代表著神祕、死亡與再生，具備隱藏的資源，轉換能力、開創新局面和豐富的資源。

編號	塔羅牌牌名	占星術名詞	對照連結功能
		塔羅與占星術連結對照表	
0	愚人	天王星 （卡巴拉中的風元素）	代表革新、改變
1	魔術師	水星	代表傳播、溝通、思考
2	女祭司	月亮	代表潛意識、情緒
3	女皇	金星	代表美麗、歡愉與金錢
4	皇帝	白羊座	衍生為動力與自我
5	教皇	金牛座	衍生為有形體的物質世界與保守的力量
6	戀人	雙子座	衍生為兄弟姊妹、溝通與知識的傳播
7	戰車	巨蟹座	衍生為母親、家庭、反覆無常的情緒
8	力量	獅子座	衍生為歡愉與目標
9	隱士	處女座	具有服務與自我反省的意義
10	命運之輪	木星	代表著歲月的輪替與幸運
11	正義	天秤座	正是平衡與正義的象徵
12	倒懸者	海王星 （卡巴拉中的水元素）	代表了慈悲、幻象與犧牲

13		死神	天蠍座	代表神祕不為人知的力量,以及重生
14		節制	射手座	代表著知識真理與旅行
15		惡魔	摩羯座	代表著束縛與慾望
16		高塔	火星	在占星術當中代表行動與破壞
17		星辰	水瓶座	代表著精神力量的接收與智慧
18		月亮	雙魚座	代表著不安與渾沌、夢境的事物
19		太陽	太陽	生命的力量來源
20		審判	冥王星 (卡巴拉中的火元素)	在占星術中具有死亡與重生的意味
21		世界	土星 (卡巴拉中的土元素)	在占星學中代表經驗教訓以及停滯

21 世界→土星
（卡巴拉中的土元素）

代表現實的、經驗與教訓、責任、憂鬱、冷漠、嚴肅、無情的,具備有責任的自我反省,以及沉重的保守力量。

從三顆晚進才被發現的現代行星（天王星、海王星、冥王星）中,我們可以看出這一份列表是二十世紀初才被定型的。在此之前「愚人、倒懸者、審判」等三張牌被定義成卡巴拉中的風水火三元素,卡巴拉中並沒有提到土元素,有人說「世界」這張牌,就已經代表了土元素,這樣的說法可以作為參考。

至於小祕儀的宮廷牌當中,寶劍代表了風相星座（雙子、天秤、水瓶）,聖杯代表了水相星座（巨蟹、天蠍、雙魚）,權杖則代表火相星座（白羊、獅子、射手）,而金幣代表（金牛、處女、摩羯）土相星座。

占星學除了牌義的詮釋,在占卜上也有所應用。著名的黃道十二宮牌陣就是占星學應用的延伸,將塔羅牌排列成黃道十二個宮位的位置來占卜,除了可以照應到問題的細節,還可以全面性的瞭解一個人的個性,甚至可以占卜一整年的運勢。

偉特塔羅牌與克勞力透特塔羅牌的創作背景,已經融入了大量的占星術知識,如果你願意多花些時間涉略基礎的占星術,包括行星與黃道十二宮所代表的意義。那麼在學習塔羅的過程中將更為輕鬆,並且還能夠幫助你做出更精準的占卜。

卡巴拉與塔羅牌

　　從18世紀末，吉特・吉柏林提出了塔羅來自於埃及並與猶太的卡巴拉有關等論述之後，許多塔羅牌的研究者開始朝著這個方向研究，這項研究要屬法國人艾利馮斯・李維與後來的黃金黎明當中的克勞力透特最為傑出，李維將卡巴拉的十條路徑與二十二條通道分別與大小祕儀結合，而克勞力則成功的在牌面上顯示出相關的意思。

　　卡巴拉是猶太教的信仰中心，而促成的背景來自於創世紀、啟示錄以及「創造之書」（Sepher Yetzirah）。卡巴拉在英文或法文當中各有許多不同的拼寫方式，無論是Kabbale或Qabalah是來自希伯來文當中的QBL，意思是「接受」，這些和摩西從聖山上接受天神旨意傳下十誡有同樣的意味，來自於上帝的教導，認為二十二個希伯來字母與十個數字分別代表了三十二條從物質世界進入到完美境界的道路，為了方便理解，他們將此畫成了Otz chiim，也就是著名的「生命之樹」。

　　猶太人利用生命之樹呈現出他們的生命觀，從物質世界開始由下而上通往神聖的冠冕，最下端的稱做（Assiah）物質界，在物質界當中存在著（Malkuth）中文可翻譯為「王國」，代表數字為10，這也是人們存在的世界，生命的歷程從這裡開始，分別有三條修行路徑通往下一個世界，稱做形成界（Yetzirah），在形成界中包含了（Yesod）根基代表數字9，（Hod）光榮是數字8，（Netzach）勝利代表數字7，（Tiphareth）美由數字6代表，數字5則是在左上方的（Geburah）稱之為嚴肅又代表著神力，數字4則是（Chesed）慈悲，這6個境界分別有11條路徑互通，代表著通往每一種德行的修行哲學。從形成界再往上稱做（Briah）創造界，創造界中包含了兩個境界，分別是左邊的（Binah）理解，其代表數字是3，右邊的（Chokmah）智慧代表數字是2，要從第三層的形成界進入到創造界有五條路徑，而創造界內有一條路徑結合著（Chokmah 智慧）與（Binah 理解），最高的境界是以數字1代表的Kether，又稱做冠冕，這個最高的神聖境界可由創造界中的兩條路徑和一條從（Tiphareth 美）的路徑進入。

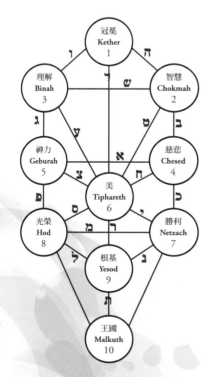

十個境界由數字1到10做為代表，這也是卡巴拉生命數字的基礎，也是部分塔羅占卜者（像是克勞力）拿來作為小祕儀當中1到10的解釋基礎，在卡巴拉生命之樹的路徑當中，1～10的定義分別如下：

1. Kether／冠冕

事物的原點，事情的開始，最小的單元或單位，能量由此展開。

2. Chokmah／智慧

連結、聯合、對立、二元，可視為連接兩個點的線，來自於思想與字詞的無窮盡智慧。

3. Binah／理解

代表著發展、成長，藉由對於法則的理解，一步一步的踏向解脫的道路，由3個點可連結成一個三角形，可視為最初始具有結構的圖像，這也是為什麼無論在偉特或克勞力的解釋當中，3都具有第一階段完成的意味。

4. Chesed／慈悲

由4個點組成的方形有固定、穩定的暗示，也代表著物質，藉由無窮盡的物質，組成事物的實體面與精神面，4也同時有測量衡量的意味在，

5. Geburah／神力

變動、改變，移動的可能，體認正確的路徑，5同時也是支配的狀態，代表著頭與四肢的5個點，在猶太與西洋神祕學的五角星當中，一個尖端朝上代表頭左右的尖端代表手、下方的兩個尖端則是腳，但倒立的五角星是惡魔的象徵，人類在這個狀態被束縛（頭腳倒立）了。

6. Tiphareth／美

6通常有諧和與美麗的代表，美麗與神奇的事物，蜂巢般的六角結構被視為穩定力量的結合，也代表事情具備了小小的規模的意味，猶太人的大衛之星就是六角，可用來避邪。

7. Netzach／勝利

7在卡巴拉的圖形解說當中相當特別，代表著在大衛之星的中點，

代表著內部與內在，同時具有平等的意味，因為從這中心的第7點出發到任何一個點都有相等的距離。

8. Hod／光榮

8這個數字在卡巴拉當中代表著交替的節奏，事情的變換，第8點也是新的循環的開始，也是永恆的光輝開始綻放。

9. Yesod／根基

交流、流通、變化，也是由人間王國通往精神世界的道路，9這個字在希伯來文中也有儲備事物的能量，準備進入完美的境界。

10. Malkuth／王國

10是人間王國的象徵，完成、完備、事物的呈現，任務達成。

卡巴拉當中的十個數字分別由上而下從1～10，可以用來與塔羅牌當中的小祕儀結合，在眾多學者的研究當中最具代表性的莫過於克勞力，在希伯來文中這1～10也被認為是路徑之一，對生命之樹不了解的人誤認為有人故意刪除32條路徑中的10

條強加附會與塔羅牌，事實上在希伯來文中這1～10被稱做Sephiroth，意思是放射般的物體，也就是放射般的路徑，每個Sephiroth數字都至少連結了三條路徑通往其他Sephiroth，他認為這10個數字放射路徑，分別可以代表通往精神世界的10個密室或殿堂，分別是：

第十室：大地殿堂

第九室：夢境殿堂

第八室：藝術殿堂

第七室：科學殿堂

第六室：再生殿堂

第五室：淨化殿堂

第四室：服務殿堂

第三室：至高之母殿堂

第二室：至高之父殿堂

第一室：神聖殿堂

同時若再將這些想法與四組小祕儀當中的1～10加以組合，則可以賦予小祕儀不同的意義，我們先在下面列出簡表，而其中的意義會在後面解釋小祕儀的章節中加以說明。這裡列出的表格是克勞力所研究的結果，並不能用來解釋所有的塔羅牌當中的小祕儀牌組，如果你使用克勞力透特塔羅牌，那麼千萬得仔細研究，並參考後面小祕儀解說，如果你使用的是萊德偉特塔羅牌，那麼可以試圖尋找小祕儀牌組當中相對應的牌，是否有符合的牌義，偉特並沒有把卡巴拉完全的放入小祕儀當中，僅將部分的精華融入做為參考，大部

分的偉特塔羅牌當中的小祕儀牌義有著不同於克勞力的解釋。

數字／小祕儀	金幣牌組	寶劍牌組	權杖牌組	聖杯牌組
1 Kether	物質形成	智慧思想	精神行動	情感起點
2 Chokmah	改變	和平	統治	愛情
3 Binah	工作	痛苦	善行	豐富
4 Chesd	能力	真實	圓滿	豪華
5 Geburah	擔憂	戰勝與挫敗	衝突	失望
6 Tiphareth	成功	科學	勝利	歡愉
7 Netzach	失敗	徒勞無功	勇氣	墮落
8 Hod	慎重	干擾	快速	怠惰
9 Yesod	贏得	殘酷	力量	幸福
10 Malkuth	財富	毀壞	壓迫	滿足

　　除了這十個用數字代表的放射性路徑外，生命之樹當中的另外22條路徑由11～32的數字做為代表，他們分別代表著22個希伯來字母，由一種境界通往另一個境界的道路，從精神起點的Aleph到最後一條進入物質世界的Tau（有人寫作Tav，是因為在早期翻譯過程中，V在拉丁文中和今日的U相同），相反的從卡巴拉哲學來看，若一個人要從物質世界中超脫，得從最下方的道路Tau開始體認。

　　二十二個字母與22張塔羅牌，在不同地區塔羅的研究上有些許的差異，早期的法國學者任為Aleph這個第一條路徑代表著塔羅牌當中的1魔術師，因為Aleph這個字母在希伯來數字中代表一，且馬賽塔羅牌組中愚人並不是第一張牌，許多法國與歐陸的塔羅占卜者仍沿用這樣的解釋系統，但是黃金黎明的成員多半認為，Aleph這個第一條路徑與0愚人相符，象徵著由Chokmah智慧通往冠冕的漫長精神路途，也因此將大祕儀牌組的第一張牌訂為愚人，而這些研究我們會在解釋大祕儀的章節中詳細說明。

塔羅牌與靈數學

　　靈數學（8）與塔羅牌的結合不只是在十九世紀的神祕學研究之後，早在此之前數字的神祕特性，就在許多古老民族間存在。在先前的卡巴拉中，我們已經介紹過關於卡巴拉數字的意義，所以在此不再贅述。只單純的介紹從古希臘到中古世紀期間，西方人對數字的看法，其中某些部分與卡巴拉或許有些類似，在歷經多次的文化融合之後這是常有的現象，不必感到訝異。以下提出許多不同的說法提供給大家做參考。

數字 1

　　代表著原始行動以及完整性，也代表自我。象徵著實現自我的理想，也象徵著對某件事物的意願或認同。在負面的意義當中，又可以解釋為缺乏自信而導致事情無法推進。

數字 2

　　象徵結合，包括人、事、物以及情感的結合。此外也隱含事物的二元性，是非、善惡、黑白等的對立。在負面影響上常被解釋為二種事物結合的困難度。

數字 3

　　有關 3 的說法相當分歧，一般來說 3 具有神聖性、完整性，這些說法與羅馬天主教三位一體的思考有關。中古世紀時人們非常喜歡 3 這個數字，特別是與天主教或神祕學有關的事物，甚至在教會的音樂上都常出現三位一體的代表音符呢！3 同時也是知識與學習的數字，更深一層的意義則為社會化，指從無知的狀態到與人群接觸的過程，簡單的說，例如社交生活與人際關係。但在某方面來說 3 具有破壞的性格，這個說法特別出現在偉特塔羅小祕儀中的寶劍三。

---

8 ／ 靈數學

　　靈數學是希臘哲人兼數學家，也是數家之父畢格達拉斯，於紀元前五百八十年到紀元前五百二十年之間傳授的一個概念，畢格達拉斯認為數字具有精神上的意義，可以揭露所有事物背後的真理，並藉著數字來詮釋人生的意義。

　　畢格達拉斯的理論是將與我們的切身相關的數字，例如生日，加以解釋，即可用明瞭我們性格的優缺點和與生俱來必須學習的課題。按照畢格達拉斯的說法，天生的性格會自動牽引我們是否學會了該學的功課。畢格達拉斯認為美好人生的前提，是發掘人生的課題到底是什麼，發揮優點，改進缺點。

數字 4

　　有穩固與實現夢想的意味，也有保護的作用。由於西方人認為風火水土是構成萬物的四元素。通常4也代表著組合創造，所以在與物質有關的層面上，4是一個不錯的數字。不過4又代表著2x2，意指雙重的二元對立，像是十字架一般，此時多半暗示著精神與肉體上的折磨。

數字 5

　　代表著行動，也是接續四元素之後的力量，象徵著四元素開始結合後所產生的變化。這種變化帶來些許不穩定，也因此具有創造能力與解脫困難、享受歡愉的能力。有人說，5這個數字象徵著五根手指，能夠帶來藝術音樂以及文字等創作力。也因此5又同時具有結合與生產性。總體來說5代表著物質結合的開始，生產和創造行動的展開。

數字 6

　　代表著和諧。這個數字無論在卡巴拉或是畢格達拉斯的數字含意中，都有著和諧、慈悲、同情、同理心等意義，這或許也與3（代表歡愉神聖）x2（對立與調和）的結合有關，通常與精神生活層面的事物有關聯。出現6的時候人們尋找著某種認可，包括友情、親情與愛情，負面的意義則表示缺乏某些必備的事情。

數字 7

　　這個數字無論在東方或西方，都具有神祕與神聖的味道。中古世紀7這個數字代表著宇宙的完整性，因為在過去人們認為宇宙是由日、月、水星、金星、火星、木星、土星所組成，所以7也代表了一個人內在的小宇宙，這點似乎受到卡巴拉的影響。在六角的大衛之星中間加入一點，即代表著內部的協調，偏重精神上的自省。負面解釋為過於偏執。

數字 8

　　象徵神祕與力量，在數學上倒寫的8是無限的象徵，結合了精神與物質的特點。不過8通常具有物質化的傾向，就算是精神層面的事物，也得藉由物質的計畫或偏重物質的量化項目來達成。

數字 9

　　代表著幸福，這似乎是從古代印度就流傳下來的觀念。一直到現在9這個數字仍包括了哲學、真理、宗教、奉獻等意義。中古世紀時9是對他人服務奉獻的意思。

馬賽塔羅

偉特塔羅

透特塔羅

chapter3
大祕儀

　　大祕儀所代表的是人生當中的各種經歷,從物質的創造到解脫,從精神的發展到完備。這當中的路程代表著一次又一次的試煉階段,也代表著不同的思考與應對的模式,想要從大祕儀中得到答案,就必須從這兩個方面解釋。馬賽塔羅、偉特塔羅與透特塔羅是今天常見的幾種塔羅牌,其中馬賽塔羅具有原始的意味,如果你在偉特塔羅的牌義中得不到滿足,那麼不妨回頭看看原始版本的馬賽塔羅怎麼說。

　　一般來說,在馬賽塔羅與偉特塔羅的大祕儀牌義差距不會太大,除了正義與力量這二張牌的對調、命運之輪牌面上的圖案、以及其他牌在顏色符號上的不同象徵。占卜者必須小心分辨之間的差異,一不小心可能就會出現錯誤的解釋。而透特塔羅因為作者加入了許多個人對於神祕學的見解,因此在解釋時,絕對不能夠單純地按照馬賽塔羅或是偉特塔羅的意涵去解釋,必須熟悉克勞力先生對於每張牌的牌義解釋。

VIII • Strength

U.S. Games System ／幻想塔羅（Fantastical Tarot）

0 愚人 LE MAT / The Fool

相關連結：數字0、風元素或天王星
愛情關鍵字：浪漫主義、不定性
金錢關鍵字：沒有規劃、隨遇而安
事業關鍵字：船員、導遊

馬賽塔羅牌當中的愚人

LE MAT

在古老的塔羅大祕儀中，愚人這張牌的位置相當特殊，特別是在遊戲當中這張牌象徵著勝利的關鍵，這也是為什麼在馬賽塔羅牌當中這張牌的名字並不叫le fou（即英文的 the fool）而叫Le Mat（即棋戲當中的將軍）。所以在馬賽塔羅牌與其他古老的塔羅牌中，這張牌並沒有編號。直到十八世紀法國塔羅研究者才將這張牌給予0的編號，一般來說愚人這張牌具有立即展開行動的意味。

馬賽塔羅牌當中的愚人並沒有編號，如果你使用馬賽或是古老的塔羅牌組，不能擅自替他編號0或22，這裡的愚人指的是流浪的吉普賽人。他不能固定在某一個位置，無論是0或是22，這也說明了馬賽塔羅牌當中的愚人更具有流動性，拿到這張牌你得敞開心胸，接受生命中的無限可能。

牌面中流浪漢手中的黃色棍棒代表著行動，由於流浪漢稍具年紀，包袱裡面除了流浪的必需品之外，還裝有過去的經驗，意味著將以過去的經驗來面對未來的種種可能。馬賽塔羅牌當中的流浪漢眼光向前，卻沒有目標，暗示著流浪的可能性。他並不像偉特塔羅牌當中的年輕人充滿理想，不過他卻擁有許多的生活經驗。他的流浪是不願意受到束縛，一隻狗在他的背後追逐，象徵著生活當中的困境。而被咬破的褲子，意味著這些困境所留下的痕跡，或許帶點傷痛，但是他仍然不曾停下腳步。

馬賽塔羅牌當中的愚人，不代表前進，但是卻通往所有可能的方向（後退也是一種可能）。你不能停頓下來，卻可以選擇前進、後退、向左、向右，他所給的指示是依據過去的經驗做出判斷而行動。

牌為逆位時

　　所以當愚人處於逆位時，暗示著你並沒有善用過去的經驗來面對問題，而停頓下來困坐愁城將是最大的敗筆。要懂得從過去的經驗當中學習，傷痛也能夠幫助成長，之後展開行動無論是向前或向後。善用生活經驗，不要害怕，因為愚人這張牌在馬賽塔羅當中也是勝利的象徵。

偉特塔羅牌當中的愚人

　　愚人身穿繪有代表紅花的上衣，在太陽的籠罩下展開旅程。紅花與太陽都象徵著生命的活力與行動，受到生命之力的鼓舞，年輕人展開了一段未知的流浪。在馬賽與偉特塔羅牌當中愚人具有流浪的意味，但偉特塔羅牌賦予了愚人更多的熱情與理想。黃色天空與大地暗示著愚人這張牌的樂觀與積極面，棍棒（亦即是權杖）暗示著行動，簡單的包袱代表年輕人不在乎物質的需求而重視精神生活，如果你有注意到他的姿勢，仿若一種忘我般想要飛翔的模樣，意味著他的內心期待自由與提升。年輕人為了體驗生命而展開一場流浪。生命當中不單只有陽光與花朵，年輕人前面的懸崖和後面追逐的狗，象徵著危險與困境，但他並不因此而退縮。

牌為逆位時

　　一旦愚人處於顛倒的逆位，則暗示著對於事物的過分樂觀，並沒有把危險評估進去。此外，也象徵著拿到這張牌的人不願意展開行動，或許是因為害怕未來而不願意去面對，卻又以過分的自信與樂觀來掩飾。不管你願不願意，新的行動即將展開，與其用鴕鳥心態來欺騙自己，還不如對當前的問題展開行動回應。

透特塔羅牌當中的愚人

對應卡巴拉字母：aleph
對應路徑：Kether-Cokma
對應行星：風元素

　　這是開天闢地的第一條道路，也是認識自己的第一條路途，有著最天真的本性的意涵。牌面上我們可以看到一圈又一圈的圖案，象徵著生生不息、不斷的循環。愚人牌都會與動物

站在一起，意味著我們不要忘記自己也具有最原始的動物本性，並且留意身邊的各種警訊。克勞力認為愚人不僅僅是指特定的某一張塔羅牌，而是在78張塔羅牌當中的每一張牌，都是愚人的展現。

案例 生活經驗的取得，比什麼都重要

有一次我正在咖啡館讀著關於偉特的塔羅書時，一個年輕人正好坐在我對面。當我讀到一個段落休息時，他看著我的書說，你真的相信這些東西嗎？我說我相信，他卻擺出一副嗤之以鼻的態度說：「對我來說這太無聊了，我不需要這些東西告訴我怎麼過我的日子。」我笑笑地對他說：「我也不需要這些東西告訴我怎麼過日子，我用它來豐富我的生活，有很多道路我暫時看不清楚，但是我的塔羅牌會給我一些聯想與指點，告訴我那些我沒有想到的東西。」

我問他要不要拿張牌試試看，他好奇地說好，我拿出了塔羅牌後，他隨手一翻就拿到愚人。他面帶憂心的說：「難道我是個蠢蛋（The Fool）？」

我笑著說：「當然不是，不過你正計畫著一場旅行，這場旅行當中你能用的資源並不多，你只是想要換取更多的生活經驗。」

他笑笑地說：「錯了！但是也對，因為我並不是正在計畫，而是已經在旅行當中。」原來他是一個交換學生，歐洲的各個大學每年都會接受學生申請，到其他國家作為期一年到半年的交換學生，他正好處於這個階段。不過他被這種縮衣節食的狀況弄得有些不高興，想要打工卻又怕耽誤學業。

我回答他說：「那就是囉！你不一定要接受塔羅牌準不準的事實，它只是給你指引或是描述你的狀況。作為交換學生就是你目前想要的生活，無論去打工或是到學校都是一種生活經驗的取得，根本不必煩惱太多。」

年輕人帶著簡單的行李，樂觀的向前走去。在偉特塔羅牌當中愚人的流浪並沒有設定終點，他有著展開行動、開始經歷的意味。拿到這張牌的人將面對一場前所未有的體驗，唯一要做的事就是展開行動，瞻前顧後的細密思考對拿到這張牌的人並沒有太大的助益。在學業上，愚人暗示著對未來不要預設太多前提，給自己更多開放的可能性。而面對愛情，愚人則暗示不要有過多的擔心，要懂得用樂觀的心面對所遭遇的種種狀況，因為將要發生的歡喜悲傷都是你生命中必須經歷的體驗。面對物質與金錢上的問題，這張牌則有著展開行動賭一睹運氣的暗示在。

1 魔術師 LE BATELEUR / The Magician

相關連結：1、水星
愛情關鍵字：熱情、表白
金錢關鍵字：資源的整合、金錢的流動
事業關鍵字：記者、作家、傳播工作者

馬賽塔羅牌當中的魔術師

在馬賽塔羅牌當中，我們可以稱魔術師為江湖術士。中古世紀遊走於大小城鎮市集的戲法表演者，利用手邊的道具展現奇妙的幻術，靠著戲法維生的魔術師不但說學逗唱樣樣精通，聰明機靈而且手腳靈活，在他的手中不可能的事情都會發生，這也讓所有上市集的孩子看得目瞪口呆。對馬賽塔羅牌的魔術師來說，生活就是一個視覺遊戲。

如果你使用馬賽塔羅牌出現魔術師時，得用輕鬆的態度來看待問題，把你面對的困擾當作是短暫的視覺幻象或是遊戲，試圖去探索問題的根本，而不要被表面的幻象所矇蔽，也不要太嚴肅。

馬賽塔羅牌中魔術師豎立桌上與手上的事物，暗示著行動與創造，將事物做無窮盡的組合，更重要的是，在行動之前的充分思考，之後一氣呵成不要停頓。

牌為逆位時

當魔術師處於逆位，暗示著這個江湖術士也有不聰敏靈巧的時候，他做的事情不過就是吹牛打屁，或是拿著老戲法在市集上唬唬路人而已，這時你得小心自己正陷入一個騙局當中。

偉特塔羅牌當中的魔術師

魔術師是馬賽塔羅牌當中的數字1，可是在萊德偉特與克勞力透特塔羅

THE MAGICIAN.

牌當中他是第二張牌,代表著創造與組合,同時也意味著一場心靈旅程的展開。魔術師象徵著事物的基本元素、創造成長、與行動的開始。當你的占卜當中出現這張牌時,千萬不要給自己的頭腦太多限制,盡量發揮自己的想像力將每個關鍵事物連結在一起,你的目標和行動的指南就在這裡產生。馬賽塔羅牌中的魔術師象徵著江湖術士,但在偉特塔羅牌當中的魔術師則稍微正經些,他提醒你要發揮心靈的力量和充分的想像力,來建構你對某件事情的想法,並且充分利用生活當中的各項元素來展開你的行動。

在牌面上,手持魔杖的魔術師正在進行一項魔法,桌上放著代表火風水土四元素的權杖、寶劍、聖杯以及金幣,象徵世界萬物的構成,這就是中世紀的鍊金術儀式。鍊金術的魔法看似無中生有,事實上是將天地間所能應用的元素加以組合:黃色代表積極樂觀、紅色是動力的顏色、白色象徵著聖潔的靈魂與心靈的力量,占卜當中你是這個問題的主導者,一切都受你的想法所影響,所以無論遇見什麼狀況都得用你聰明的頭腦去面對。當然,除了靈敏的思緒之外也要有所行動。

牌為逆位時

當魔術師處於逆位時,鍊金術所提煉出來的產物,不過是拿來騙人的假金子。在工作和學習上你容易掉入思考的陷阱,或是光說不練,整個行動與計畫根本就沒有展開,可行性也不高。在金錢上所要面對的是騙子、謊言還有金錢陷阱。愛情上面就得更加小心,這段讓你天旋地轉的關係,事實上只不過是別人或是你自己的愛情遊戲而已,你得退一步想清楚自己要的是什麼,這段愛情的關係僵化死板,容易在溝通上出現問題。

透特塔羅牌當中的魔術師

對應卡巴拉字母:Beth
對應路徑:Binah-Kether
對應行星:水星

克勞力稱呼這張牌為 Magus,除了魔術師之外,更表達了鍊金術士的意涵。鍊金術士扮演著連結兩個世界的角色,負責傳遞兩方的訊息,提供相關資訊的溝通,也包含著精神與物質世界的融合與交流。

如果你注意到牌中右下方有隻像是狒狒模樣的生物，這是埃及的透特之神。相傳透特是埃及文字的發明者，除了是文字之神外、也是醫療之神、真理之神，再再都與水星的意義相呼應。

魔術師在卡巴拉當中是第12條路徑，由知識通往冠冕之路，又稱作變化的智慧，事實上代表的就是透過對世界變化的觀察來悟道。

案例

創造溝通與行動前的思考

我的同學艾蓮娜面臨畢業後該從事什麼工作的困擾，念歷史系的她完全沒有特殊的專長，更不想去當老師過平凡的生活。占卜當中我們得到了魔術師，這當然不是叫艾蓮娜去特技團當魔術師，我告訴艾蓮娜魔術師這張牌代表著創造與組合，特別具有溝通能力。未來應該是從事企畫方面的工作，果然一個月左右艾蓮娜進入了一家頗具規模的化妝品公司擔任活動企畫。這正符合了魔術師當中，創造溝通與行動前的思考。

魔術師無論在工作或是學業上都是相當正面且積極的牌，面對這張牌你得充分的發揮你的想像力和心靈的力量，去開拓你的人生旅程。在金錢方面你正面對一個相當有創意的賺錢妙招，如果你的問題是關於愛情，那麼這張牌代表的是一段相當活潑的戀情。你們的關係建立在共同探索人生上，就像是小孩子撞進了魔術師（造物主）的花花世界般，不過當這張牌出現時，一切都只是開始而已，未來還有好長的一段路要走。

大祕儀

2 女祭司 LA PAPESSE / The High Priestess

相關連結：2、月亮
愛情關鍵字：思考、冷靜、理智、神祕
金錢關鍵字：理性、低調
事業關鍵字：自然療法工作者、靈媒

馬賽塔羅牌當中的女祭司

　　紅色的袍子代表著熱情，藍色的披肩代表著精神思考，但重要的是女祭司坐在布縵之後，有隱藏的意味在。馬賽塔羅牌當中的女祭司不同於偉特塔羅，是個充滿活力與智慧卻稍有年紀的婦人，甚至有法國的塔羅研究者指出這張牌暗示著祖母，不管怎麼說這張牌象徵著隱藏在生命當中的智慧，縱使女祭司擁有熱情卻隱藏不表現，並且將其熱情導向精神性的思考。

　　女祭司手捧書本，手指著眼睛卻不看書，指引你在古老的智慧當中尋找答案，古老的智慧隱藏在生活當中。馬賽塔羅牌中的女祭司，喜歡神祕與隱藏的事物，不會直接說出答案，而是要你自己從古老的智慧當中尋找，這正是老祖母的智慧。

牌為逆位時

　　當女祭司逆位時，暗示著你太過被動，等著別人給你答案，卻不去思考。太過被動與消極正是女祭司逆位時的暗示，同時也指出太過鑽牛角尖的想法阻礙了事物的進行。拿到馬賽塔羅牌當中的女祭司時，無論正逆位，除了要注意許多你忽略的事物外，更應該要有所認知：別人給你的寶貴指引，都只是建議，真正要解決問題，得靠自己思考找出答案。

偉特塔羅牌當中的女祭司

　　塔羅牌中女祭司與魔術師是相對應的內在與外在。在此女祭司使用了大量暗示符號：頭頂著冠冕暗示著她也是埃及女神伊希斯（Isis）（9）的

象徵，伊希斯是陰間之神，她是俄賽里斯（Osiris）的妻子也是太陽神何露斯（Horus）的母親，備受埃及人崇拜。塔羅牌當中每個顏色都暗示著性格，特別是偉特塔羅牌使用了大量的冷色系，例如：黑色、灰色、藍色等，暗示著回歸內在的細密思考。

女祭司身著藍色的袍子，接觸到地面時呈現了流水的紋路，有著冷靜思考的含意，而袍子的一角鉤住了月亮，暗示著對於神祕事物與精神內在的探索。

女祭司手捧著《道》（TORA）這本古老的律法之書，身邊又有兩根柱子分別寫著B與J，B即是希伯來文的Boaz而J指的是Jachinh，也就是慈悲與嚴肅。女祭司代表著古老的智慧，與對自我內在反求諸己的思考，他不像魔術師外顯的表現，而是回歸問題的根本做全盤的檢討。特別是女祭司常被畫在布縵之後，代表著隱藏與內斂的處理態度。

女祭司手捧著《道》經典，眼睛卻望著前方，事實上是一種對於古老智慧的理解與思考，而不是照單全收或刻板行事。當你拿到女祭司這張牌時，暗示著你已經碰觸到事物的重心，經過慎密的思考之後，相信自己所得到的直覺去處理問題。

牌為逆位時

當女祭司呈現逆位時，代表慌亂與不安，對於神祕事物的迷惑，以及沒有仔細探索問題的錯誤。拿到逆位的女祭司，說明你的困境來自於精神與內部，你遺忘了某件重要的事情，而這正是解決問題的關鍵。不要急著行動，深深吸一口氣拿出紙筆，開始思考自己對這個問題的瞭解，深入問題的中心思考，才能找出渴望已久答案。

9 ／ 伊希斯 Isis

　　古埃及主要女神之一，是俄賽里斯的妻子。俄賽里斯被塞特殺害後，伊希斯把他的遺體碎塊拼在一起，為他哀悼，並使他起死回生。她瞞著塞特藏起他們的兒子何露斯，直到何露斯長大成人，可以為他父親報仇。人們把她當作保護神膜拜，她有強大的法力，能治癒疾病或保護死者。希臘－羅馬時期，她在埃及諸女神中居於優勢地位，對她的狂熱崇拜成為一種祕密教派，傳播於羅馬世界的大部分地區。（大英百科）

透特塔羅牌當中的女祭司

對應卡巴拉字母：Gimel
對應路徑：Kether-Tipharth
對應行星：月亮

在生活當中我們往往不自覺的使用「我的」經驗來瞭解世界、接觸他人。而透特塔羅中的女祭司牌，則像是一個開始的啟蒙者，告訴我們放下自我的重要性。就像牌面上我們可以看到許多的象徵豐饒富有的水果、寶石、與駱駝。但是在這些物質資源的背後，需要穿透簾幕，才能接觸到女祭司，才有機會接觸到內在的自我。

案例

逆位的女祭司

很久以前我的一位朋友老是喜歡請教我有關塔羅的問題，我看她對塔羅這麼有興趣，乾脆便送給她一副塔羅牌，讓她練習占卜。直到我出國後總是有一搭沒一搭的聯絡著，可是我從和她談話的過程中，發現她對我的批評頗多，說我太不切實際，放棄台灣大好的工作機會。剛開始我當作耳邊風，朋友也叫我不用太在意，直到後來發現我越來越不能適應這樣的批評，其中包括了我的處事態度和愛情態度。所以便打算和她講清楚，不過卻遭到更嚴厲的批評。這讓我有點傷心，於是我試著幫自己占卜，正好出現了逆位女祭司與寶劍六兩張牌。這兩張牌其實象徵著那位朋友的內在世界，她對事情嚴格要求讓許多人不敢接近，而寶劍六更讓她成為一個喜歡掃興的人，特別是女祭司的逆位，正象徵著不理智的狀態。她藉由對外界的嚴苛批評來掩飾內心的不安，但事實上這個朋友該做的，是尋求內心的穩定，她害怕情感的追求，總是以灰色的角度來看世界。這和我比較隨性的人生態度有所衝突，可惜的是一段友情就這樣消失了。

3 女皇 L`IMPERATRICE / The Empress

相關連結：3、金星
愛情關鍵字：生產、女性、愛情、生育、性
金錢關鍵字：富饒、享受
事業關鍵字：貴婦、美容業、設計師

馬賽塔羅牌當中的女皇

　　如果說魔術師與女祭司代表了精神世界，那麼女皇與皇帝就代表了，物質世界的統治與擁有。女皇頭帶冠冕，身穿紅袍手拿權杖與盾牌，直接了當的告訴你女皇在馬賽塔羅中所代表的是生命力及熱情活力。女皇象徵著母親或是妻子，是擁有權力且具有生產力及生命力的女性。馬賽塔羅牌當中，女皇緊緊的抓住手中的事物，暗示著物質上的擁有。如果說女祭司擁有精神上的富足，那麼女皇則代表大自然的生產力與生命力，擁有物質上的充裕。她手中盾牌上刻畫的老鷹是宙斯的象徵，也是皇室的標誌，代表著勇氣與行動。左手持權杖則象徵權力。在馬賽塔羅牌當中，女祭司代表著生命當中神祕與隱藏的智慧；女皇則代表著生命中的熱情活力與勇氣。當女皇出現時，總是帶來一些消息，是好？是壞？關於何種事物？這些你得從周遭的牌來判斷。

　　女皇左手持權杖，右手盾牌上的老鷹頭朝左，象徵著情緒的主導。女皇毫不隱藏，她會直接了當的展現情緒與思想，所以女皇牌也是情緒的象徵。值得注意的是女皇牌的負面情緒，不一定只出現在逆位的時候，就算在正位時，也象徵著負面情緒，只是情況並不會那麼嚴重，而是用樂觀的態度導向事物的正面。

牌為逆位時

　　當女皇牌逆位時，象徵著嚴重的情緒困擾，例如：嫉妒、仇恨、對事物的偏執、對物質的佔有，因為這些困擾導致了行動上的錯誤。而且生活當中的活力開始消失，生產與創造的能力減少，同時也代表了對人的吝嗇與小

大祕儀

49

氣。不過種種的負面影響，都起因於情緒與缺乏自信。特別要注意的是，馬賽塔羅牌的逆位女王暗示著身體上的不舒服，或是嚴重感冒。

偉特塔羅牌當中的女皇

女皇身穿紅花白袍坐在大自然當中，萊德偉特把女皇的意義用相當簡單易懂的方式表現。大自然當中的茂密樹林、潺潺流水和金黃麥穗象徵著生命力，特別是麥穗代表著物質與金錢上的富足。女皇右手持權杖的神情與態度，並不像原始的馬賽塔羅般緊張，右手上的權杖代表理智與實現，她以舒適自信的態度面對一切，在此女皇知道自己擁有這一切，也準備享受這一切。

在女皇座椅旁有一個金星的標誌，若從符號學來解釋，金星上端的圓圈象徵著靈魂，下端的十字架象徵著物質。女皇擁有物質，卻追求更高境界的精神層次，這也是為什麼在偉特塔羅牌當中，女皇代表著愛情和具有愛情基礎的性愛，也因為象徵生產力，所以女皇出現時也代表著懷孕；在事業與金錢上，女皇象徵著物質上的富足，事情的進展相當順利，水到渠成，可以輕鬆的享受幸運的果實；在愛情上，象徵著一段甜蜜且穩定的關係，這段關係相當成熟，同時也蘊含著身體上的親密接觸。女皇的編號是 3，在西洋傳統的數字占卜上代表著和諧與神聖，也代表著社交生活與友情。當女皇出現在人際關係與社交問題時，你不用擔心，這將會是一段不錯的友誼。

牌為逆位時

女皇牌逆位時，代表著穩定舒適狀態的改變，原因包括了物質的缺乏以及環境無法配合，或許是時機不對導致愛情或事業上的失敗。當女皇處於逆位時，也象徵著對事物缺乏熱情與自信，這也可能是事情失敗的原因，困境往往是一團混亂，此時你不能再意氣用事，必須理出事物的頭緒，找回你對事物的熱誠與自信重新開始。

透特塔羅牌當中的女皇

■ 對應卡巴拉字母：Dateth
■ 對應路徑：Cohkm-Binah
■ 對應行星：金星

　　我們要知道每一個生命體的存在，都是神性化的具體展現，這種把事物賦予形體的過程，也是一種金星力量的顯現過程。堆積、累積、經過長時間的醞釀，都可以是這張牌要告訴我們的意涵。如果你觀察到牌面左下角的鵜鶘，鵜鶘又稱作送子鳥，因此這張牌也跟生育的力量可以產生連結。女王連結著卡巴拉當中的知識與智慧的路徑，象徵著創意創造與靈感的產生。

案例 大出意外的結果

　　曾有一位一直想懷孕的好朋友，試了好多方法都無效，他們夫妻倆求子過程的艱辛眾人皆知。某天在電台遇到我時，問我能不能幫她算算看？我心想：「這可難為了我這個從來沒懷孕生子的人，要幫人家推算這種問題，得千萬小心。招牌被拆事小，誤了人家的幸福可就不太好。」

　　在推算的牌陣中，幸運的出現了女皇、太陽、戀人，我鬆了口氣放心的打包票，對這位朋友說：「安啦！這次包生的。」就因為趕時間匆匆忙忙地把牌給收了。哪知道這個朋友在宣布懷孕消息時，嚇壞了大家，因為她懷的可是龍鳳胎呢！女皇在塔羅牌當中象徵著生產，偉特塔羅牌當中的太陽更有新生命到來的意義，至於戀人則暗示著雙胞胎的可能性，因為戀人是兄弟姊妹的象徵，這一點可以多加注意喔！

大祕儀

4 皇帝 L`EMPEREUR（拉丁文為 LEMPERUP）/ The Emperor

相關連結：4、白羊座
愛情關鍵字：慈祥的長者、年紀大的人
金錢關鍵字：行動的計畫、保守、限制
事業關鍵字：軍人、運動員、業務

馬賽塔羅牌當中的皇帝

　　和女皇一樣，手上的權杖與地球符號象徵著物質的控制。相對於魔術師的精神世界，皇帝代表著物質世界的積極能量。如果說前一張女皇牌象徵著大自然的生產力與情緒，那麼和她配對的皇帝，就屬於大自然的掌控與理智。女皇代表著物質與大自然界的生產力，而皇帝負責統治管理，皇帝的自然力量包括了組織、改變、探索與發現。同樣是持有權杖，女皇通常將權杖倚靠在肩頭（有些是靠在椅子上），而皇帝則用手持著，沒有倚靠在任何事物上，具有正面且積極的意味。

　　在神祕學當中，左手代表著月亮，象徵著感性與陰性；而右邊與太陽連結象徵著理性與陽性。馬賽塔羅牌當中的皇帝權杖拿在右手，放置於地上的盾牌中老鷹頭部也朝向右，與女皇的全部朝左正好相反，右邊暗示著理性，由此衍生。女皇因為情感而滋生萬物，皇帝不負責生產，但他依靠右邊的理智，來組織與統領事物的秩序。

　　仔細看馬賽塔羅牌中的皇帝，他通常不是端坐在寶座上，而是側面靠著椅子，有一種隨時準備出發的可能。這樣的姿態代表著行動力，就算是安穩的寶座也無法牢牢的將他固定在上面。他隨時想要展開行動，證明他對於事物的組織與改變能力。一腳踏在地上，象徵著直接與實際，另一腳彎曲象徵著聰明智慧與人性的溫柔。馬賽塔羅牌當中的皇帝是個慈祥且有智慧的長者，和偉特塔羅牌當中的皇帝大大的不同。

偉特塔羅牌當中的皇帝

THE EMPEROR.

背景是黃褐色的山脊，偉特塔羅牌中的皇帝，安穩地坐在巨大的石椅上，皇帝在這裡象徵著物質世界的統治，成功與控制，以及用辛苦換取來的成功代價，是這張牌的關鍵。這張皇帝牌的神情相當值得探討，他不像馬賽塔羅牌當中如長者般的智慧與怡然自得，有人說他嚴肅，大部分看過這張牌的人都覺得，這是個憂慮的皇帝。的確，萊德偉特的塔羅牌除了與白羊座連結之外，也可以和摩羯還有天蠍座連結。

皇帝雖然成功的統治一切，可是眼神卻露出了憂鬱，他並不因為手上象徵統治的權杖與擁有物質世界的寶球而滿足。他擔憂自己、擔憂他的王國、擔憂萬物的秩序、擔憂他是否成功，於是皇帝無法像女皇般安穩地享受。

在他紅色的長袍底下，仍然穿著盔甲，雖然坐著不動，卻仔細的觀察四周是否有任何動靜。皇帝牌在這裡象徵著成功與嚴肅，山脈與河流象徵著皇帝辛苦征服得來的一切，因此，為了保住這一切他必須更加小心翼翼。

在神祕學當中，皇帝牌是白羊座的象徵，這也是為什麼皇帝寶座上畫著四個公羊頭。這裡我們必須從符號學上來解釋：在中古世紀的歐洲，有一種用來攻打城門的巨大木樁，上頭總是繪著或雕塑公羊的符號，因為公羊每到春天，為了爭取配偶會以角打鬥。於是作為破城用的公羊頭，有戰爭與打開困境的意思。

在面對問題時，皇帝牌通常象徵，小心翼翼地克服困難而換來成功。如果你的問題與愛情有關，那麼請注意這段關係的平和表面下，有溝通困難的問題，若你滿足現狀不動，不去克服困難，那麼這段關係將會僵化。對於任何問題，皇帝牌提供的意見是，不可以因為成功而滿足現狀，如果有困難也不要害怕去面對，皇帝身穿紅色的袍子代表勇氣、盔甲與公羊頭都有戰勝困難的意味在，只要展開行動成功就是你的。

牌為逆位時

當皇帝牌處於逆位時，象徵著失勢與過度的憂慮，你所面對的問題已經失去了控制，如果這是個愛情的問題，那麼無理的爭執是失和的關鍵，如果不收斂些，那麼你將有可能喪失這段關係。這張牌通常也象徵著父親的角色，對方家長的干擾在這裡也會產生影響力。如果問題關乎事業，那麼你必須小心下列幾件事情，第一你已經做了許多超出你能力與權力所及的事情，

得快點回頭，第二你做事毫無章法事情並沒有仔細做好沙盤推演，總是顧此失彼，第三你所面對的對象（通常是上司）是一個不講理的人，你最好得小心了。

透特塔羅牌當中的皇帝

對應卡巴拉字母：Tzaddi
對應路徑：Netzach-Yesode
對應星座：牡羊座

克勞力在這張牌當中，非常強調牡羊座的競爭意涵。牌面最上方有兩隻藏羚羊，我們都知道藏羚羊所身處的環境，是在嚴峻的高山上，而需要單打獨鬥謀求生存的。配上後方銳利的山脈，更加凸顯了雖然抽到這張牌的當事人目前所處的環境可能不是很理想、甚至充滿著挑戰性，但是他具有接受挑戰、不怕困難的勇氣與意志力去面對問題。

案例

沒有自信的計畫

有一次我的室友在晚餐後，想要用塔羅算看看最近會發生什麼事情。抽牌的結果出現了逆位的皇帝以及代表旅行的權杖八，我問他最近是不是在忙些重要的工作，他說有一個司法人員的考試他想要參加。我告訴他這個計畫並不成熟，特別是因為他對自己沒自信。的確，對於這個計畫我的室友有許多顧慮，包括了現在的工作以及未來的生涯規劃，說到要考試，更是讓遠離校園已久的他頭大。我說他很快地又會轉移目標，果然，沒過多久這個計畫就真的被他遺忘了。

在皇帝牌逆位時，你能夠做的就是退回原點，檢討自己的行動是否沒有章法，是否超出你的權限與能力，然後面對現實，重新擬定適合能力的步驟再出發。

5 教皇 LE PAPE / The Hierophant

相關連結：5、金牛座
愛情關鍵字：有智慧的面對問題
金錢關鍵字：援助、精神指引、道德規範
事業關鍵字：貿易商、教授

馬賽塔羅牌中的教皇

信仰在中古世紀的歐洲是件大事，馬賽塔羅牌中教皇代表著精神力量的指引。當人們心中對信仰有所疑惑時，教皇與主教們負責堅定人們的信仰，讓人們不再徬徨。馬賽塔羅牌中的教皇是個擁有一把白鬍子的長者，若有所思的表情正在思考如何傳達上天的旨意，手中的三重十字法杖象徵著永恆的精神、短暫的世俗與物質世界。在牌面上教皇採取坐姿，兩位教徒面向他雙手飛舞，似乎求教或是正與教皇討論什麼。在馬賽塔羅牌當中教皇牌有著教導、訓示的意味。

瑞士的馬賽塔羅學者認為這張牌與女祭司對應，象徵著祖父。這樣的解釋雖無不可，不過似乎有些牽強，但我們仍可以將教皇與女祭司視為一組，同樣象徵精神世界的指引。馬賽塔羅牌當中的教皇，象徵著成熟擁有許多生活智慧的長者，憑著過去的經驗給予人們諄諄告誡，或是幫人調解困難。在馬賽塔羅牌當中，教皇擁有生活經驗與影響力，是個可以信任的對象，所以教皇不只是暗示神職人員，也暗示著有點年紀的長者，例如：法官、醫師和教師。

牌為逆位時

由於馬賽塔羅牌當中的教皇隱含生活經驗，當他為逆位時並不像偉特塔羅牌一樣失去援助。他反而暗示你，生活經驗不能帶給你解決問題的援助，你得另闢蹊徑，同時也告訴你，所面臨的問題將帶你進入以往所沒接觸過的新知。

偉特塔羅牌當中的教皇

十八世紀後塔羅牌中的數字5，多半有物質的意思。因為在猶太教中象徵具體物質的符號就是五角星，其次這是一張與金牛座相關連的牌，金牛座在占星術中也正是物質的代表。教皇在五的位置且與金牛座相互影射，同時帶來物質與精神的信仰，這也是為什麼偉特教皇身後的巨大石柱，象徵著物質上的援助。

當你拿到教皇牌時通常暗示著援助的到來，在偉特塔羅牌裡教皇的援助同時有精神與物質的意義，這個解釋我們可以從圖中看出。首先精神方面，教皇坐在石椅上，身著主持彌撒時的長袍，頭戴皇冠手拿法杖，左手指著天堅定的表情正告訴著信徒，他是奉上天的旨意來引導他們走向天國的道路。

教皇象徵著經過了物質世界的洗禮後，人們不安極需要精神上的引導。教皇從身上的袍子到腳上的鞋都畫上了十字架，正是道德信仰的象徵，他揭示著傳統道德的規範。教皇說這是來自上天的啟示，人們的徬徨無助，經由他的引導，通往永恆的道路。特別該注意的是，牌中教皇腳底下放著一對交錯的金鑰，這是開啟心靈之門的鑰匙。事實上人們可以用這隻金鑰匙通往心靈之路，可是圖中的人卻全神貫注的仰頭期盼著教皇的指示。於是這張牌除了道德引導之外，通常也暗示著對他人的依賴，意味著你正透過一個媒介的引導來解決問題。

如果你的困擾是需要導引和援助，那麼當你拿到教皇牌時，暗示著你的問題將可以同時獲得精神與物質上的幫助。當然也不要高興的太早，因為許多塔羅牌占卜者認為，教皇有控制的意味。不管是不是巧合，從中古世紀一直到宗教改革前後，教會一直擁有著大量的財富與封邑，操縱著許多資源。同時在歐洲歷史的政教之爭當中，教會系統常常挾著教會所擁有的精神援助來控制教徒，對於不服從教會指令的人給予「出教令」，也就是開除教籍。被逐出教會象徵著死後無法進入天堂，這對中古世紀的人來說是莫大的懲罰，當你拿到這張牌時不可以忘記這張牌同時有受到束縛的意思。

牌為逆位時

當教皇牌逆位時我們不能全然的偏向負面解釋，通常這暗示著，遲來的援助或是失去援助，但在精神上卻是一種解脫。當你失去引導時，你只能靠自己的心靈金鑰來尋求解答，這時候請你完完全全的放棄依賴他人的念頭，然後靠著你對自己還有對問題的認識找尋答案。

透特塔羅牌當中的教皇

對應卡巴拉字母：Vau
對應路徑：Chokmah-Chesed
對應星座：金牛座

Vau這個字在希伯來文的意思是釘子，克勞力在解釋這張牌的時候，大量的使用了這個意涵，強調事物的固定性、不變性。這也讓我們對應到金牛座的特質，一種強調扎實、穩定的特質。教皇在傳統的認定上雖然似乎比較著重陽性的力量，但我們也不要忘記牌面上畫有一位女性，在此提醒著我們不要忘記了陰性力量的重要性。

卡巴拉當中教皇牌象徵著第16條路徑由智慧通往慈悲的道路，教皇一方面代表著修行的人，透過智慧發現世間慈悲的道理，一方面不要忘記第16條道路對應的 vau 又有鐵釘的意思，讓人們的精神生活和物質生活更為穩固。

案例

爺爺的幫助

阿麗和小她四歲的男朋友交往六年了，她總是覺得這個男朋友雖然不錯，但是不夠成熟，不過說要離開時，卻又捨不得。她來找我時，男朋友似乎也正在考慮要不要放棄這段關係。

阿麗的牌陣中，抽出了教皇、權杖二和節制，我建議她暫時不用擔心，會有外來的力量介入改變他們的關係，特別是一個長者。沒多久，扶養阿麗長大的爺爺，看阿麗整天苦惱，便邀請阿麗一同參加一項乘船冒險計畫，他們將從法國南部出發沿著非洲海岸，然後橫渡大西洋到南美，阿麗毅然決然的答應。這個計畫改變了她和男友的關係，男友發現他的生活少不了阿麗，也答應為阿麗改掉自己的孩子氣。現在阿麗的男友，整天等著阿麗從世界的某個角落打電話回來報平安，只等阿麗冒險回來就準備把她娶回家，而馬賽塔羅牌的教皇正是阿麗爺爺所扮演的角色。

6 戀人 L`AMOUREUX（拉丁文為LAMOVREVX）/ The Lover

馬賽塔羅牌當中的戀人

希臘神話中的愛神伊諾斯（Eros）（他的拉丁文名字為丘比特），正要把箭射向年輕人的心中，一對情侶受到母親的祝福，正準備要結合。男孩長大之後離開母親的懷抱，與另一名女子成立一個新的家庭，除了代表和諧愛情的重要象徵之外，馬賽塔羅牌中的戀人，有著成長與選擇的意味。

為什麼會說是選擇呢？圖中的男孩年紀並不是很大，似乎才剛剛邁入青春期，仍存有對母親的依戀，但也開始對異性產生慾望。這時候選擇與另一個伴侶展開新的生活，難免會有所猶豫，究竟是該待在母親的懷抱當中好呢？還是選擇和心愛的人展開新的生活？馬賽塔羅牌當中的戀人，通常出現在你該做一個選擇的時候。此外，一段關係的結合、兩個團體的聯盟，也是戀人所賦予的意義。決定與選擇是馬賽塔羅牌當中戀人的重要意涵，邁向一段新的關係，是這個選擇必然的後果。

牌為逆位時

當馬賽塔羅牌當中的戀人逆位時，你正碰到無法下決定的狀況，有時馬賽塔羅牌中的另一個女人，並不代表母親，而是另一個情人。這時候這個年輕人無法下決定，而且感到困擾，一個代表著給予精神寄託，另一個則象徵著肉體與物質的依靠。馬賽塔羅的逆位戀人暗示著有兩件對立的事情，讓你無法下定決心，這時候你得傾聽自己的內心，戀人牌象徵著慾望，你或許得擺脫依賴，追隨自己的渴求。

偉特塔羅牌當中的戀人

在太陽底下，一對戀人受到天使的祝福，有人說這一對男女就是亞當與

夏娃，最初始的人類。的確，在萊德偉特的塔羅牌當中，女人身旁的蘋果樹與蛇，正象徵著伊甸園當中的情景，在男人身旁的則是猶太教的生命之樹。伊甸園故事中夏娃受到蛇的引誘，讓亞當咬下了知識的果實，使得兩個人被逐出伊甸園。萊德偉特用這些景象來表達戀人的牌義時，賦予戀人更多的意義。

戀人這張牌，代表著一段和諧的關係、受到祝福的事情，更重要的是戀人牌象徵著事情不能單靠一個人完成，而是需要與他人合作，戀人牌往往具有占星學上雙子座的意味。同時提醒你，戀人牌不一定代表情侶或愛情事件，戀人牌有時也代表著兄弟姊妹、伙伴關係。有時候甚至代表著友誼。如果你拿到這張牌，卻只把它解釋成愛情的到來，那麼你的塔羅占卜只有初階的功力，要知道隱藏在戀人牌背後亞當夏娃的故事，替這張牌帶來了豐富的暗示。

除了伴侶關係、兄弟關係以及友誼之外，戀人同時代表溝通的重要性。兩性之間的溝通、人與自然的溝通，同時也代表著學習新知所帶來的改變，知識之樹上的蛇傳遞了訊息給夏娃，讓亞當吞下慾望果實，其實是一段自我成長與體會的過程。重要的是這段過程，透過同伴、情人或兄弟姊妹的協助來實現。學習與溝通也同樣是戀人牌所帶來的意義，如果你的問題涉及事業或學習的事物，那麼你將會有機會探索一個新的知識領域。

當亞當吞下慾望之果後，被趕出了伊甸園，這個故事說明著，知道與瞭解有時帶來的不單只是幸福，也帶來了煩惱。正如同偉特塔羅牌當中的寶劍3「利劍穿心」的圖案，告訴你成長有時必須付出痛苦的代價。只是在戀人牌當中，此時還沒有真正產生困擾，僅為提醒之用罷了。

牌為逆位時

逆位的戀人牌，代表著缺乏溝通與理解，也代表和諧關係的消失。在愛情上象徵著愛情的消失，在其他問題上代表著失去改變的能力。很多時候倒立的戀人代表著一成不變的生活，要知道，愛情的消逝不一定代表關係改變，很多愛情其實消失在缺乏溝通的平淡關係當中。

透特塔羅牌當中的戀人

對應卡巴拉字母：Zain
對應路徑：Binah-Tipherath
對應星座：雙子座

這張牌對應著雙子座，因此同樣強調了溝通、交流以及學習的重要性。

我們在日常生活中，懂得駕馭自己的行為舉止只是第一步，進而若能夠與自己更高的層次做結合，駕馭自我的各個面向，才是這張牌要描述的神聖婚姻的真正意涵。

在伊甸園的故事裡，亞當與夏娃吃下了果子之後，開始有了自己的想法，不再只是聽從神的意旨。因此，戀人牌也象徵著開始有了自己的思考判斷，進而可能內心開始產生衝突矛盾。

戀人牌對應著卡巴拉的第17條路徑，象徵著由知識而獲得的力量，也有母與子的暗示。

案例

一門新的學問

賽德瑞克，原先在一家生機食品公司擔任售貨員，但覺得工作上沒有什麼新的突破，於是離職。來找我的時候大約是離職半年後，正被老闆找回去談一份工作，他實在不太想重作馮婦，但老闆幾次熱情邀約讓他難以拒絕。在幾經掙扎之後，他特地跑來問我重回舊公司的發展如何。

在象徵這份工作的位置上我們抽到了戀人，賽德瑞克笑著說：「難道我會展開一段辦公室戀情？」我笑著說：「這並不是你的問題，如果你問的問題是關於愛情或是最近的未來，那麼我會說一段甜蜜且大有可為的愛情正要出現。」但賽德瑞克的問題是事業，我就不能夠這樣回答了。我建議賽德瑞克大可以接受老闆的邀請，因為他有機會接觸一份全新的職位，並且有相當吸引人的條件。

後來賽德瑞克打電話告訴我，老闆找他的原因並不是人手不足，而是出於欣賞賽德瑞克過去的工作狀況，和不斷求知的態度，因此想要培養他接管另一家分店。賽德瑞克和老闆談妥了不錯的條件，老闆安排他到法國高等商業學校接受短期的經營管理訓練，這種昂貴的企管課程，對只有高中畢業的賽德來說是莫大的機會，於是賽德瑞克欣然接受。所以下次當你抽到戀人牌時，不要只想著談戀愛喔！

7 戰車 LE CHARIOT / The Chariot

相關連結：7、巨蟹座
愛情關鍵字：行動、決定
金錢關鍵字：財務與資源的整合
事業關鍵字：餐廳老闆、購併業

馬賽塔羅牌當中的戰車

頭戴皇冠的王族（你可將他解釋為國王或是王子），坐在戰車上，手上持有權杖，黃色的盔甲與紅色的袍子代表著生命力與熱情。戰車這張牌暗示著勇氣與行動力，通常出現在你有使命要執行的時候，你必須相信你的直覺，朝既定的目標前進。的確，如果之前的戀人牌象徵著選擇，那麼這張牌的出現，就可以開始執行你的決定。

仔細看看牌中戰車兩旁的布縵是掀開的，布縵也同樣出現在女祭司當中，象徵著隱藏與神祕事物。但在這裡布縵卻被打開了，代表著直接行動去揭開事物的神祕面紗，讓事物不再隱晦。很多事情與問題困擾著我們，其實是源於我們對問題不夠瞭解，那麼唯一可以做的事情，就是展開行動瞭解問題。

淺藍色的馬匹拖著戰車，代表了人性當中的直覺與潛意識。行動的展開需要勇氣，直覺在這個行動當中佔了相當重要的引導。不過馬頭朝右代表著你必須以理性判斷，不能因為你的直覺而亂下決定。馬賽塔羅牌的戰車，代表了勇氣、行動、努力和事物的前進。

牌為逆位時

當戰車逆位時，象徵著停頓、猶豫不決，特別出現在倒懸者、隱士、月亮、女祭司和世界時，停滯猶豫的情況更是明顯。如果旁邊還有代表行動的權杖牌，或是其他象徵行動的大祕儀，例如：愚人、皇帝、命運之輪、高塔、節制、太陽、惡魔，或是宮廷牌中的騎士，則象徵著失控與意氣用事的行動將導致失敗。

偉特塔羅牌當中的戰車

偉特塔羅牌的戰車和馬賽塔羅牌牌義相當接近，王子乘坐著戰車，手持權杖代表著行動，我們可以明顯的看出戰車正橫跨著水陸兩地，水代表著情緒與意識的精神世界，陸地代表著現實生活。

最大的不同點是，偉特塔羅牌中的戰車是由人面獅身所駕駛的，人面獅身又稱「Sphinx」，在西洋神祕學當中，代表著謎題、潛意識。一黑一白的人面獅身，和背景中的陸地與水池，其實都暗示著物質世界與精神世界。面對如此明顯的兩元對立，身為駕駛者的王子該如何抉擇呢？究竟是該退回精神世界的水中，或是往現實世界前進？又要如何馴服兩隻代表不同方向的人面獅身？當中的關鍵就是控制，也是這張牌所象徵的意義。駕駛戰車的過程當中，最重要的是控制，特別是在謎團當中（別忘了人面獅身代表著謎）。如何憑著自己的直覺，駕馭未來，在現實中不忘以精神生活滋潤自己，不迷失方向。

王子頭上戴著和女王相同的星星皇冠，若你再仔細的觀察，會看見王子肩膀上，有著和女祭司相同的月亮以及身後的布縵，和帝王一樣的盔甲，以及魔術師手上的權杖，你能夠猜想到萊德偉特要告訴

你什麼嗎？讓我再給你一個提示，這張牌是塔羅牌當中的第七張牌。猜到了嗎？在西洋神祕學中，7有著謎一般的限制。占星學當中將日月與金木水火土等行星，視為一個完整的宇宙體系，也因此7有著完備與限制的意思。在戰車牌中將之前的六張牌做一個結合，但你必須選擇運用六張牌中的哪一種智慧，也可選擇結合兩種或是兩種以上的塔羅暗示智慧來做出決定。

拿到戰車牌，暗示著你必須以過去的經驗智慧，來控制自己的行動，一旦決定就要執行下去，但不是孤注一擲，而是靈活的運用與轉變。令人訝異的是拿到戰車牌的人常常陷入兩難的局面。如果戰車是處於正位，那麼你早已有了決定，只是稍微猶豫了一下，你需要的是勇氣與援助，來幫助你前進。

牌為逆位時

若是逆位的戰車牌，那麼情況稍微複雜，問題往往是陷入了謎團當中，這時候你必須抽絲剝繭，一步一步的將自己導向問題的核心，發現問題的所在。是否是因為戀人牌象徵的決定出了問題？或是教皇牌當中的缺乏援助、受制於人？還是因為缺乏皇帝的自信與勇氣？沒有女皇的和諧？或是缺乏女祭司的智慧還有魔術師的行動？當你找到關鍵所在時，問題也將迎刃而解。

透特塔羅牌當中的戰車

對應卡巴拉字母：cheth
對應路徑：Gebrah-Binah
對應星座：巨蟹座

對應的字母Cheth在希伯來文是柵欄的意思。我們駕馭馬車可以跨越限制我們的柵欄，而前往更加廣闊的天地。但有一個前提是：你是否知道你要往哪裡去？

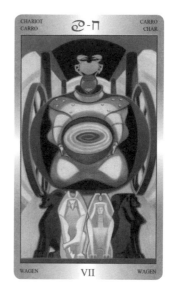

有時候，我們可能想要自行創業，因為就學貸款還沒有付清而打消念頭。成為雕塑家是心中的夢想，但因為孩子還在唸小學，需要固定的收入，所以仍在在公司做一位上班族。往往在這時候，我們會說自己好像是一隻被關在籠中的小鳥，覺得處處受到限制。但是換個角度來說，沒有當初的就學貸款，自己可能無法完成大學學業，孩子是生命中的禮物，帶給我們無窮的喜悅。因此，這些看似枷鎖的事物，在另外一個層面，也是我們動力與滋養的來源。

抽到這張牌，其實提醒我們該對於身邊所接觸到的事物所一個整合，不僅僅是去展現自我的控制力，更要從根源處調整融合各個面向。

案例

需要受肯定的抉擇

一個面臨選填志願的高中女生問我關於選擇志願的問題，她列出了一長串的科系，想要知道哪一種比較適合。她想念人文相關科系，可以藉此發揮她寫作的專才，卻又對社會科學有些偏好，也想嘗試看看電影和戲劇，藉此滿足自己對社會的探討。我建議她還不如先去瞭解這些科系學些什麼？將來可以做些什麼？然後我們再來討論，但是她堅持要現在就算求個心安。我只好用最簡單的單張牌來加以分析，而翻開牌面後正好是戰車。

我笑笑的對她說，別整我了，也別浪費時間，你自己都已經做出決定只是想要有人肯定你的決定而已。她驚訝地看著我，問我怎會知道？我說戰車牌正好在戀人後面，象徵了決定之後的行動，如果你現在會猶豫，一定是不甘心放棄其他的種種，卻又不得不前進，這時候你需要別人給你肯定。果然這個小女生早已經決定將心理學列為第一志願，只是不甘心因此放棄拿手的文學，和看來相當有趣的電影藝術。別忘了當正位的戰車出現時，代表著早已做好決定了。

8 正義 LA JUSTICE / The Justice

關鍵連結：8 或 11、天秤座
愛情關鍵字：平衡、均衡
金錢關鍵字：榮譽、忠實、因果
事業關鍵字：律師、談判專家

馬賽塔羅牌當中的正義

不同於中國人對 8 的解釋，西洋人有著不同的看法。8 有時代表著力量，這是因為符號學中的無限正好是 8 的倒寫，這也是為什麼十九世紀後的塔羅占卜者，喜歡把力量這張牌擺到第八的位置。但為什麼在馬賽塔羅牌中第八張牌，代表均衡與公平的正義呢？從古代人的宇宙觀來看，7 代表著宇宙的極限，8 代表著從物質轉變向精神世界。在塔羅的第八張牌中，人類超脫了物質世界，開始對精神世界有所體認，首先就是透過對自然界的觀察取得智慧。

從另一種傳統的數字占卜的角度來看，2 是對立、4 是十字代表責任；4 也是鞏固，而 8 = 2 x 4，8 出現時有時象徵著責任的加深，或是更形鞏固，也可以延伸為不變的道理。可以同時解釋為，人在相互對立的世界當中尋求穩定的生活，這兩個解釋都是引領我們進一步瞭解正義牌的關鍵。透過對自然界的觀察，人們發現冬天太冷、夏天太熱，只有在氣候溫和的春秋才適合生存。人們也發現，在面對許多不同的極端衝突時，尋找衝突的平衡點是最有利的位置。正義牌中所要透露的正是均衡的意思。

牌面的圖案當中，正義女神手持天秤與劍，代表著法律，無疑的這張牌同時也是星座中天秤座的代表。正義牌象徵的不只是人類世界的法律，同時也代表著自然界的律則，雖然西方人很少說因果報應，但是他們卻也深信正義與公理。他們認為許多事情在自然的律則當中會還出一個公道，自然律則的運行是無法避免的，無論你的身分地位，是富有或貧窮，無論是什麼人種或物種，都無法避免自然的規律運作所帶來的影響，這也是所謂的公平。當你受到不當的待遇時，大自然會還你一個公道，這就是正義。在占卜中拿到正義通常暗示著發問者處於多種衝突的狀態而失衡，或是他正等待著某種裁決（不一定是法律或行政上的，也可能是身體醫療或情感上的），他能做的

就是使自己維持在平衡的狀態下，設法讓自己處於穩定的狀態，不要過於靠近極端。

偉特塔羅牌當中的正義

當萊德偉特（也有人說是十九世紀法國人李維）把正義這張牌放到第十一的位置時，已經賜給正義一個全新的意思。這個調動讓正義更貼近於法律與因果報應的說法，我建議你在讀這篇之前先看過命運之輪的篇章。首先從塔羅牌的順序來看，這張牌在偉特系統中排列於命運之輪（請見 P.70）的後面，命運之輪當中已經告訴你必須小心隱藏在喜悅背後的危機，以及面對危險時不可以放棄希望與人們對自己的責任，而正義就是揭露這些行動的後果。如果你在好運當中發現了危機；如果你在困難中沒有放棄希望，那麼現在就是你獲得報酬的時候。相反的如果你絲毫沒有反應而順從命運的擺佈，那麼現在就是你承受結果的時候。

寶劍與天秤，首次在這裡出現，正義與公理的善惡審罰，都在這裡獲得裁定。埃及人相信死後靈魂會經過天秤來評斷一生的善惡，天秤所代表的善惡評斷便由此而來。中古歐洲寶劍象徵著騎士的榮譽，在騎士對領主效忠時，會奉上他的佩劍表示忠誠，然後透過領主受勛成為騎士。寶劍為維護榮譽與忠實而戰，當背叛或違背法律的事情出現時，寶劍也象徵著懲罰。寶劍在這裡也有榮譽、忠實與賞善罰惡的含意。從另一方面來說在塔羅牌中寶劍象徵著思考，也是風相星座的代表，正義女神坐在石椅上，椅子的上方有著在女祭司中代表著神祕的布縵，頭頂上戴著出現在戰車中的皇冠，象徵著在過去曾經給你機會，讓你藉由心靈與精神做出判斷而決定行動的方向。

整體來說正義牌出現時，表示你正在承受一件事情的結果，這個果實是由你過去的作為來決定甜美與否。你的行為必須符合正義公理、誠實與榮譽。在正義女神的面前，沒有所謂的私利，你的誠實與善良將會受到榮譽的讚揚，享受甜美的果實；如果你的過去作為是惡意的欺騙、不忠實與背叛，那麼這件事情的惡果你很快就會嚐到。

牌為逆位時

當正義處於逆位時，象徵著一些不榮譽的事情出現，謊言或是惡意的延宕，也或許有人仍未決定該如何表態，處於過度思考的猶豫狀態。這時候要重新做決定，請你秉持著公證的原則，否則正義會讓你自食其果。

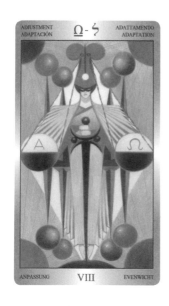

透特塔羅牌當中的正義

對應卡巴拉字母：Lamed
對應路徑：Tipherath-Geburah
對應星座：天秤座

　　透特塔羅牌稱這一張牌為 Adjustment，有學者稱這一條卡巴拉路徑為業力與報應的路徑。從這樣的角度出發來看這一張牌，自然有可能暗示著過去所做的決定、所進行的行動，現在到了驗收的時刻。不用想的太負面，這並非意味著抽到這張牌，就一定會有不好的事情發生。就像我們俗話說的種瓜得瓜、種豆得豆，如果曾經付出了努力，現在也可以是能夠得到回報的時刻。

　　另外，懂得尊重不同的聲音，能夠在互動當中取得雙方的平衡點，也是這張牌要提醒我們關注的重點。

正義來的一點也不遲

　　我在網路上遇見了一位以前曾經幫他占卜過的朋友，他說最近正好為了金錢的事情煩惱，由於之前幫助一個生病的朋友救急，卻使得自己面臨一些財務的問題。他又不好意思向那位好朋友開口要錢，問我能不能幫他看看接下來的狀況發展，他該怎麼和銀行談判。

　　我要他在我洗牌時閉上眼冥想，然後當他覺得我該停止洗牌時告訴我一聲。占卜的結果，正義正好出現在聖三角的牌陣，處於結果的位置。我告訴他不用擔心，他所面臨的問題應該很快就會解決，我建議他誠實主動地和銀行接觸，就算那位好朋友拿不出錢來，也會有人幫你度過難關。他對我的答案感到質疑，也使得這次的聊天不了了之。事隔幾週，我又在網路上遇到他，他說他真的對塔羅牌感到訝異，難不成塔羅牌真的有鬼，他的朋友在領到保險金賠償後，主動的就把錢還給他，他和銀行的問題也因談判而順利解決，我笑笑地對他說善有善報，因果自有循環，這就是正義要告訴你的。

9 隱士 L`HERMIT（拉丁文為 EHERMITE）/ The Hermit

相關連結：9、處女座
愛情關鍵字：思考、指引、內在
金錢關鍵字：反省與檢討的力量
事業關鍵字：Soho族、家庭主婦

馬賽塔羅牌當中的隱士

數字9，從靈數占卜的角度來看是一個屬於幸福的數字。在靈數當中3被視為神聖與和諧的象徵，而9是3x3的結果，意思就是精神上的滿足。而塔羅牌當中的隱士，他的任務就是追求精神上的滿足。牌中隱士右手提著燈左手持杖，身披著藍色的長袍，象徵著智慧與精神力。和臉朝著右邊的皇帝一樣，隱士以理性來達成他的目標，在物質世界當中，隱士的存在象徵著精神的探索，但不是僅透過簡單樸素的苦行生活就可以達成這個目標。馬賽塔羅牌當中的隱士也是個智慧長者，但他卻不會給你答案，答案在你自己的心中。隱士只是舉起燈火，照亮你心中所想的事情，你必須靜下心來回想。隱士通常代表著深度的思考，以及向自我內在尋求解答。

馬賽塔羅牌當中的隱士與前一張牌互成因果，強調相當程度的修正行動。隱士位於代表衡量評判的正義之後，如果女祭司代表行動前的思考，那麼隱士代表著行動同時檢視然後修正，不要讓自己的行動過分逾越，這是馬賽塔羅牌的隱士與其他塔羅牌最大的不同處。如果隱士處於逆位，那麼代表你之前的判斷有誤，可能得重頭檢視你的計畫。

常有人說隱士是一張精神性的牌，事實上我們常常忽略隱士這張牌真正透露的意涵。隱士手上提著燈散發紅黃光芒，象徵的是智慧與生命之光，這道光芒引導著隱士前進，手上的木杖同時也是代表行動的權杖，馬賽塔羅牌當中的隱士，並不如我們所想像的坐在那裡沉思。這個充滿智慧的老人知道，他雖然擁有充沛的精神力量（身上的藍袍代表精神力量），但是需要生命智慧的引導，以及確切的行動，才能幫助他達成目標。如果缺少了燈與手

杖，那麼徒有精神世界只是虛無飄渺的想像。當你拿到塔羅牌的隱士時，記得先靜下心來，檢視自己正在做的事情。

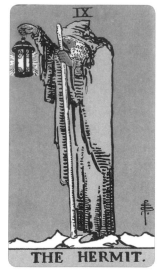

偉特塔羅牌當中的隱士

隱士深處於雪地當中，這個背景我們在聖杯8（請見P.151）與金幣5（請見P.135）當中也曾看到過，意味著困難的環境。在偉特塔羅牌當中的隱士色調較為灰暗，但是卻更明確的反映了隱士牌當中回歸自我的要求。身穿灰衣的隱士與馬賽塔羅牌的隱士比起來多了些隱晦，他不再強調自己的智慧與外顯的精神力量，卻開始表現出反求諸己的沉思。畫面當中隱士身穿灰袍，手高舉著燈眼睛卻閉起來，比起馬賽塔羅牌的隱士照亮前方的路，修正自己的行為，偉特塔羅的隱士更注意傾聽心靈深處的聲音，並且暫停一切行動。

隱士牌有時候會出現在一種特殊的情況，那就是當你有過分的要求時，隱士會在這裡出現賞你兩巴掌讓你清醒一下。塔羅牌當中雖然有一張叫做節制牌，但是真正符合中文當中節制意味的牌是隱士，隱士的清修及嚴以律己的特質，通常藉由克服物質上的需求來達到清修的目的。我常常在幫人推算關於感情出軌問題時遇到隱士牌，這象徵著其實如果我們單純地回歸到隱士的基本意義「反省」，那麼這樣與牌義就不謀而合了。

隱士牌暗示著問題並不是三兩天就可以解決，這個問題的根本是精神性的，需要長時間的思考，更重要的是必須反求諸己。當你拿到隱士牌時首先必須透過內心的沉澱來尋求答案，深呼吸靜下心，暫時拋開雜念。此時你會發現與問題有關的暗示在你心中出現，不要急著去做任何激烈改變，慢慢來反省自己的所做所為是隱士牌給你的建議。

牌為逆位時

當隱士牌處於逆位時有兩種解釋，一種解讀為過分嚴苛的要求，另一種解釋為放肆的行動，通常得配合周邊其他牌的牌義。如果是單張的逆位隱士，可以解釋為過分嚴苛以致於行動無法順利，另一方面也有太多顧慮的意味。對於那些行動保守的人來說是一項警訊，因為隱士的下一張牌就是命運之輪，有天算不如人算的意味，你的百般顧慮很可能是多餘的。當隱士排列在太陽、惡魔、高塔、戰車、權杖牌組時，唯一逆位牌是隱士，這時則暗示太過放縱的情況。

透特塔羅牌當中的隱士

▌ 對應卡巴拉字母：Yod
▌ 對應路徑：Chesed-Tiphareth
▌ 對應星座：處女座

　　牌面上可以見到隱士提著一盞燈行走著，他是依循著這盞燈的光亮指引著前方的道路，才能夠在茂密無法看清楚前方的麥穗叢中前進。衍伸的意義提醒我們對於細節的注意力，是否能夠見微知著，是否能夠因應身邊事物的細小變化，及時地做出適當的調整。另外一個層面，抽到這張牌，必須注意是否過於在意細節的變化，而忽略了整體的目標整體的大方向？千萬不要因噎廢食。

　　在卡巴拉的生命之數中，象徵著連結著心靈力量與智慧的道路，藉由謙卑的態度尋找生命的答案。

案例

過分的要求

　　我的死黨從台灣來歐洲旅遊，這天我們約了一起去喝咖啡。他向我抱怨起最近的感情生活沒什麼新鮮事，要我幫他算算最近的感情運。我手邊沒有帶塔羅牌，於是就向他要了一組數字，得出的結果正好是代表隱士的9。他笑著說可不是嘛，我最近清心寡欲的可以當和尚了。我笑著搖搖頭，直覺告訴我他一定有些什麼過多的念頭，否則隱士不會在這個時候出現。我說你一定是除了你女朋友之外還在想著其他人，他驚訝的看著我，然後露出了賊賊的笑容，一臉做壞事被逮到的樣子。他說最近和女友很少有心靈上的互動，雖然是在一起但總覺得平凡。正好在出國旅遊前遇到了很久以前認識的女孩，於是這陣子有些心神不寧，很想接近那個女孩卻又不希望自己做出對不起女朋友的事。我叫他別擔心，隱士牌的意思正是要他好好的思考這段關係，更何況隱士沒那麼大膽的行動，他最多只是繼續在腦袋裡空想，卻不會和另一個女生有任何實際的發展。當人們在面臨自己對自己的誘惑時，隱士總是能夠及時的出現，提醒你想清楚所有的狀況。

10 命運之輪 LA ROUE DE FORTUNE / Wheel of Fortune

相關連結：10、木星
愛情關鍵字：命運的指示、心靈的聲音
金錢關鍵字：演變、新的開始
事業關鍵字：導遊、醫療救護人員

馬賽塔羅牌當中的命運之輪

許多人看到馬賽塔羅牌當中的命運之輪時，都會覺得這圖案有些莫名其妙，三隻像猴子又像狗的奇怪生物，圍繞著一個像是供給寵物遊玩的轉輪，這究竟象徵著什麼？我們暫時擱下這個疑問，來看看與這張牌有關的數字10；數字10象徵著二位數的開始。從0到數字9，人們在塔羅牌的旅程當中已經學習到了一些事物：對於精神世界與物質世界的認識、對於理性與感情的體認。這張牌代表的是另一個截然不同的旅程，所以第十張塔羅牌，用了一個像是紡車或是磨坊的轉輪，象徵著旅程繼續前進，而這也是命運之輪最重要的意涵：旅途尚未完成。

讓我們回過頭來看看剛才的疑問，這三隻猴不像猴、狗不像狗的生物（其中一隻還長了翅膀）究竟代表了什麼？其實這三隻奇怪的動物，泛指在命運之輪上奔波的一切生物，當然這也包含了人類。有些塔羅牌會替這三隻生物穿上衣服，讓人們意識到這三隻生物事實上是自己的化身。右側的猴子隨著輪子上升，通常身上穿著藍色的袍子，象徵著善用心靈的力量，將會提昇自己的心靈層次；而左手邊的生物頭朝下，通常身穿土黃色或接近膚色的袍子，意味著他並沒有努力的運用智慧與心靈，而是被命運與物質的力量帶著下滑；第三隻位於輪子正上方的位置，通常手持寶劍也長了翅膀，頗有人面獅身司芬尼克斯的架勢，他就是這張牌的關鍵，代表著謎與智慧。藉由轉動不停的輪子，象徵命運中的高低起伏，人們努力的提升或是放棄努力而隨波逐流。只有他體會到生命的意義，那就是沒有任何事情能夠停留下來，也沒有永遠好或壞的結果，只要活著，人生就繼續向前，也就是說「希望還在」。

有人常說命運之輪代表事物的變化，我認為這句話只解釋了命運之輪的部分意思。如果你跟許多人只看圖說故事的人一樣認為：正面的命運之輪代表好的變化，負面的命運之輪代表負面的發展，那麼我剛才的解釋你一定沒有看懂。當命運之輪出現時，是暗示你事情還沒到下定論的時候，你所面對的錯誤有補救的機會；你所面對的幸福也隱藏了危機，你得運用智慧坦然從容的去面對。人生無常要用平常心

去迎接變化多端的挑戰。

偉特塔羅牌當中的命運之輪

偉特塔羅牌的命運之輪牌面圖案十分豐富，這也正是最能展現偉特與黃金黎明結社神祕色彩的一張牌。若你已經看過手邊所有的大祕儀，你就會發現，這張牌與第二十二張牌「世界」（請見P.103）頗為相似，牌的四端有象徵著火元素的獅子座、土元素的金牛座，捧書的天使暗示著風元素，而老鷹則是水元素星座當中天蠍座的化身。西方神祕學與占星學認為固定宮星座代表著該元素的的特色，所以偉特用這四個星座的符號，暗示著組成世界的四元素「火、水、風、土」，大自然的變化在這四個元素的組合之下展開，這構成了這張牌的第一個意思——演化。

被四元素圍繞的圓盤代表自然法則的運作；而牌中被三個埃及神祇給圍繞著，在位於左方下降的位置是代表著黑暗之神塞特（Set）的蛇；而右方則是掌管死亡與靈魂的阿努比司，在埃及神話中阿努比司象徵著重生，也是靈魂的守護神。這說明在命運當中，有時會遇到塞特的誘惑或是破壞，但也會受到阿努比司的保佑而重生；位於輪子正上方的司芬尼克斯，象徵著智慧與迷思。所有的命運之輪都有無法預測的未來，你該去擔心的不是如何預測未來的好壞，而是保持之前隱士給你的精準判斷，跳脫被好運沖昏頭或厄運給擊敗的迷思。注意隱藏在好運當中的危機，以及厄運當中的一線生機，這會對你人生的旅程更有幫助。

在懵懂無知的狀態下，人們看見的一

WHEEL of FORTUNE.

切都是神祕而無法解釋，就連組成世界的基本元素，都是被刻畫成金色般神聖。你甚至會覺得命運高不可攀，但是無須恐懼，現在開始就是一段新的旅程，你將會發現許多生命的祕密，直到你完成旅程到達第二十二張牌的世界，你將會體悟，原來這些看似神聖的元素其實也是平凡生命的一部分，而你也是這當中的一部分，你和他們一樣平凡、一樣神聖。這也是為什麼，四個元素都捧著一本書在閱讀，正代表著人們，在學習著生命的祕密。

當你拿到命運之輪時，必須知道事情沒有絕對的好與壞，你所面對的問題正處於變化的階段，距離事物的結局還有很長的一段路。它給你的建議是小心短期內的變化，也就是說當你正高興於某件事情的順利時，適時地提醒你危機的出現。當你正為某件事情沮喪時，它提醒你事情仍有可以挽回的餘地，你得看其他牌所給你的指示做出判斷。當命運之輪處於逆位時，代表事情正處於停滯的狀態，以及缺乏遠見寧願處於現狀，這樣自然無法得到結局。誠心的建議再怎麼困難的狀況，都得走一步算一步，唯有開始行動，才能推動命運之輪！

透特塔羅牌當中的命運之輪

對應卡巴拉字母：Kaph

對應路徑：Netzath-Chesed
對應行星：木星

我們會說這張牌象徵著一切都還在進行當中，事情還未到呈現結果的時刻，任何結果都有發生的可能性，因此要懂得隨順因緣的道理。也因為一切尚屬不確定的階段，此時也帶有一種冒險的特質，想要去探索所有的可能性，想要去試試看自己能夠達到什麼樣的境界。

在牌面圖案上，我們明顯觀察到閃電，閃電除了是木星之神宙斯的象徵之外，更提醒著我們在面對問題時，可以試著採用不一樣的思維、有創意的行動，來突破陷入僵局的障礙與限制。

命運之輪連結了卡巴拉生命之樹當中的第21條道路，象徵著自然與生命的調節能量。卡巴拉字母Kaph是手的意思，我們在牌面圖案當中也觀察到有一隻手出現，提醒著每個人的命運，都是掌握在自己的手中，雖然外在大環境無法改變，但是我們能夠自己決定做出實際的應對之道。

案例

命運的責任？你的責任？

或許是占卜師當久了，有些時候總會有些職業倦怠，特別是在面對一些喜歡抱怨的人時，總沒什麼耐心，甚至很想好好的教訓他們。就拿我剛到巴黎時的室友依內修來說吧，他是個義大利移民，有著帥氣的外表也有不錯的學位，可是卻一直找不到好工作，他總是抱怨自己的移民身分備受排擠。我覺得很訝異，這位老兄頂著兩個博士的光環，為什麼到了快要四十歲都還在打工？有一天他要我幫他算算能不能有更好的工作，我們看見命運之輪出現在重要的位置。我說：「這張牌很簡單也很無聊，他反映著你的努力，你如果認真的去做，命運是不會虧待你的！」他生氣的說，最討厭人家這樣說他，好像他是個懶蟲，要不是經濟不景氣，加上沒有人喜歡外國移民，他怎麼會找不到工作？

我有點生氣的對他說：「如果我說話刺傷你，我道歉！但這是牌義的解釋，你說你很認真的找工作，但我看到你幾乎每天下午泡咖啡館和路邊美女搭訕，回家不是忙著安排明天的約會就是看電視。你說工作難找，我建議你好幾次可以用我的電腦上網找工作，可是你每次都上網下載色情圖片，或是和人聊天！」命運之輪其實說的一點都沒錯，依內修年輕的時候從沒認真的想要工作，雖然有一個博士候選人的學位，但他寧願窩在爸媽家，然後每天打半天工，剩下的時間泡在咖啡館。這究竟是命運不肯幫助他，還是他不肯幫助自己呢？命運之輪其實暗示著人得對自己負責！

塔羅占卜全書

11 力量 LA FORCE / Strength

相關連結：獅子座
愛情關鍵字：心靈力量、控制、理性
金錢關鍵字：同理心、創造力
事業關鍵字：表演工作者、高階主管

馬賽塔羅牌當中的力量

　　首先得提醒你，馬賽塔羅牌和常見的偉特塔羅牌最大的不同點就在於力量與正義的位置。傳統的馬賽塔羅牌系統當中，力量位於第十一張牌，在他之前尚有正義、隱士、命運之輪。力量牌面上的女人頭上頂著呈現倒8形狀的帽子，在神祕學與符號學當中，這個符號象徵著無限。通常女人身上的衣著或是帽色會包括：象徵著精神世界的藍色、生命力的黃色與代表智慧與心靈的白色，以及熱情與勇氣的紅色。這張牌雖然稱為力量，卻不單指我們一般所見的物質力量，而是指由心靈力量主導控制的能力，特別當這張牌在正位的時候必須這樣解釋。

　　女人的頭轉向右邊，暗示著理性思考，帽子與服飾顏色代表著精神與心靈，這說明了在展現力量行動之前，你必須用心靈去思考才能使行動順利。也同時暗示著你的行動必須合乎理性的作法，運用思考來控制物質力量，才能順利的達成目標，而不致於造成傷害。

　　通常這張牌的正面意義暗示著：理性的引導或是被說服，也暗示著控制。但是當力量牌處於逆位時，獅子代表的暴力失去了理性的規範，將會造成許多缺憾。處於這個位置的人，並沒有透過思考去行動而導致問題的發生，想解決問題必須懸崖勒馬，並且從頭把問題釐清。特別注意在愛情的關係當中，力量牌象徵著一段不太平等的關係，其中一方控制著另一方，在正面時象徵著利用理性、智慧與情感來控制對方。

牌為逆位時

　　當逆位時，則是在關係當中出現暴力的控制。怎麼看來這張牌都對愛情不太有利，必須知道愛情這件事不能全然的用理智來規範衡量，甚至還訴諸暴力那更是糟糕至極。

偉特塔羅牌當中的力量

之前我們提到，萊德偉特將力量從傳統的第十一張牌移到了第八張牌，有人說在更早的法國人李維的詮釋中就有這樣的變動。許多人對這樣的作法賦予不同的解釋，例如：將數字8橫著寫，正是神祕學當中無限力量的表示法，直到今天科學界仍利用橫寫的8代表無限。也有人從占星學來解釋，這張牌象徵著獅子座，在黃道十二宮的相對關係位置上，正好排在代表巨蟹座的戰車之後與代表處女座的隱士之前，這樣的排列方式到今天已經為大部分塔羅占卜者所接受，但如果你使用馬賽塔羅牌可別將力量與數字8扯上關係。

力量指的當然不僅是心靈的力量，我們常見的物質力量展現了另一種較為具體且粗暴的表現方式。這也是力量，且正是圖卡當中獅子所要暗示的力量：物質力量、蠻力、暴力，在生活當中這些力量存在著，有時能夠解決一些問題，但絕大多數都在同時造成傷害。

雖然在靈數學中8代表了力量，但更深入一點，女人頭頂上橫放的8象徵著精神力量。這和馬賽塔羅牌當中的那頂帽子意味相同，即在精神與理智的引導下使用力量。身穿白色長袍的女人馴服了獅子，和馬賽塔羅牌不同之處在於，偉特在背景畫上了大自然的草地，白色的長袍代表了理性與智慧。只要善用大自然所表現的智慧，就能夠駕馭原先不可能駕馭的力量。代表精神力量的女人，赤手空拳的馴服了獅子所象徵的暴力與獸性，這樣不可能的力量正是這張牌所要說明的。

牌為逆位時

逆位的力量象徵著失控，獅子不再受到智慧與理性的控制，使用暴力來傷害他人的機率大為增加。同時也象徵著你並沒有對自己本身所擁有的力量加以規範，失去精神與理性的力量，助長了暴力的產生。問題已經失去控制且造成了許多傷害，最好懂得自制，如果再不停止而一意孤行，你也將會受到力量的反噬與傷害。

和馬賽塔羅牌一樣，力量牌象徵你應當在行動前三思。如果你的問題是關於某項困難的處理，那麼記住中國人在太極拳當中展現的以柔克剛力量，很多事情你沒有辦法以硬碰硬的方式處理。力量牌暗示著，當你遇到困難時，暫時休息到大自然走走，你會發現自然界會教你一些四兩撥千斤以柔克剛的道理。有時候最簡單的生活哲理，會幫你解決頭痛已久的問題。

透特塔羅牌當中的力量

對應卡巴拉字母：Teth
對應路徑：Chesed-Geburah
對應星座：獅子座

克勞力將這張牌稱之為Lust慾望，他同時說明：這位女性手中高舉的聖杯，探索著祕密的誘惑，追求奧祕的誘惑，探索著知識的誘惑。

有慾望不見得是一件不好的事，我們有時候就因為對於事物有渴望、有嚮往，才能夠激發生命的活力。重視本能的感受、內心深處的渴望，是當我們抽到這張牌的時候，可以多加注意的部分。

案例

差一點就分手

某天上課時我的死黨JP愁眉苦臉的，課上到一半竟然還跑出教室打電話，雖然我很好奇是不是他的寶貝女朋友跟他鬧情緒，但總是他的私事不便過問。下課後JP拉著我幫他算塔羅牌，他和女朋友從早上鬧彆扭到現在，就為了些雞毛蒜皮的小事，兩個人有不同的決定，剛剛在電話裡甚至吵到要分手。

我們抽中了力量與逆位的權杖9（請見P.153）。我說這不過是件小事不值得你花這麼大的心思去苦惱。因為權杖9代表苦心經營，逆位時代表不適當的行動；而力量卻代表著智慧的力量與控制，我建議他面對這個事情不能來硬的，還不如順著獅子的毛摸，讓無理的情緒受到控制後很多事情都好解決。他聽從我的建議，先打電話安撫女朋友，順從女朋友原本的意願。結果，女友的態度有了一百八十度的大轉變，也反過來站在JP的角度想。兩個人前一分鐘還吵到要分手，沒想到馬上就甜甜蜜蜜的大和解，JP那種看我像是看到神一樣的眼光，讓我覺得頗不好意思。所以當你下次拿到力量牌時，不要去硬碰硬，記住溫柔與智慧也是一種力量！

12 倒懸者 LE PENDU / The Hanged Man

相關連結：海王星或水元素
愛情關鍵字：試煉、犧牲、精神生活的追求
金錢關鍵字：停滯、逆向操作
事業關鍵字：永遠的反對黨、稽核人員

馬賽塔羅牌當中的倒懸者

面對這張牌，我們首先要討論的是他的中文意思，很多人喜歡稱這張牌為「吊人」。我有時也常常這麼稱呼這張牌，因為我實在懶得說「倒懸者」這麼拗口的的名字，但是吊人實在不符合這張牌的牌義。牌裡的男人並不是因為做錯事而遭受懲罰，他將自己懸吊在那裡，是為了追求精神層次的超脫，如果你稱呼他為倒吊人，或許比較適切。

吊人事實上進行的是一項修煉，中古時期的神職人員常常藉由一些身體上的修煉，來證明自己對上帝的誠信。這張牌當中的這位修行者，就是在進行這樣的修煉，這種行為在中古世紀的教會被大為讚揚，不過這種苦修究竟有沒效果？也常引發爭辯。這張牌的第一個層面代表著就是試煉與誠信。

其次我們簡單的從牌義來看，修行者放下了一切，決定把自己交給上天，於是用繩子縛住自己，讓自己頭上腳下的顛倒，這是試煉的過程，在這當中他賦予了這張牌更多的意思，放下或放棄、束縛、限制，是你遇到這張牌時出現的狀況，也與第一個意義——試煉相吻合。這張牌的放棄或是束縛，並不是代表世界末日，或是毫無希望的放棄。通常隱喻了更大的野心與目的於背後，那就是追求更高層次的精神世界，或是藉由試煉而尋找解答。為了這個目的而犧牲奉獻，讓他覺得快樂，所以當你拿到這張牌時，應當知道此時所有的付出，是一種值得的犧牲。

牌為逆位時

當倒懸者處於逆位時，則代表你弄錯方向！你雖然想要尋求解答卻完完全全的朝反方向去做，不要急躁，當你完全的獨處，可以讓自己的心靈更為平靜，要用過去從來沒有的觀點，來想一想當前問題的解決之道。

塔羅占卜全書

偉特塔羅牌當中的倒懸者

在偉特塔羅牌當中,倒懸者的意義並沒有太大的差異。同樣象徵著事物的停滯狀態,倒懸者與隱士同樣都有修行與追求更高心靈層次的意味,但是隱士較偏向思考,而倒懸者比較接近身心的試煉。在倒懸者出現的這段期間,象徵著問題當中的主角必須有一段時間的獨處,讓自己的心靈沉澱下來,才能夠看清楚生命當中的事物。在現代忙碌的社會當中,這樣的一段時間似乎相當難得,有時得暫時放下許多東西,或許是工作、情感、或是財務,讓自己的生活環境淨空,才能有機會好好思考。

注意倒懸者身邊的環境了嗎?偉特把原本馬賽塔羅牌當中空蕩蕩的木架子,改成了有葉子的樹,這代表什麼呢?仔細的推敲,綠色無論是樹木或是草地,在偉特塔羅牌當中都象徵著大自然。這位修行者遠離塵囂,讓自己頭上腳下的一反尋常的世界觀來思考,他決定從另外一個角度,更貼近大自然來觀察物質世界的變化。他暗示著你必須傾聽大自然,才能找到問題的解答。

精神與物質一直是塔羅牌中相對的二元,很多人喜歡把這些東西分開來,但是,沒有什麼事情是絕對的。就如同倒懸者,他若想要在精神生活上有所突破,就必須從物質世界觀照起,如果只是空想,那麼他很少會得到答案,這也是這張牌頭下腳上的原因。精神世界往往會映照在物質生活上,人活在兩者之間,必須將之結合。追求精神生活的人,必須腳踏實地的去實行,否則只會是個「什麼也不是的空想家」,這也是為什麼倒懸者,穿著紅色的褲子,代表的正是行動力的象徵。

牌為逆位時

THE HANGED MAN.

當倒懸者逆位時他被綁在那裡,並不是不認真,也不是不虔誠,可是他卻找不到答案,只因為他沒有朝正確的方向去思考。逆位的倒懸者象徵自我過度膨脹,通常發問者正以自己的主觀來看待問題,這使得問題無法解決,也使得一切無法順利進行。此時占卜者該給的建議是:放下自己的主觀意識,聽聽眾人的意見,並且放手讓事情自然發展才能夠解決問題。

當你拿到倒懸者時象徵停滯不前的狀態讓你感到苦惱,但要知道事情的背後或許隱含著上天的意思。這個時候你需要停下腳步,放下手邊忙碌的事物,好好的從「各種角度」來看你目前的問題。不過你也無須苦惱,因為這件事情的停滯是為了讓你有機會喘口氣,好好想清楚才能展開行動。但這可能要花上一段時間,這段時間正好提供你修身養性與思考。很多人不喜歡這樣的狀況,覺得自己坐困坐愁城。但是你看見這個人的表情了嗎?他沒有一絲痛苦,反而充滿了信仰的虔誠。這種停滯與甘於接受試煉的背後,是因為他想要突破物質與肉體的限制,一窺生命與精神生活的祕密。失之東隅收之桑榆,你或許正苦惱著事情沒有進展,但事實上你卻有機會思考反省,儲存精力並在最適當的時候展開行動。

透特塔羅牌當中的倒懸者

對應卡巴拉字母：Men
對應路徑：Hod-Geburah
對應元素：水元素

不論使用的是馬賽、偉特，或是透特塔羅牌，這張牌一向帶有犧牲的意涵。就像牌面上的人物，左腳被纏繞在安卡之上，右腳與雙手也被釘子定住，這裡所謂的犧牲，包括著實際層面的動彈不得，或是內在感受上的不得已。埃及文化當中，許多神祇的手中，會高舉著安卡，安卡經常與力量產生關聯。回到透特塔羅牌當中，我們可以想一想，一個人被力量給牽絆住，代表了什麼樣的意涵？

我們也會說這張牌與轉換視野有關，現在換個角度來思考，假如一位如同牌面圖案的人，只有右腳與雙手被釘住，缺少了左腳被綁在安卡之上的力量支持，他是否有可能會受到更大的傷害呢？這張牌對應著卡巴拉當中第23條道路，是探詢奧祕智慧的一條道路，或許能夠提供我們思考的方向。

案例

徒勞無功的努力

一個面對丈夫出軌的女人透過朋友的介紹來找我，想要知道她是否應該繼續維持這段關係。在牌陣中出現了逆位的倒懸者，我向他解說逆位倒懸者的意思，她認為丈夫的出軌，或許是因為她過去太過專注於工作，而忽略了丈夫與家庭，她希望透過更多的努力來挽回丈夫的心。我很不忍地告訴她，這或許是一廂情願的想法，很多女人在失敗的婚姻中習慣自責，受到傳統觀念的束縛，男人有外遇是因為女人沒有給男人一個舒適的家。其實從象徵她丈夫的那張逆位聖杯侍衛，可以看出她深愛的丈夫，是個感情氾濫又不負責任的男人，如果她能夠看清這個重點，才能做出

判斷。我建議她不要想太多更別自責，給自己機會去看清楚之間的關係，接下來再談談該如何做。顯然她並沒有參考我的建議，這位女士試著反擊，一方面想給丈夫更溫暖的家，另一方面更嚴格的監控丈夫在外的行動。逆位的倒懸者暗示此時任何的行動都是無用的，三個月後她傷心欲絕的來找我，她累了！顯然丈夫的行為讓她看清楚良人的真面目，同時也體認到反制行動的無用，現在只想接受丈夫的離婚。我說現在放棄不代表永遠放棄，你現在仍然能夠參考我的建議，好好的靜下心來才能找到生命的出路。

13 死神 LA MORT / Death

相關連結：天蠍座
愛情關鍵字：深刻的情感
金錢關鍵字：放棄、革除
事業關鍵字：禮儀公司、偵探、間諜

馬賽塔羅牌當中的死神

　　第十三張牌在馬賽塔羅牌當中很少被賦予名稱，正確的說，有點像是古代人避諱談論恐懼的事情一樣，死神很少被討論，所以在塔羅牌中也就順從民意不寫出名稱。每個人都害怕死亡，這並不可笑，說實在的大家都無法探究死亡的真相，也只有從哲學、神學或宗教的角度去觀察。死神在塔羅牌中在倒懸者之後出現，象徵在徹底觀察物質界的法則之後，體認到想要解決問題，必須放棄他所「不需要」或「會妨礙」的事物，就算那件事物，是他最珍貴的肉體。

　　當然在抽到這張牌時，占卜者和求問者都會緊張，其實在塔羅牌中真正象徵死亡的事件，還得同時出現高塔（請見P.88）和審判（請見P.100）、寶劍3與寶劍10（請見Chapter4 小祕儀）。如果單單出現死神牌，你可以把他視為人生另一個境界的開始來解讀。死神這張牌通常有一個拿著鐮刀的骷髏，在枯黃的大地上揮舞，這讓你想到什麼？事實上這張牌與天蠍座相關，季節在秋收的時候，從過去的經驗，你可以判斷出什麼是對你有利的，什麼是對你不利，你必須將這些東西放棄革除，才有機會前進。你看到國王與皇后的臉孔出現在圖中，國王與皇后在塔羅牌當中代表著物質的生產或控制，這暗示著你的阻礙通常是一些對物質的執念，這也正是天蠍座必須面對的事情。

　　死神的出現同時也提醒你必須克服對未知事物的恐懼，有很多事情在我們無法理解之前，總是感到害怕，但逃避不是辦法，這只會讓恐懼一直存在著。去克服他、從各種角度去認識你所害怕的事物，盡量除去神祕的面紗，或許你就不會再那麼害怕了。老實說，我也挺怕死的，通常這個時候我總是愛拿小王子回家前的一句話來安撫自己：「你知道，太遠了，我無法帶著這個身體，這太重了。」對小王子來說，放棄肉體，是為了展開更順暢的旅程，或許這對你在詮釋死神這張牌時會很有幫助。

偉特塔羅牌當中的死亡

不知道是不是為了帶給人們在占卜時免除恐懼的關係，偉特塔羅牌把死神設計得活力十足。的確他仍帶來死亡的恐懼與威脅，卻不像中古世紀的馬賽塔羅讓人害怕。明朗的背景城堡、水流、花朵，其實是在告訴你，死亡也是生命中的一部分，應該要用健康的眼光來看待。不過，不是所有人都是那麼樂觀的，只有從未對生命有過恐懼的人，才不會害怕，而你我都跟大多數的人一樣害怕死亡。

有位西方著名的塔羅學者在他的著作中說，死神這張牌並不代表著改變，不過我卻有相反的看法，我覺得死神這張牌的出現，有改變的意味在，而且是存在的形式出現改變。從物理界中能量不滅的定律來看，能量只是通過一些過程，將動能轉成熱能，或將位能轉為動能，所以世界上沒有真正的消失與結束，他們只是以另一種方式存在著。人們不應該把死亡看成是結束，至少，對活著的人來說不是。所以當你面對死神這張牌時，不要老是解讀成結束，之前在馬賽塔羅牌中我們提過，至少要有好幾張牌同時顯示著死亡的跡象，占卜者才能大膽的推測死亡的出現。一般來說，我們將這張牌解釋成另一個階段的開始，是應該向過去告別的的時候，勇敢的向那些陪伴過我們的過去說再見，然後邁出下一步，通常我將這張牌解釋為重大改變出現的時刻。

然而面對死亡，或是向過去告別的改變，應該要以什麼樣的心態面對呢？在這張圖中的小孩扮演著一個特殊的角色，他拿著花朵面對著白馬上的死神，看見死神降臨在國王的身上，卻不害怕。因為他不瞭解改變過程的痛苦與失去，反而好奇事情的變化；而他身後的女人，是先前出現的女王，把頭撇過去，代表著對死亡的恐懼與不願意面對；身旁的教皇則閉著眼睛祈禱，他或許希望藉由他的信仰，來克服對失去的恐懼。這張牌提醒我們，面對失去與改變，必須以平常的心來面對，就算逃避仍會降臨。如果你像小孩一樣靜觀事物的變化，或許會好過些。也或許你可以學習教皇，以宗教的力量來安慰自己，這些都是這張牌給你的提醒。當你拿到死神這張牌時，不要忘了這張牌的背景，偉特安排太陽正從遠方上升，象徵著生命的希望。

牌為逆位時

當死神這張牌處於逆位時，象徵著事情的僵化，更可能是因為當事人逃避現實。死神所象徵的改變仍然在發生，但是當事人不願意相信過去已經結束，那麼死神這張牌的太陽就無法升起，當事人也無法前進到下一個生命歷程。身為占卜者的我們必須給他適切的幫助，抒解他面對失去或告別過去的痛苦。也提醒他這是生命中必經的路，有得就有失，如果你不願意接受改變，象徵希望的太陽就永遠不會升起。

透特塔羅牌當中的死神

對應卡巴拉字母：Nun
對應路徑：Tiphare-Netzach
對應星座：天蠍座

當我們沒有深入接觸塔羅牌的時候，一看到「死神」這張牌，很可能會聯想到許多負面的情況，甚至感到膽顫心驚。其實克勞力賦予這張牌非常豐富的意涵，牌面上所繪製的任何一個圖案，都有它的意涵。我常說克勞力是一位不藏私的人，他將這張牌的重點意義之一，很直接的畫出來：死神的骷髏頭造型。

克勞力認為，宇宙本身的意涵就是改變，每個改變也都是宇宙的愛的呈現。生命從生到死，是宇宙中最自然不過的事情。不僅僅是肉體上的死亡，思想上的汰舊換新，也是我們時常需要面對的。這張牌所對應的卡巴拉第24條道路是想像力的智慧，再一次提醒我們不能夠只看圖說故事喔。

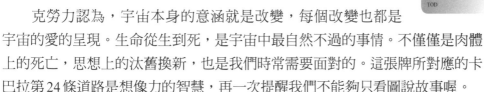

案例

另一段旅程的全新開始

年輕的男同志盧卡在前往南歐旅行之前來找我，想要知道在旅行過程當中會不會發生什麼事情。我幫他用聖三角的牌陣占卜，在過去的位置出現了寶劍9，而中間的位置有寶劍2，最後的位置出現了死神。他害怕的問我是不是該取消這次的行程，我想了想反問他，最近是不是有什麼煩惱，讓他對於未來裹足不前？他說是，他目前的感情生活正一團亂，為了一個偶遇，他離開了一起生活四年的伴侶。但是他的前男友並不死心，他也無法狠下心來，以致於徘徊在兩人之間，這讓他很不敢想像未來。「但是死神象徵著什麼？」他追問著。我說，他應該展開這趟旅行，死神象徵著對過去的告別，這趟旅程中將會有重大的變化，甚至完全改變你的生活。

我從不大膽預測死亡，而前兩張牌符合他的感情狀況，我的直覺是他會在南歐的旅行中徹底解脫，乾乾淨淨地告別過去。大約半年後盧卡又來找我，這次為了另一個問題，他是不是該和那個在南歐旅途中認識的現任希臘男友搬回法國。死神這張牌暗示著，盧卡在那趟旅程中徹底地揮別過去，之前那個偶遇，還有前任男友其實都包含在內。

14 節制（調和）LA TEMPERANCE / Temperance

相關連結：射手座
愛情關鍵字：混和、衡量、調節
金錢關鍵字：循環、升降、平均
事業關鍵字：旅遊作家、導遊、學者

馬賽塔羅牌當中的節制

沒有學過神祕學的人利用塔羅牌做占卜，許多人靠的是直覺的判斷。有些一知半解的人可以利用偉特塔羅牌看圖說故事，命中率就得各憑本事，這也是為什麼同一張牌可以有那麼多解釋。

但是學習馬賽塔羅牌，如同我老師所說：「你對中世紀的生活要有一定的瞭解，為了正確的詮釋牌義，有時還得鑽研拉丁文。」就拿節制這張牌來說吧，光看字面你絕對無法瞭解，節制到底想傳達什麼，為什麼會和旅行與學習有關呢？就連看圖都與節制聯想不起來。

這一次我們先不做牌面的分析，先從節制這個詞的字源說起。無論是英文「Temperance」或是法文的「Temperence」的確都含有節制與克制的意思。但是如果你找到這個字的拉丁字根「Tempero」或是「Temperatio」，就會發

現在拉丁文中這個字包含了混合、衡量、結合、上升下降、和緩與平均的意思。不過當這張牌的名稱從拉丁文變成法文時，卻失去了混合的意思，只剩下節慾與克制，我們只能在同樣字根的「Tempere」這個法文字中找到溫和、平均，或從溫度的英文字中找到「衡量」的拉丁文原意。至於英法文甚至是中文翻譯的「節制」這個詞，已經完全喪失了牌所要代表的意思。

在牌中出現的天使給了你第一個暗示，經過了死亡這張牌之後，人們開始重生進入新的世界，一個精神層次略重於物質的世界。第二個暗示也跟隨著死亡之後而來，那就是新的接觸與新的環境。天使手中的兩個聖杯分別代表了物質世界與精神世界，水代表著智慧與經驗，當你告別過去的生活時，並沒有完全地摒棄過去。相反的你只是丟棄過去不必要的經驗，而保留許多重要的智慧，這是你在物質世界學習到的事情。當新的經驗加入時，兩者藉由交流、循環、溫和的調節到達平衡的境界，這也是兩個聖杯與流水的提示。

而這些新的接觸與體驗，在人們的生活中，暗示著新生活的適應與學習。當然旅行也可以說是一種學習，以及對新生活的適應，這也是為什麼這張牌有旅行的含

義在的原因。如果可以我很少用中文稱呼這張節制牌，因為這會造成誤導，這也是為什麼我在這張牌的標題旁，加上了「調和」這個詞。

偉特塔羅牌當中的節制

在馬賽塔羅牌的篇章中，我們明確的說明了，第十四張牌（依照慣例我們可以稱呼它為節制）的意義。而在萊德偉特的詮釋下，我們更容易瞭解這張牌所要說明的狀況。除了馬賽塔羅牌當中的基本含義外，從卡巴拉的研究還有神祕學的研究當中，偉特將這張牌的牌義賦予更多的射手座的意義。原本在馬賽牌組中水藍色或肉色的翅膀，變成了火紅，象徵著熱情與生命力。而在天使的胸膛標示著方塊以及一個紅色的三角形，向上的三角形在神祕學符號的解讀中代表著火相星座，這兩個符號都代表著行動、探索的行動，這也正是射手座的人重要的人生課題。

當你解讀偉特塔羅牌時的節制時，首先必須注意到的仍是兩個聖杯的交流。偉特不止一次的暗示，甚至天使一腳踏在水裡另一腳踏在土地上，都有不同世界交流的含意。這兩個不同世界可以是原本塔羅牌當中的精神與物質，也可以是兩個不同的世界、兩種不同的文化、兩個不同的個體等，這些都是你可以用來體驗生命的方式。

注意到天使身邊那條通往白色山峰與皇冠的路嗎？皇冠就是卡巴拉裡的「冠冕（Kethen）」，象徵著猶太教的神聖的境界，要如何前往這個境界呢？天使暗示藉由物質與精神的交流，通往神聖的境界。經過死神牌的反省與革新之後，人們更接近自己的目標，透過對新環境的學習與認識，求問者追求事情的道路開始浮現，但也不是一蹴即成，求問者還有一些功課要做，要透過學習或旅行來完成。

當你在占卜過程當中拿到節制時，象徵著求問者剛從過去的生活當中脫離，比如畢業、退休、獨立生活、離家、出國等，他需要做的是去適應新的環境。藉由接納新的一切，與過去的生活環境做一個比較與檢討，這時候他會發現他所要追求的目標就在前方。這張牌通常也表示，問題的發展才剛開始，短期之內並不會有答案，除了自己之外，誰也沒有辦法給答案，必須靠自己展開這趟尋寶之旅。

牌為逆位時

節制出現逆位時，暗示著一種對過去的眷戀。人類的情感是一種奇妙的事物，有時候能幫助人發揮體能的極限，有時候卻限制了人們的行動力，無法朝著合適的道路前進。因為這種對過去無法割捨的情感，使得求問者無法融入新的環境，占卜師應該建議他拋棄過去的包袱，人生才能向前。

透特塔羅牌當中的節制

對應卡巴拉字母：Samekh
對應路徑：Yesod-Tiphaeth
對應星座：射手座

我們很明顯的可以在牌面上看見，牌中的人物有兩張不同的面孔，他的頭髮、手臂也有兩種不同的顏色交錯著。這位人物的手中正將兩種不同的物品倒入鍋中，試圖要中和兩者。以上總總圖像的意涵，都在提醒我們綜合、調和、融合的重要性。也因為如此，克勞力稱這張牌為「藝術 Art」，要能夠恰如其份的將不同的事物整合在一起，確實是一門需要智慧的藝術。

這張牌對應著卡巴拉第 25 條道路，帶有試煉與考驗的意涵。牌面最下方的火與水圖案，提醒我們在面對種種考驗時，千萬不要忘記小心謹慎的態度。就像是我們在料理時，要添加鹽巴或是糖，總不能夠一大把的就灑下去，對吧？

案例

固執的蜜雪兒

有一種人我在占卜時最怕碰到，那就是從來都不認為自己會犯錯的人。他們總是將錯誤推到別人身上，當問題發生時不肯承認是他們自己造成的。這些人通常都有點自戀且活在自己的世界當中，蜜雪兒就是這樣一個女孩子。透過朋友的介紹，她來找我。在占卜之前，她就花上半個小時闡述她的不幸遭遇：像是遇人不淑、又找不到男朋友、工作不順、同事總是嫉妒她的才能等等。從她談話的口氣，我已經知道這是一個需要花費心力的客戶。她說了半天才說出來意，她很沮喪，前男友總是不斷地糾纏她，每次見面他們就有很多事情可以吵。她多希望可以找到新的男朋友讓這些壞情緒過去。

在占卜中我們拿到了逆位的節制，我還沒開口，聰明的她立刻替自己辯解：「不是我不節制喔！總是他來和我吵架，我很克制自己的。」

我告訴她，這張牌的意思是暗示她，應該完全告別過去，如果可以請暫時不要見前任男友會比較好。她回答不可能，她前任男朋友總是想要惹她生氣，有時候還會在她面前和別的女生打情罵俏。我說這很簡單，一旦你完全斷絕和前任男友的關係，你就不會受氣，而新的男人也就會隨之出現。但我發現在占卜的過程當中，蜜雪兒總是有一套說詞，來欺騙自己無法切斷過去的關係。這樣的人不接受別人給的建議，總是沉迷在自己創造的世界中，就算其他人再怎麼幫忙，也無法改變她的生活。

15 惡魔 LE DIABLE / The Devil

相關連結：摩羯座
愛情關鍵字：自我、自私、慾望
金錢關鍵字：束縛、貪婪
事業關鍵字：主管、領導、統治者

馬賽塔羅牌當中的惡魔

惡魔出現在節制的天使之後，這是相當有趣的對比。首先要提醒你一件事，在西洋神祕學當中，惡魔原本也是天使，但是因為背叛了神而無法留在天堂。大部分在西洋神祕學當中出現的惡魔，原本都是天使，只是他們不願意替神服務，而被形容成惡魔。這是一張物質慾望大過於精神追求的牌，原本替神服務的天使，為了追求自我的滿足而成為墮落天使，也就是我們口中的惡魔。

人們把許多罪惡解釋成受到惡魔的引誘，的確，這種做法可以讓人們的心中免除罪惡感。塔羅牌中的惡魔手持著噴火的權杖，卻將兩個同伴綁在柱子上由他控制，其實最明顯的暗示就是自私，許多的罪惡都源自於此。惡魔暗示著當事人，並沒有顧慮到他人的感受，反而利用他人來滿足自我的慾望。

當占卜的過程中拿到惡魔時，通常暗示著面對誘惑，許多事情取決於一念之間。人並非完全沒有私心，許多時候人是自私的，在別人眼裡卻成為萬惡不赦的罪刑，但對當事人來說或許只是為了滿足自我。由於惡魔象徵著物質慾望，短期之內可能有不錯的金錢或財富運氣，但要小心伴隨而來的壞名聲與厄運。

仔細看馬賽塔羅牌當中所描繪的惡魔，並不會令人感到害怕。有點奇形怪狀卻又讓人笑不出來，介於半人半獸之間，且同時擁有男女性的特徵。這表示惡魔並不是一個自然的傑作，而是人類思想的產物。同時提醒我們：惡魔處於事物變化間的灰色地帶，你可以選擇當天使拋棄執念，或是選擇當別人眼中的惡魔。詮釋這張牌時可以暫時放下正位與逆位的關係，和命運之輪一樣，這張牌無法給予正面或反面的意思。如同莎士比亞在哈姆雷特裡所寫的一句話：「沒有所謂的好與壞，只有人們的思想可以決定好壞。」唯一要做的是選擇利己或利人，而每一個選擇的後果，有好有壞端看當事人怎麼看待。

偉特塔羅牌當中的惡魔

偉特塔羅牌的惡魔有些陰森恐怖。在黃金黎明神祕學社當中,神祕學相當盛行。這裡的惡魔被描繪成羊頭人身有翅膀爪子的怪物,頭上放置著一個象徵惡魔的倒五角星,底下的兩根柱子,綁著之前在第六張牌出現的情侶,這時他們成為惡魔的俘虜,使得這張牌更值得玩味。首先解釋倒立的五角星,這一直是惡魔的象徵(正位的五角星則是另一種猶太教的護身符),五角星代表人的頭部與四肢,象徵著理智(頭部)支配行動(四肢)。當五角星倒立時,行為已經不為理智所控制,而是由物質慾望所控制,此時最容易受到惡魔或是他人的控制。

我們之前說過惡魔代表著私心與物質的慾望,為了成就自己而犧牲他人。在偉特塔羅中惡魔的定義相當明確,不像馬賽塔羅般的含糊且唯心論。惡魔在這裡象徵著慾望,特別是對物質的慾望。不過由於偉特將之前的情侶放在這張圖中,所以愛情與性愛的慾望也成為偉特塔羅牌中惡魔牌的特點,圖中的男女為了要與對方永遠在一起,而把靈魂出賣給惡魔,於是他們如願的永遠在一起,但卻逃不出惡魔的控制。姑且放下惡魔存不存在的問題,在愛情當中,如果有一方總是想要控制另一方,那麼愛情就會失衡。問題不在於愛的太多或太少,而是當你控制別人時,自己也被束縛了。

除了愛情的問題之外,塔羅牌的惡魔通常象徵著物質慾望與野心,暗示著一段以物質追求為導向的時光,當以物質來評斷一切時,也開始失去了幸福與快樂。

惡魔跟隨在節制之後出現,也象徵著求問者並沒有打算朝著新世界前進,他寧願受過去的束縛,也不願意改變,此時他成為自己的俘虜。拒絕改變是束縛的原因,無論馬賽塔羅或是偉特塔羅當中受到束縛的人,雙手並未被綑綁,他們仍有機會掙脫這樣的束縛。只是他們的野心與物質慾望作祟,他們寧願沉溺在惡魔的控制下,痛苦並且快樂著。

牌為逆位時

與馬賽塔羅牌不同的是,當惡魔牌處逆位時,象徵著人們從惡魔的束縛當中被釋放,你或許心痛於財富的減少、某人的離去,或是感情的淡薄,但卻是你重新找回自己的時機。或許你的狀況仍然很糟,但有機會重新開始,放棄對事物的控制慾望會讓你有重生的機會。

透特塔羅牌當中的惡魔

對應卡巴拉字母:Ain
對應路徑:Hod-Tiphira
對應星座:摩羯座

這張牌所對應的卡巴拉路徑是第26條路徑,Hod象徵著理智與光明面,Tiphira

則代表著一種完整的美感。看到這裡，大家一定會在心裡疑問著，這樣的意涵與惡魔有什麼關係？自古以來，人們往往將自己不明瞭的情況，推託為受到邪惡的干擾；將看不清楚、想不明白的事物，稱之為惡魔。當我們要從腦袋可以理解的理性層面，走向更全觀更廣闊的世界時，路途中自然會遭遇到許多不熟悉的事物，但也唯有看透這層迷霧，才能夠到達更具有權威性更加完整的境界。

牌面上有著明顯的男性生殖器官的圖像，因此生殖、繁衍、創造力與性，都是出現這張牌的時候，不要忽略的意涵。

案例

一念之間

許多人喜歡說塔羅牌有牌靈之類的話，事實上我覺得塔羅牌反映著你自己的想法，當你是天使時你就能幫助別人，當你只考慮到自己的利益時，塔羅牌就很有可能變成惡靈。十八歲那年，我在學習三年多的塔羅牌後開始幫人占卜，總覺得新鮮有趣，特別是那時塔羅牌沒那麼流行，大家相當好奇於牌面上奇異的圖案。

就在這時候我的一位學長跑來找我占卜，他想要知道追求某位學妹的行動是否能夠成功。這個學長和我相處的非常不錯，尤其我們又是同一個社團，占卜得到的結果相當順利，我說他可以順利地和這位學妹約會。我好奇的打聽這個學妹是誰，沒想到學長想要追求的對象竟是我暗戀的對象，果不其然學長開始和我暗戀的對象約會了。某天占卜時無意間掉出了一

張惡魔牌，暗示著我的狀況，我卻開始利用惡魔牌詛咒學長會有厄運，當然沒有真正學過魔法的我無法對人下咒，只是胡思亂想自己發明下咒的過程。

一個星期後這位學長出了小車禍，這把我嚇壞了！後來持續一段時間的占卜過程都出現了惡魔牌，暗示著我的不當行為。我對這些結果感到害怕，於是聽從書上的建議，封牌不再幫人占卜。這次的事件造成我心中不小的陰影，但也因為如此，我瞭解到幫人占卜必須存著助人的心態。如果有太多的私心，不用說是塔羅牌會譴責你了，就連你占卜的解釋都不會準確。那次封牌持續了很長的一段時間，卻也給了我一個省思的好機會，現在把這個經驗拿出來和大家分享，希望大家在任何事物上都能心存正念！

16 高塔 LA MAISON DE DIEU
（拉丁文為 LA MAISONDIEV）/ The Tower

相關連結：火星
愛情關鍵字：無法深入、誤會、阻礙、打擊
金錢關鍵字：毀壞、失敗、肉體或人類的極限
事業關鍵字：廚師、消防員

馬賽塔羅牌當中的高塔

高塔在馬賽塔羅牌中有另一個稱呼，叫做神殿「La maison de dieu」，雖然與英文的稱呼「Tour」有些差異，不過他們所指的都是同一個故事，那就是聖經中的巴比倫通天塔。故事記載著在很久以前所有人類的語言都是相通的狀態，卻因為妄想著建築一座通天的高塔，到達天上與神更為接近，甚至取代神的力量，而被神譴責。高塔被擊毀，人類也從此說著不同的語言無法瞭解彼此。

高塔在馬賽塔羅牌當中代表著，一個自我膨脹的行動。仔細看從高塔摔下來的兩個人，一個身穿紅衣另一個身穿藍衣，他們僅憑淺薄的認知，就想要蓋一座塔直通天堂。高塔所代表的意義，是人類相信自己對於宇宙萬物都有控制的能力，特別是物質，人類妄想主宰一切，於是建築高塔，卻忘了在死神那張牌對於肉體極限的提示。無論雷電或是火焰，都是上天或是自然界的力量（在基督教信仰中上帝就是自然界的掌控者），是對藐視大自然且近乎冒犯的行為的懲罰。

當高塔出現時，表示目前遭遇到的是一個很糟的狀況。甚至面臨了一個突如其來的惡劣改變，所有的工作都被否定，不被他人所瞭解。求問者曾經有機會選擇正確的道路，可是卻老想用舊方法去做，特別是有高估自己能力的傾向。如果不學會謙卑，體認自己的力量有限，那麼仍舊會走向錯誤的道路。從死神這張牌之後，我們一直在強調，求問者所需做的改變在精神方面遠比物質或肉體上面來得多。但面對問題時卻不肯相信這一點，高塔的出現就是一個嚴重的警告。

在馬賽塔羅牌當中，高塔通常代表著一個意外的發生，我所說的意外並不是指意外傷害，而是意料之外的事情，這讓你的生活徹底改變。對於保守的人來說，這簡直是無法承受。而對認清事實真相的人，會懂得過去的錯誤

不可再犯，應當重新展開工作，不要想投機，這也是為什麼從高塔墜下的人，他的手還可以觸及地面，暗示著必須以實際的觀點重新開始的工作。

偉特塔羅牌當中的高塔

高塔常被人視為是一張非常不受歡迎的牌，在許多人眼中這是最糟的狀況。的確，在死神牌中人們被賦予重生的能力，在惡魔牌中的束縛只要人們肯放棄對物質的控制就能解脫，而高塔卻沒有任何的正面暗示。一道閃電劃破天際將巴比倫通天塔擊碎，人們從高山上的塔墜落而下，不像馬賽塔羅牌當中的人們，手觸及地面有挽回的餘地。在偉特塔羅牌中，高塔就是一切野心與盲目堅持的後果。

萊德偉特將許多卡巴拉神祕學與基督教的教義置入了塔羅牌當中，聖經中巴比倫塔的故事，正是解釋高塔這張牌的啟示。在解釋馬賽塔羅牌的過程中，我們已經知道高塔象徵著人們想要取代上天征服大自然的野心，而遭受上天懲罰的故事。

THE TOWER.

於是高塔的基本牌義有著不自量力、失敗、人類的極限等。這或許足夠解釋馬賽塔羅牌的狀況，但是在偉特塔羅牌當中，我們得考慮加入卡巴拉的解釋，在卡巴拉當中代表高塔牌的字母是「Peh」；象徵的是嘴，意思就是溝通，還記得之前所說的巴比倫通天塔的故事嗎？傳說中古老的人們說著同一種語言，由於上帝要摧毀建築高塔的工作，祂使人們說不同的語言以達到分化的目的。

於是，高塔牌又有著無法溝通、無法深入瞭解或是誤會的意思。高塔這張牌出現了兩個墜落的人，象徵著事情不只是單方面的問題，暗示著一件合作的事情出現危機，意即當事人雙方都需負起責任。特別是言語上的溝通很容易出差錯，由於事件的兩個主角，都深信錯誤不在己（源於自我膨脹），且拒絕溝通。所以當高塔出現時，狀況通常已無法挽回，這時候再去追究誰是誰非已經徒勞無功。畢竟當事人唯一能做的，就是盡可能的重新展開工作，並且避免重蹈覆轍。

牌為逆位時

高塔這張牌另一個不受歡迎的原因是，無論正逆位都呈現不好的狀況。在正位時意外來的突然，糟糕到讓人無法承受。逆位時，意外狀況雖來得緩慢，且不是那麼糟糕，但卻耗時耗力又耗神，事情同樣處於不好的狀態，這時候再繼續下去恐怕只是讓錯誤一再發生。如果趕緊撒手，或許就不會到無法收拾的地步。有時候人們得學會壯士斷腕，想要走出陷於高塔的困境就得這麼做。

透特塔羅牌當中的高塔

對應卡巴拉字母：Peh
對應路徑：Netzach-Hod
對應行星：火星

牌面圖案上,除了前面所提到的象徵言語交流上的障礙與誤解的嘴巴之外,很明顯的還有一顆大大的眼睛。我們想到眼睛,自然會聯想到這張牌的意涵,也與是否看見、是否察覺有關。再者,這顆眼睛並非普通的眼睛,而是濕婆神的眼睛。在印度教的信仰與神話當中,當濕婆睜開額頭上的第三隻眼睛時,便會噴發出毀滅一切的聖火。印度教認為「毀滅」本身即具有「再生」的意涵。在一個時代需要結束的時候,濕婆神也會透過他的舞蹈,完成世界的毀滅,並且引領新的時代的來臨。因此這一張塔羅牌,除了毀壞、崩解的意涵之外,或許在汰換舊有事物之後,新的希望有機會從灰燼中誕生。在牌的左上方有隻鴿子,鴿子是愛神維納斯的動物,再一次提醒我們不要忘記愛的力量可以超越一切。

案例

驕傲的年輕人

麥克畢業於倫敦知名的設計學院,所擅長的是關於視覺設計方面的事物。年輕的他一踏入業界就頗受歡迎,同時還在學校擔任客座教授。在一次聚會中他要我幫他算算塔羅。我們在黃道十二宮的牌陣中拿到了高塔,位置是在象徵事業的第十宮。我警告他未來的一年當中工作將有所變動,但他對我的占卜嗤之以鼻,認為自己在各方面都頗受好評,也挺滿意現在的工作,怎麼可能會有所變動?我笑著說:「你不相信也沒關係,塔羅占卜只是提供你一個參考與提醒。」他很不高興地離開我占卜用的桌子。幾個月之後我參加另一次聚會,朋友告訴我由於麥可在公司得罪太多人,對於客戶的配合度也不高,所以在經濟不景氣的情況下成為公司解雇的第一批對象。而且在學校的教學過程中並不順利,學校也傳出不打算續聘的風聲。這讓他非常沮喪,擔憂緊接而來可能發生的財務問題。事實上,塔羅牌的預言多半是一種警告,如果麥可那時候能夠接受這個警訊,而調整自己的態度,或許事情就不致如此。

17 星辰（行星）L`ETOILE（拉丁文為 LE TOULE）/ The Star

相關連結：水瓶座
愛情關鍵字：永恆、希望、自由、重生
金錢關鍵字：靈感、創造力、生產力、誠實、和諧
事業關鍵字：科技產業、天文學家

馬賽塔羅牌當中的星辰

想要瞭解星辰牌，必須從前一張的高塔解釋開始。如果高塔象徵著人為的努力無法永恆，那麼星辰的第一個含義是大自然的永恆與生生不息。這是一組相對的牌，也可以這麼說，經過高塔的毀滅後，人類瞭解大自然力量的巨大與人類的渺小，唯有與大自然和諧相處，才能有生存的機會。如果能領悟到大自然的運作規則，就能夠正式進入塔羅牌的最後階段，也就是完美的精神世界。

星辰牌中，八顆八角星是和諧的象徵。我們之前提過 8 代表著永恆與無限，紅黃色的星星在這裡，代表著自然的生命力；裸體的女人代表著大自然的原始創作，也象徵著創造力與生產力，她跪在河邊，將手上瓶子的水倒入河流中，暗指著將自己的思想與大自然結合。

經過高塔的教訓後，如果人們懂得拋棄自我與野心，以及人類世界無謂的規範，所得到的是什麼？一個如同原始人的生活，卻更貼近自然，這是一種重生、解脫與自由。這種解脫與自由不是與外界切斷連結，而是與身為「人」的自己切斷連結。這麼說或許有些抽象。簡單的說如果你把人類的社會、文化、道德、規範以及身體的極限，都當作是一種限制，一種阻擋你與大自然接觸的障礙，或是一個阻礙你朝精神世界邁進的絆腳石，那麼你必須從之前的失敗經驗中學習，讓自己成為大自然的一部分。

牌為逆位時

當星辰牌出現時，象徵一個和諧與完整的狀態，並且會有幸福的結果。事情可以順其自然且不必橫加干預，但從中可以得到許多的啟發，用來創造更為和諧的生活。不過當星辰牌處於逆位時，表示當事人正處於一種逃避的狀

態，無論幸福與否，都顯示出使用隔絕與逃離來處理事情，任由發展的鴕鳥心態。

偉特塔羅牌當中的星辰

經過了死神、惡魔與高塔的經驗教訓之後，人們一次又一次的受到挫折，體悟到拋棄不必要的事物（死亡）的必要性，以及物質的需求如何束縛人們（惡魔），最後瞭解到人類力量的極限（高塔）。經過這麼一長串的試煉也該有所收穫，這時如果能夠傾聽內在的聲音，就可以發現自己是多麼的幸福自在。因為幸福不是建構在物質的擁有或是成功上，真正的幸福是不受到約束，且能獲得心靈上的舒適。

由於星辰出現在代表毀滅的高塔之後，這張牌也代表了毀滅後的希望。星辰牌中的女人其實是神祕學當中的大地之母姬亞，她象徵著一切生命的泉源，在所有的事情都崩毀之後，她重新出現，循著自然的規律帶給人新的開始。她將生命之泉注入河流，也灌溉大地，讓萬物得以生存。星辰牌也象徵著新生命的來臨，通常

THE STAR.

如果同時擁有女王和星辰牌，這個家族短期內會有新生命的誕生。星辰象徵著一切新的事物、新的關係，代表著幸福、希望。有時因為心靈上或宗教上的信仰能夠帶來類似的效果，所以星辰牌也與之有關。

對於尋求問題解決方式的人來說，必須注意到，這是一張象徵著大自然力量的牌，也就是說，人們的力量在這時候只能起很小的作用。在星辰牌當中，八角星象徵著永恆自然的運行，自然的和諧規律，任何企圖改變自然的事情，都會像前面高塔牌一樣徒勞無功。唯一能做的是隨著自然的腳步前進，該做的事情就去做，但是提醒你短期內的任何刻意作為是不會有多大效果的，所以還不如放手順其自然。朱鷺是埃及知識之神透特的代表，透特掌管時間同時也是諸神的書記與文字的發明者，他掌管的也就是知識。古埃及人的知識透過對大自然的觀察取得，他們隨著尼羅河的漲落耕作過活，朱鷺在這裡引導你在大自然的規律當中尋求答案。

星辰這張牌通常出現在兩種狀況，第一種是苦盡甘來的幸福時刻；第二種是新接觸的開始。逆位的行星牌可以用來解釋幾種狀況，第一種是試圖用人為的力量或是可笑的知識來改變自然發生的事物；第二種狀況是對未來不抱有任何希望，且不相信一切在毀壞之後可以重生。他拋棄了對宗教的信仰，或是對自己的自信而放棄一切。占卜者在這時必須幫助他重建希望，我們應該相信人類的自由意志，可以超越一切障礙。

透特塔羅牌當中的星辰

對應卡巴拉字母：Heh
對應路徑：Cohkmah-Tipherath
對應星座：水瓶座

塔羅占卜全書

對於生活在地球上的人們來說，星辰的存在，是接近天空的位置，因此這張牌與提升的思想有關，也與啟發、啟蒙、思想上的啟迪有關。暗示著所涉及到的事物，不僅僅侷限在你我之間，而與更廣泛的社會群體有關。牌中女神的姿態，是一種柔和柔軟的模樣，暗示著對於目前所面臨的問題，可以採取一種更有彈性、如何取得彼此間最佳利益的立場作為考量。

牌面當中有三個星辰的圖案，都是七芒星。七芒星象徵古典占星學當中的七個行星，大家是否還記得我們前面提到過，七這個數字帶有宇宙完整性的意涵。在這裡提醒我們可以透過觀察宇宙自然的運作，帶來思想上的啟發。

案例

同性戀自然嗎？

學校裡俄國學生依凡是我的好朋友，由於念的是中文，所以我們常常一起吃中飯，對他來說可以練習中文，對我來說可以複習中文，於是我們很快地就變成了無話不談的好朋友。某天他要我幫他占卜，但不肯告訴我為什麼，我們抽中的是逆位的星辰。

我看了看依凡，並不覺得他正在經歷什麼大風大浪。我問他最近是不是抗拒某些事情的發生，他驚訝的只好說出實話，依凡是個同性戀，但他一直不願意在大家面前出櫃（表現出來）。他以為這是個祕密，其實身邊的朋友早就在猜測，不過要不要出櫃，是依凡自己選擇，我們尊重他的選擇。他最近跟著父母回俄國探親，遇到了一個想要和他交往的女孩，他和這個女孩約了幾次會，也上床做愛，但越是這樣他越難過，他心裡頭一直在問，為什麼身邊的「她」不是個「他」。

我跟依凡解釋，逆位的星辰代表著，抗拒一件自然發生的事物。現代這個社會，或許仍有許多人難以接受同志存在的事實，但是絕大部分的人仍尊重同志。對我來說，這和有人天生只吃素，有人只喜歡吃肉，或是左撇子右撇子一樣的，是一種無法以人為方式改變的自然。依凡卻說大家都說同志是怪胎有違自然。我告訴依凡，你如果能夠改變性傾向來決定要愛男生或女生，那就真的太神奇了！與其用和女孩子交往來自欺欺人，還不如順從己意，傾聽內心深處的聲音，那才叫做自然。但願依凡能夠懂得選擇自己的人生，而不是為了怕被人指指點點，而找了個不愛的人來自欺欺人。

18 月亮 LA LUNE / The Moon

相關連結：雙魚座
愛情關鍵字：陰影、表面上的平靜、不安與恐懼
金錢關鍵字：情緒、想像力、創造力
事業關鍵字：藝術家、畫家、音樂家

馬賽塔羅牌當中的月亮

　　不只是中國人說月有陰晴圓缺，在塔羅牌當中月亮也有類似的象徵性。翻開馬賽塔羅牌的月亮牌，你會發現一個奇怪的月亮掛在天上，下弦月般的月彎裡藏著一張木然的臉，卻正好拼湊成一個圓；小山丘與房舍罩在月光中，同時在上面有兩隻狼一般的動物；下端有片水塘，水中有著奇怪的生物，是傳說中被海克力士殺死的大螃蟹，這正是巨蟹座的代表。月亮反映著太陽的光線，卻因為角度的關係，而有陰影的變化，這也正是月亮牌的第一個含義——反射與陰影。反射的意思，指的是月亮反映著人們心裡的思緒，特別是看不見摸不著的憂慮，而這份憂慮也正是陰影所代表的意義。

　　月亮的陰影在馬賽塔羅牌中意義重大，即使月亮代表了平靜與冷靜。當月亮出現在牌陣當中，很容易讓人陷入被欺騙的狀況而無法察覺，不過這一切都不會浮出檯面，甚至有時候只是當事人的擔憂與幻想。月亮是謎一樣的牌，帶來的不安與想像力遠超過人類所能夠臆測的範圍。牌中陸地房舍象徵著現實生活，在光線的照耀下似乎毫無問題。可是狼群代表著雙重意思，第一個意思是危險，第二個意思是人類本身的獸性與情緒，兩者都被月亮引發出來。特別是當月的陰晴圓缺引起人們的不安時，許多人會使用暴力宣洩情緒。

　　月亮牌下端的水池與巨蟹給予你指引，水流在塔羅牌當中代表著思考與精神的抽象世界，面對這些不安，要有所體認這一切都來自於幻想，除非你能夠證實，否則你最好想辦法跳脫這種不安的情緒。因為這種未知的恐懼，很容易讓人陷入萬劫不復的地步，解決不安的方式，是去證實與面對問題，如果證實什麼事情都沒發生，那麼你的不安就來自於想像力。最好能夠將這樣的想像力導入正途，例如：藝術創作。

偉特塔羅牌當中的月亮

偉特塔羅牌當中的月亮，和馬賽塔羅牌並沒有不同，但卻能夠詮釋得更為詳細。偉特將圖案明顯的區分為三塊：上方的天空與陰影部分，接下來是光線照耀的城市，然後是水池。狼群在月光的照耀下，卻看見陰影而恐懼吠叫，月光陰影下的幽暗山區，正代表著這種恐懼，也暗示著，拿到這張牌時，在和諧的月光下，多半隱藏著不安。

畫面中有一條水流通往湖泊，上面有著代表不安的巨蟹，明確的說明了月亮牌所帶來的不安與恐懼。事實上指的是未知，目前的課題就是接受這些不安的挑戰，如果你知道該怎麼應對那就好辦多了。但是陰影的部分指出，這些或許只是不具危險的幻想，也或許真的藏有危機在其中，勇敢的人會去發掘並解除這個危機。但是喜歡逃避問題的人，總是將問題擱置，也不曾因此停止憂慮。所以如果真要解決問題，就該勇敢朝陰影前進！

月亮牌同時代表著創作與想像力，如果是與工作相關的問題，那麼和藝術創作有關，其實這裡的創作力與先前提到的恐懼，正好就是想像力的一體兩面。受正面影響時帶來許多豐富的創作，天馬行空不受拘束；但在負面時則帶來許多內心深處的恐懼，特別是夢幻或是神祕的事件。

在感情上月亮不代表羅曼蒂克的戀情，相反的，當事人正察覺到一些危機，如果能夠提早面對這些問題，那麼危機並不會擴大。如果只是擔心害怕且歇斯底里的謾罵，或是如鴕鳥般的對問題視而不見，那麼隱藏的危機將會加深恐懼。月亮象徵著隱藏的危機，或是背叛的行為，也代表彼此的不信任，而不溝通的行為，更是加深兩人之間的陰影，而畫下更深的鴻溝。

拿到月亮牌時需依照問題的不同來作答，如果是與工作相關的問題，或是關於未來職業的走向，可以朝創作方面去思考，月亮攸關創造力與想像力。但是如果詢問的是感情與人際關係，就必須注意不要庸人自擾，因為想像力太過豐富，而引發了無聊的恐懼，如果你能夠正視這個問題，去解決擔心的問題，將會讓狀況好轉。如果只是呆坐在那裡，任憑擔憂將自己摧毀，那麼你不但會毀了自己，甚至也會傷害到另一半。月亮的逆位並沒有多少改變，只是在工作的狀況上暗示著危機四伏，而非尋找具有想像力的工作。有部分塔羅牌在正位與逆位的意義都相同，月亮就是其中之一。

透特塔羅牌當中的月亮

對應卡巴拉字母：Qoph
對應路徑：Malkuth-Netzach
對應星座：雙魚座

我們從牌面上明顯的波動圖案，了解到包括自然生命的起落、健康生理上的波動問題、心情上的愉悅與低潮的起伏，都與這張牌的意涵有關。這張牌對應了占星學上的雙魚座，我們意識與無意識的連結、心靈精神領域的探索、對於宇宙一體的渴望，也可能是抽到這張塔羅牌時，可以跟對方探討的層面。

卡巴拉第29條道路，是生命演化的道路。我們可以看到牌面最下方有著波浪湧動的圖像，除了代表生命自然的律動之外，也提醒我們要留意種種循環及規律性有關的問題。

案例

擔憂與恐懼

老客戶Kaven來找我做諮詢，他表示最近跟老婆的關係有點緊張，也不知道是什麼原因，就是看老婆不太順眼，兩人很容易因為小事情就開始吵架。例如前兩天，兩人想說難得週末有空，一起去看電影，沒想到老婆想要看3D加上IMAX版本，Kaven認為他們選的電影看一般的數位版就好了，兩人差點在電影院的售票處吵了起來。

Kaven抽到的其中一張牌是月亮牌。在我們諮詢的過程當中，Kaven想到，他最近很容易發脾氣，其實是因為內心當中對於目前的工作產生了不穩定的恐懼，擔心今年年底的考績不好，有可能被公司資遣，而對於未來產生很大的危機感。因為他一開始自己沒有察覺到這一點，自然沒有把這樣的擔憂告訴老婆，所以在生活層面上，便處處挑惕老婆的行為，其實都是在反映自己內心當中的不安。

當他發現到自己的情緒是來自於自己的不安全感時，決定先買束花回家向老婆道歉，當然他說還是要未雨綢繆理性消費，所以花束不會太大。我告訴他，只要是你的心意，老婆一定能夠體會的。而且當你將你的擔憂與她訴說分享之後，相信你們兩人必定能夠一起想出因應之道的。

19 太陽 LE SOLEIL / The Sun

相關連結：太陽
愛情關鍵字：光明、幸福、博愛
金錢關鍵字：活力、忠實、誠信、和諧合作、結合
事業關鍵字：領袖、創作者

馬賽塔羅牌當中的太陽

　　每天當太陽從東方地平線升起時，人們便不再感到害怕與寒冷，於是太陽成為眾生所倚賴的對象。人們仰望著，隨著他的移動而感到生命的活力逐漸增加。太陽所帶來的幸福與快樂是單純且全面的，並沒有像月亮一般，在背後還隱藏了一些恐懼，這就是所謂的生命喜悅。在月亮牌當中我們體悟了由於月亮的光芒有限，所以除了所能夠照亮的地方外，其餘的黑暗都有可能為人們帶來恐懼。這也是為什麼塔羅牌中，月亮用側臉表示部分的光明與幸福，而太陽以正面的臉，表示全面的幸福與快樂。

　　在馬賽塔羅牌中太陽底下通常畫有兩個人，兩個人在塔羅牌中多半有和諧與平等地位的意思。人們受到太陽生命力的滋養，同時將腳浸泡在象徵著精神世界的水流裡，達到和諧與完美的境界。這兩個人也象徵著相互扶持與合作，在太陽的籠罩下沒有陰影，暗示著，這個合作必須完全的互相信任，合作的事情才有可能成功。

　　當馬賽塔羅的太陽牌出現在牌陣當中，暗示著陰影與問題已經消失，即將要展開光明的旅程，所有的一切都變得清楚明朗，問題也有解決的方式，當中可能會遇到一個同行的伙伴，你們必將坦誠以待，如果不是這樣，你們的同行將失去意義，也無法達到共同的目標。這也是馬賽塔羅中逆位太陽的意思：失去信任。

牌為逆位時

　　逆位的太陽也表示彼此的不信任，有時是背叛的行為，有時代表著二個人的競爭，或是種種因為失去對彼此信任所帶來的不愉快。當太陽被陰影遮住時，象徵突如其來的寒冷，幸好烏雲無法永遠擋住陽光，這提醒當事人，不要在打擊中失去信心，障礙只是暫時的，堅定自己的信念，將能解決問

大祕儀

題，不能解決的交給時間與他人。不要因為少數人的背叛而失去對他人的信任，必將會很快地走出陰影！

偉特塔羅牌當中的太陽

陽光下一個純真的孩童騎在白馬上，後方種滿了向日葵，太陽高掛在天上，光是從偉特塔羅牌的顏色中，我們就可以看出這張牌，所要傳遞的開朗與活力。在這張牌中太陽的熱情並沒有一絲偏頗，不只籠罩在人們身上，也照耀了萬物，向日葵以及白馬，暗示著大自然的博愛與公平公正，並不是只有獨厚人類。

孩童騎乘著白馬，頭戴花冠持著鮮紅的錦旗，無論東方與西方，這樣的乘馬遊行是一種表示勝利的榮譽象徵，他的行動榮耀著生命的燦爛，為什麼如此的高興呢？因為他已經接近他的目標了，這是他修煉的末端，你一定被我的話弄得有點一頭霧水吧！仔細看牌中的關鍵部位，孩童頭上的羽毛，想想羽毛最先出現在哪一張牌中，就會明白我說的，現在快去看看我們過去所討論過的牌吧！找到了嗎？原來是愚人，由於愚人是偉特塔羅牌的起點，象徵年輕的靈魂展開生之旅，想要對生命有更多的瞭解。經過無數的歷練之後，體驗到唯有心靈上的純淨，才能體會生命的喜悅。在這裡已經接近生命的目標，也幾乎要與自然合而為一，他難掩心中的喜悅，大張旗鼓地告訴大家他的修行即將成功。

圖畫中的孩童曾經出現在死神牌中，他手持鮮花好奇的看著死神。愚人經過了無數的歷練，從魔術師、倒懸者中看透了物質與精神世界的影響，從死神牌中學會放棄不必要的過去，節制牌中懂得和緩地學習前進、在惡魔牌中體認物質的枷鎖，從高塔中瞭解人類與物質世界的有限，星辰牌中學習到了回歸自然的律則，在月亮中學習到如何克服恐懼。若在最後還保持著孩童一般的純潔，以及對萬物的熱愛，與對生命之力、大自然造物者的信任，那麼他就會獲得太陽牌中的幸福。

太陽牌的出現，最主要是描述一個幸福的狀態，生命的活力與喜悅在此時出現。通常這樣的喜悅不單只屬於一個人，他會試圖感染其他人，所以有時太陽牌也暗示著一場讓人覺得愉悅的演出，或一項帶來幸福的宣示。這些幸福是以辛苦的代價換來的，所以繼續保持心靈的純潔，並且不要吝嗇和人分享這些喜悅，或是幫助別人。

牌為逆位時

逆位的太陽在偉特塔羅牌當中，並沒有競爭的意味，但卻如同馬賽塔羅牌當中所說的，象徵著短暫的陰影。或許正對某些事情失去信心，或許正遭遇到某些人的背叛，只要鼓起內心的勇氣去迎戰、去探索那一份懷疑，不要被恐懼或背叛與不安給擊倒，就會得到應有的幸福與快樂。倒立的太陽表示距離幸福，只差那麼一點點的努力。

透特塔羅牌當中的太陽

對應卡巴拉字母：Resh
對應路徑：Hod-Yesod
對應行星：太陽

透特塔羅牌的太陽，也出現了兩位孩童，彼此對立的模樣，但又呈現出一種和

諧對稱的姿態。這裏告訴我們，要顧及自己陰性與陽性層面，需要對外展現出勇氣，也要留意和諧與美感。不過份側重偏頗那一項特質，懂得平衡陰陽的重要性，便能夠自在的於天地間共舞。

在太陽牌的最外圈我們看到黃道十二宮的圖像，克勞力直接告訴我們卡巴拉第30條道路，是占星學的路徑。當我們了解黃金黎明學社的背景就可以明白，占星學絕對與迷信沒有半點關係，反而是一種集結廣義科學、理性思考、邏輯判斷的大成。

案例

競爭合作、還是被利用？

某天一位女同學愁眉苦臉的來找我，問我能不能幫她算塔羅牌，她正因碩士論文的題目而苦惱，我們得到了逆位的太陽牌。我問他是否找指導教授談過了，她說還沒有，教授要她別著急，多花點時間構思論文的題目，多一些選擇的備案。我告訴她，這可能需要些時間，但基本上論文應該沒有問題。

隔些日子她告訴我，由於她原本提出的題目被教授否決，原因是已經有其他人

打算做類似的題目，教授提議她做另外一個研究，這使她忿忿不平，覺得被教授給利用了。我說這個時候再來爭論這些已經沒有用，教授的提議是為了她好，如果她無法信任教授，那麼想要通過論文甄試就會有更大的困難。當逆位的太陽出現時，象徵著人與人之間的不信任造成的問題，特別在馬賽塔羅當中，又隱藏了競爭的意味在。

20 審判 LE JUGEMENT / the last Judgment

相關連結：火元素或冥王星
愛情關鍵字：判斷、判別、召喚、啓示、宣布、報應
金錢關鍵字：新世界、新環境、被接受認可的
事業關鍵字：業務、預報員

馬賽塔羅牌當中的審判

受到基督教最後審判觀念的影響，這張牌在基督教世界中，常被解釋為人們所要面對的末日審判，這常常困擾塔羅初學者，因為這樣的意義似乎和第八張的正義重疊。又因為牌中描繪了死者聽見天使的召喚而從墳墓中走出，於是常有塔羅占卜者給予這張牌復活的意義。如果狹隘地解釋這張牌為復活或是重生，那麼所犯的第一個錯誤就是忽略了這張牌的名字「審判」。其次，更重要的是這張牌有更寬廣的含義，但因語言的翻譯與詮釋逐漸被省略掉。現在讓我們從拉丁文找回「Jugement」的意涵，「Jugement」是從拉丁文中的「Judicum」與「Judex」而來，不單指審判，還包括了判斷、評估與看法等意義。

從拉丁文中我們得知審判這張牌的原意，包括了判斷評估與意見。許多塔羅占卜師（包括我在內）卻常這把這張牌狹隘地限制在復活的意義當中，其實是曲解與限縮了原意。這張牌的重點並不在重新復活或是敗部復活，如果仔細的閱讀啟示錄裡的末日審判，將會找尋到更多相關的牌義。在此無法把整段末世審判的章節刊出，但其大致的意思是說：末日到來的時候，上帝會用火潔淨舊世界，將有形的世界燃燒，無論活人死人都會聽見天使的召喚，來到耶穌的面前接受審判，每個人皆因生前的所作所為受到審判。所以從這兩方面來推論，審判牌所代表的意義，包括了審判、判斷、召喚與啟示，拋棄物質與形體進入了新的生命階段。當你拿到末日審判時，有時候象徵著一個考試、試驗，檢驗過去的成果，有時也代表某個消息的宣布。

牌為逆位時

當審判處於逆位時，象徵著拒絕傾聽警告、不願意面對現實等狀態，由於這些結果而導致事情的失敗，當然對事情的錯誤判斷等因素，也出現在逆位審判的牌義中。和偉特塔羅牌不同的是馬賽塔羅牌的末日審判，強調更多判斷的能力，而偉特則將重點放在復活與內在的呼喚。

偉特塔羅牌當中的審判

審判與正義這兩張牌，對於西方世界的占卜者來說，有著很相近的意思，畢竟這兩張牌都有判斷的含義。所以當你拿到審判牌時，先不要害怕這張牌與第八張牌的意思重疊。審判就是做出一個判斷與決定，這的確和第八張的正義一樣，但是也別忽略這張牌當中天使吹響號角的意義，同時包含宣布、啟示以及警示的意味。當這張牌出現時，暗示著面對一個關鍵時刻，將要進入新的生命階段，你必須做出判斷，或是正面對他人的評價，這些評價對你來說相當的重要，可能是改變你生活的啟示，也是來自他人對你所作所為的重要提醒或警告。同時提醒你，面對問題要公正客觀判斷，最好拋棄成見，應該避免外在或是個人喜好來影響你的決定。

除了外在的宣告與影響，偉特塔羅牌中的審判牌具有強烈的內心呼喚意義，天使的號角喚起內心的覺醒。畫面中的人物正從棺木中站起來，因為他們聽見召喚，強烈的精神渴望超越肉體的阻礙，而使得人們從死亡中復活。偉特的末日審判強調復活的意義，這個復活不是所謂的由死而生，而是重新對生命燃起希望，這主要是透過內心的甦醒，以及對生命的強烈渴望。拿到末日審判的當事人將會開始新的生活，最主要是因為他開始傾聽內心的聲音。

牌為逆位時

審判在逆位時通常是絕望的代表，許多事情因循著事物的常軌不變，象徵著人們已經習慣某件事物，就算不方便、不適應或是帶來痛苦，也拒絕改變。寧願安安穩穩的躺在原來的棺木中，而不去傾聽內心的渴求與希望。

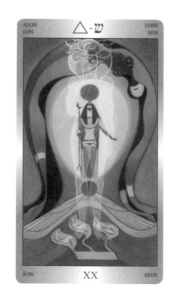

透特塔羅牌當中的審判

對應卡巴拉字母：Shin
對應路徑：Malkuth-Hod
對應元素：火元素

　　克勞力不叫這張牌為審判，而稱它為 Aeon，象徵著永世、千世萬代的意思。這張牌與火元素相對應，我們知道所有的火元素，都與生命力有關。強調動能、動力、前進的力量與成長的力量。若只是持續的在原地踏步，對於現狀是無法改善並且得到進步，該如何運用我們的熱情，在生活中向前進，在心靈中得到提升，從物質的世界提升到精神的領域，都是這張牌要提醒我們的。

　　這一條路徑是透過思考而帶來的提升的路徑。牌面上所繪製的三位埃及之神，由外到內分別是天空女神努特、沉默之神哈爾波克拉特斯與太陽神荷魯斯，使得這張牌有著代代相傳的意涵。

案例

新生活的開始

　　瑪麗亞剛從商學院畢業一年，由於經濟不景氣，使得她幾乎找不到工作，常常是靠著一些打工性質的推銷工作過日子，有時她覺得絕望透了。有一天透過朋友的介紹來找我占星算塔羅牌，對於這個問題我建議她，試試塔羅牌看看會有什麼結果，我們拿到了權杖8（請見 P.148）和審判，我問她心中是不是有某些特殊的想法而不敢去做，她說她其實很想離開法國到外面去闖一闖，只是礙於父母和男朋友而不敢採取行動。

　　我想了一下，便支持她的決定。審判牌要我們傾聽內心的聲音，而權杖8是一項冒險的旅行，這兩張牌都支持著瑪麗亞的想法。尤其是瑪麗亞法語、英語、西班牙語都很強的情況下，在國外應該會有不錯的發展。於是她開始密切留意一些到國外工作的機會，也趁這個時候不斷的說服父母和男友支持她的行動。兩個月後她被雷諾汽車公司錄取，派到維也納新成立的分公司工作。有時內心的聲音被現實的困境給掩蓋，如果不去傾聽，我們很難對生命做出正確的決定！

21 世界 LE MONDE / The World

相關連結：土星
愛情關鍵字：保守、穩定
金錢關鍵字：成功、富饒、財富、完成、完美、不變的、新的境界、理想主義者
事業關鍵字：總經理

馬賽塔羅牌當中的世界

終於到達了旅行的終點！如果把塔羅當作是一個旅行或自我探索的過程，那麼你可是完成一項艱鉅的任務。無論從那個角度來看「世界」，這張塔羅牌的最後一張牌，它象徵著完整的世界，不可以切割分開。許多塔羅牌在馬賽塔羅與偉特塔羅都有顯著的不同，不過在這張牌中卻是相同的，大地之母姬亞出現在象徵世界的環中，代表著生生不息的循環力量，通常大地之母身上還會披著長條型的絲巾，這是在古希伯來文中的Nasha，是蛇的代表，在以大地之母為主神的母系社會神話當中，對神祇的祈求多半以農業生產為主，在此蛇並非邪惡的表徵，而是生產富饒與財富的象徵，我們也常見到蛇頭銜著蛇尾的圖騰，其實是完整的生命循環的意思。但這些意思都在後來的父系社會神話當中消失了。

當塔羅牌出現了世界這張牌時，通常表示任務已經完成，也是好好休息享受成果的時候，你坐享豐碩成果，這也是你過去辛苦所換來的成績。你必須謹記過去的經驗好好的珍惜現在所有的一切，世界這張牌常象徵著滿足與幸福，當然創業維艱守成更鉅，拿到世界的牌並不代表你的幸福可以為所欲為，你只是完成一個階段的工作，在這裡暫時的休息之後，重新的以愚人（流浪者）的姿態再出發。

通常在世界牌中大地之母姬亞的身邊圍繞著四個圖騰，如果你還是記不起來他們所象徵的意義，我們不妨在這裡複習一下，天使象徵著風元素、老鷹象徵水元素、牛象徵著土元素、而獅子象徵著火元素，四元素的齊聚象徵完備，當你的問題出現了世界牌時，你得有風相星座的理智思考、水相星座的慈悲與愛、土相星座的實際與毅力，還有火相星座的熱情與勇氣來面對目前的狀況，這四個要素缺一不可，仔細地從這幾個方面去想，你缺乏什麼，就該去做什麼。

偉特塔羅牌當中的世界

世界這張牌在偉特牌的牌義與馬賽牌的牌義並沒有多大的不同，經過象徵著自我檢討的審判之後，你到達了新的境界，

求問的人很清楚的知道自己缺乏什麼要件，而努力的改變後到達這個地步，接下來該做的工作就是好好地享受成果，並且謹記住過去的教訓，神祕學當中土星與這張牌有著息息相關的連結，在占星學上有人說土星是掃把星厄運之星，但是有更多的占星家和我有同樣的看法，土星是經驗與教訓之星，他並非帶來厄運，而是幫助你學習你的人生課題，讓你的人生或人格更為完備，想想看，世界不就有完備的意思嗎？

大地之母姬亞身旁圍繞著蛇和馬賽塔羅牌有著同樣的解釋，象徵著豐富的物質生活，然而僅有富足的物質生活就已經足夠了嗎？當然不，物質與精神生活並重的人才活的快樂，在世界這張牌中四個角落的風火水土四元素圖騰，和馬賽塔羅牌不同的也在這裡，想想看你在哪裡見過這四個圖騰呢？想起來了嗎？在第十張牌的命運之輪當中。偉特改變了馬賽塔羅牌的模式，四個元素並沒有出現在馬賽塔羅牌的命運之輪當中，於是偉特塔羅牌的獨特見解就出現在這個地方，如果你仔細觀察命運之輪與世界兩張牌的不同之處，你就會發現到，四個元素在偉特塔羅牌當中被畫成金色，而在世界牌中卻出現了色彩，金色象徵著神聖的原性，純潔的元素保有單純的本性，但經過幾輪複雜的試煉與學習之後，火元素的人瞭解要完成自己的使命並不是只單靠衝勁與

熱情，需要一點點的風元素的理智才不會莽撞、需要一點點水元素重視的愛才不會變成無情、需要一點點土相星座的實際才不會讓夢想變成空談，知道了吧！四個元素的色彩其實來自學習與經驗還有他人，除了保有自己的特色之外，身為凡人，我們很難同時兼具感性、理性、熱情與實際，但卻瞭解到我們得相互學習與合作才能夠完成我們的使命，或是解決問題。

要注意當你的問題是詢問一個狀況時，世界多半有不變的意涵，因為世界多半象徵著一個固定的模式，你無法改變世界，如果你仍對目前的狀況不滿，那麼你只有改變自己，拿出你的勇氣重新再出發當一個愚人，展開另一次的探索。

牌為逆位時

當偉特塔羅牌的世界出現逆位時，表示不完全，也就是說面對當事人的問題，他並沒有做好準備，時刻已經迫在眉睫，新世界的大門已經在他的眼前了，可是他卻還沒做好準備，這時他得重新審視自己，檢討自己的過去，好讓自己能夠進入新的生命境界。如果你的當事人還沒有任何頭緒，你不妨以風火水土四元素的基本意義幫他回想，或是用四元素牌幫他做出一些建議，當審判牌逆位時，象徵時機還沒成熟著急也沒用，但世界牌出現逆位時，卻表示你已經到達了終點，自己卻還沒有準備好進入新的世界。

透特塔羅牌當中的世界

對應卡巴拉字母：Tau
對應路徑：Mulkuth-Yesod
對應行星：土星

這張世界牌作為大祕儀的最後一張牌，自然在詮釋上，帶有完成、完結、終結的意涵。牌面上巴比倫的女神Binos手上拿著鐮刀，告訴我們只要你曾經按部就班，穩定踏實的付出努力過，現在就是收成、收穫、享受成果的時刻。

大家可以這樣來想，當我們從小學畢業後，代表一個階段的完成，接著我們會進入中學就讀。中學的課業內容，自然比小學時要困難許多，想像我們在那個年紀，第一次接觸那些課程內容時，或許會覺得很難、壓力很大。但是我們若能夠按部就班研讀好中學的課業內容，我們的知識見解，也會比小學時期更加成長許多。往後的高中、大學、研究所等等都是同樣的道理。

從這樣的角度，我們就不難理解世界這張牌，也與責任的承擔或是壓力的考驗有關。但只要我們通過這些責任與壓力，我們將會獲得更多。

卡巴拉第32條路徑象徵著處於物質世界的人類，開始要與精神世界做接觸。這何嘗不是一種循環的結束，並且位於另一個新階段的開始。

案例　不變的事

凱伶是我針灸課程的同學，她是個聰明伶俐的女孩，有心理學碩士的學位，曾經在許多著名的心理學諮詢機構服務，不過目前卻處於失業的狀態，她問我何時可以找到工作。

占卜的結果當中出現了世界，從整體的牌義分析與回答當中，我們知道她之所以離開舊工作，是因為她看不慣過去那些同事的態度，從占卜當中我看得出來凱伶是一個性情中人，但由於個性太過剛強和他人有些格格不入，如果惹毛了她，她寧願辭職不幹，就是這樣子才一直很難找到好工作。

我給凱伶的建議是，這一套屬於辦公室官僚體系的制度，不是她一個人可以改變的，與其改變世界還不如改變自己，她的聰明伶俐其實讓許多機構都想任用她，如果她能夠以更多的包容，面對她的同事或是她看不過去的事情，那麼受益的將會是她自己。凱伶聽了我的建議，決定會好好的考慮這個問題，幾個月後再遇到她，她正好找到在一個少年輔導中心的工作，我問她工作的狀況如何，她笑笑地說：「我能改變那套陳腐的系統嗎？當然不。」不過她卻學會了以同理心來看問題，以溝通技巧來說服她的同事，以實際的作為讓同事對她產生尊敬。這不就是世界牌當中教會我們的嗎？

chapter4
小祕儀

如果你使用的是七十八張一套的塔羅牌，那麼除了之前提到的二十二張大祕儀（又稱大阿爾克納）之外，還有一套五十六張牌，我們稱它為「小祕儀」，分成了四組花色：權杖、聖杯、寶劍以及金幣。

這四組花色的小祕儀塔羅牌就是撲克牌的前身。四組花色分別代表了四種元素，也就是火水風土，如果你稍微瞭解西方鍊金術，就知道古代的西方人認為世界就是由這四種元素所構成的。

這也是耳熟能詳的星座：白羊、獅子、射手是屬於火元素的火相星座，代表著活力、勇氣和熱情；巨蟹、天蠍、雙魚則是屬於水元素的水相星座，象徵著情感與內心世界；屬於風相星座的天秤、水瓶、雙子受到風元素的啟發，代表著思考與理性；至於摩羯、處女、金牛等土相星座擁有實際與重視物質的特色。

XV ✦ The Devil

U.S. Games System／幻想塔羅（Fantastical Tarot）

小祕儀與四元素

　　小祕儀牌組中的四組花色就和這四元素的特性有關，權杖代表著火元素，象徵著行動與勇氣；聖杯象徵著水元素，代表著情感與心靈世界；寶劍代表著風元素，與理性思考有關；而金幣象徵著土元素，與物質或財富有關。

　　除此之外，試著從塔羅牌的歷史角度，提出另一個思考模式，基本上與四元素大同小異。從塔羅牌的歷史中得知小祕儀的演變來自於拜占庭軍隊裡的牌戲，在原始的牌戲中，權杖是紀律，代表著指揮與行動，也象徵著榮耀。寶劍是攻擊與獲勝的武器。聖杯則是飲食與慶祝勝利時的必備之物。金幣代表著軍餉與支援的物資，甚至有人說金幣是盾牌，屬於自我防衛與保護的工具。經過這些解說之後，就能瞭解為什麼塔羅牌當中的寶劍牌，出現時伴隨著傷害或是壞消息了。

　　接下來針對這四個元素做簡單的瞭解。

權杖代表著火元素。

聖杯象徵著水元素。

寶劍代表著風元素。

金幣象徵著土元素。

權杖

　　權杖牌組在塔羅牌中有許多不同的詮釋畫法，有可能是以攻擊用的棍棒形象出現，也有可能是執法人員用的手杖，甚至被畫成巫師的魔杖或是流浪漢的手杖。但是你注意到了嗎？在偉特塔羅牌裡的權杖偶爾會出現葉子，那是因為，在這裡權杖還有另一個意義，代表著西方神祕學中的生命之樹，是一切生命的創造泉源與象徵。從這些提示得知權杖代表著行動、紀律、榮耀、野心、旅行、生命以及活力與創造力（最後三項解釋來自生命之樹）。

ACE of WANDS.

　　之前也提過權杖象徵著火元素以及火相星座座當中的獅子、白羊、射手，象徵著熱情、行動和勇氣。一般來說在占卜中與工作、創造、個人志願有關。如果與人際扯上關係，會是一種屬於職場上的合作伙伴或是上司下屬的關係。如果在牌陣中同時出現金幣，那麼還可以解釋為商業行為、生意或合夥關係等。

聖杯

　　水元素象徵著情感與內心世界，也代表了黃道十二宮中的巨蟹、天蠍、雙魚等三個星座，這三個星座在占星學上也與內心或是感情世界有所關連。聖杯牌的出現多半與人際關係有關，包括親密關係、愛情、性愛、家庭關係、社交關係、親子關係等等。但是不要只狹隘地解釋為愛情，有時它也代表了友情、欣喜、激動、憂慮、恐懼等種種心靈上的變化。尤其是當牌陣中出現了兩張以上的聖杯時，不可以忽略當事人心靈世界與情感關係對這個問題的影響，此時要小心回想這些關連，然後從中找出問題的癥結。

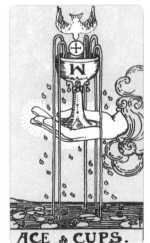

ACE of CUPS.

　　除了少數幾張牌（聖杯5與聖杯8），大部分的聖杯牌組都帶有幸福的意涵。因為在拜占庭軍棋中，杯子象徵著戰爭勝利的慶祝，在這樣的時刻裡，人們的心情是輕鬆愉快，洋溢著幸福！就算是那兩張象徵痛苦的聖杯牌，也都有心靈成長的重要意義。人在孤獨中無法把自己的心靈看得更透徹，可不要隨隨便便的解釋成為感情悲劇或是離家出走。

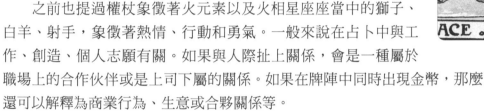

寶劍

　　很多塔羅占卜者都不喜歡看到寶劍牌的出現，這通常暗示當事人有麻煩或是有人被傷害。的確，在寶劍牌組中，風元素的理智與聰明很少被表現出來，可是卻常見到軍棋中表現出來的傷害與破壞。試著想想有多少占卜者能夠在偉特塔羅牌的寶劍3（請見P.124）出現時，依然面不改色？

　　寶劍牌組通常與風相星座有關連，雙子、水瓶、天秤座，都和這組牌有關。寶劍牌組的特色包括了理智、理性、合理的事物，以及思考、判斷，通常也代表著衝突、爭吵、分離、攻擊、傷害與被傷害。寶劍牌常常出現在痛苦的時刻，特別是分離或是爭執的感情問題；工作上則暗示檢討與爭論；健康上則是隱喻惡化的傾向。不過若是與學業和計畫有關的事情倒是相當有幫助。在牌陣中出現兩張以上的寶劍牌時，要小心的處理，這些當事人的問題多半相當麻煩，就算表面上風平浪靜，但是卻不容易釐清。寶劍牌出現在權杖牌組附近時，容易出現工作、學業或是計畫上的問題。當寶劍牌與聖杯牌同時出現時，多半代表著當事人遇上感情關係的麻煩，或是心靈深處的問題。寶劍牌與金幣牌同時出現時，則代表著即將來臨的金錢風暴。

金幣

　　金幣牌是小祕儀四組花色中含義最廣也最複雜的一組，不但象徵著金錢、物質、也象徵著工作、生意或是實際的生活體驗。和這組花色有關的星座包括了金牛、處女、摩羯等土相星座，暗示這個牌組務實與物質的特性。

　　金幣牌出現時與金錢或是工作有關連，也暗示著生活的基本物質需求。值得注意的是，這一組牌比較不具精神性，除非搭配聖杯牌或是寶劍牌。這一組牌的物質性太強，牽絆的特性也很強，如果當事人是一個喜歡自由自在且重視精神生活的人，那麼大量的金幣牌的出現對他來說是件痛苦；如果是個重視物質且很能夠享受工作或金錢所帶來的成就的人，那麼或許就能從金幣牌中得到幸福。此外也代表著事物進行的穩定，或者也可以詮釋為緩慢地進展。

小祕儀的數字與宮廷牌

　　在小祕儀的四組花色中，每一組都包含了數字1到10，我們稱為數字牌，必須進入西方神祕學對數字的看法才能一窺究竟，這也是為什麼之前特別強調靈數學（請見 P.36）的原因。如果使用的是馬賽塔羅牌，那麼要注意，有些牌無論正位逆位都有同樣的意義。沒有正逆位之分的牌分別是：權杖當中的2、3、4、5、6、8、9，寶劍牌當中的2、8和金幣牌當中的1、4、6、10。這些將會在解釋牌義中詳細說明。

　　除了數字之外還有一組包含了四個角色的宮廷牌，分別是國王、皇后、騎士、侍衛。國王象徵著三十歲過後的男人，也可以代表年紀成熟的男人；皇后象徵著女人；騎士代表著二十歲到三十多歲的人，但有時是個講求效率重視行動的人；而侍衛象徵著青少年與小孩，也可以解釋為幼稚的心態或是不負責任的成年人。這四個角色又分別屬於不同的元素花色，可以辨識出個性、外表，甚至是星座，端看如何詮釋。許多西方的塔羅占卜者會在替客戶占卜時，把求問者的星座、年齡等宮廷牌拿出來。

　　一般的塔羅初學者不太常使用小祕儀，原因是複雜難懂。這時候我們不得不感謝偉特的貢獻，在他的解讀下，小祕儀變成了一幅幅的圖畫，就算你不瞭解小祕儀或是靈數學，也可以看圖說故事將牌義解釋出個大概。不過馬賽塔羅牌的使用者可沒這麼輕鬆，除了一次又一次的演練，與熟記數字與元素的意義之外，更要在生活當中仔細的體驗這些牌所帶來的含義。某些塔羅占卜者認為大祕儀代表著問題的原因，而小祕儀代表著事物的狀況，這種說法提供另一種思考空間，但別讓他限制你的推論。其實小祕儀雖然被稱做小祕儀又難使用，卻是一項能夠做出相當精準推論的占卜工具。小祕儀主要以數字牌和宮廷牌組成，所以接下來就以這樣的分類方式，來瞭解四個元素的數字牌和宮廷牌分別代表什麼意義。

CAVALIER DE COUPE

馬賽中的聖杯騎士。

REYNE DEPEE

馬賽中的寶劍皇后。

CAVALIER DE BATON

馬賽中的權杖騎士。

VALET DE DENIERS

馬賽中的金幣侍衛。

偉特塔羅牌

權杖1

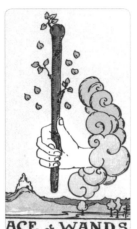

權杖是行動的象徵，無論在馬賽塔羅牌或是偉特塔羅牌當中，權杖1都有著行動的開展與實踐的意義，可以是一份工作、一項計畫或是課業上的實踐，透過這些實際的行動將會獲得成功。在任何問題上拿到這張牌，都有成功的暗示。不過，這絕對不是一張空談理想的牌，必須邁出步伐開始行動，才能在這張牌的暗示下獲得成功。權杖1的出現也代表著一項新行動的展開，全新的計畫將會順利進行，你需要的是勇氣與熱情去面對這個挑戰。

案例

Luke家中經營日式料理店已經三代，從他小時候起，父母便對他寄與厚望，在中學畢業之後便將他送到日本去念料理學校，希望他學成之後，能夠對家族的餐廳提供更上一層樓的助力。

但是Luke心中一直對於繪畫有著更勝於料理的興趣與嚮往。基於自幼便感受到父母、祖父母對於他的期許，一直壓抑著內心對於繪畫的夢想，不敢告訴家人。從日本學成歸國後，也乖乖地按照家人的期望，在餐廳中磨練經驗。

現在Luke即將要30歲了，他知道這個年紀，已經到了該決定生命要往哪裡走的重要時刻，因此來做塔羅牌的占卜諮詢。關於他的現況，顯示的是權杖1。我告訴他，這是一個你可以掌握自己生命的時刻，而你也知道自己該行動的方向。就像我們常聽到的那句諺語「千里之行，始於足下」，當你沒有勇敢的踏出那一步，永遠不會有前進的一天。現在，就是你可以也應該要展開你的步伐，去追求你的目標的時刻。

權杖1象徵著蠢蠢欲動，全身充滿了衝勁地展開一個新的計畫，也代表想要全心全力的解決問題，為行動而感到高興。要知道這是第一步，也只是個開始，應該要避免衝動或是虎頭蛇尾，因為權杖1並不表示不勞而獲喔！

我們說過權杖也是生命之樹的象徵，是能源、精力、活力的代表。所以當權杖牌處於逆位時，代表著行動受到阻礙，失去活力與生命力，出現絕望與沮喪。通常權杖1象徵著放棄、拒絕採取解決的行動。如果根本沒有解決問題的意願，那麼占卜再多次問題仍存在。塔羅雖然可以精準的推測未來，或是找出解決問題的方法，但是不想採許行動的人絕不可能成功。

聖杯1

之前我們介紹過象徵水元素的聖杯與情感有關，你可以嘗試著結合聖杯與1的聯想遊戲，從聖杯＝情感，數字1＝開始，就可以得到聖杯1的解釋。沒錯，聖杯1在這裡代表著一段關係的開始，這段關係不一定指的是愛情，卻會是一段相當和諧的互動。可以是一段友情或是家族之間的關係，和諧一致的關係在這裡出現。如果同時出現了權杖或是騎士牌組，則意味著工作上的合作。如果是寶

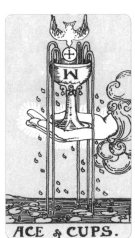

劍牌組則指的是談得來的朋友。反之問題關乎情感，那麼這將是一段受到祝福的愛情，深刻的情感從這時展開！聖杯1也暗示著想要解決問題，需要用「心」來思考，從感情層面著手會使問題更容易解決。

除了愛情之外，記不記得聖杯在古代拜占庭軍隊中的象徵？慶祝以及歡愉！聖杯1除了代表感情之外，也象徵著心靈上的幸福，這是一種簡單原始的幸福，一點也不複雜。如果問題與工作有關，那麼這暗示著有一個創意與想法；如果這關乎藝術或創作的工作，那麼將會十分的成功。與金幣牌同時出現時，暗示著物質上的滿足帶來安全感，你可能正接受家人或是親友在財物上的幫助。

當聖杯1逆位時，表示情感或關係的破裂，問題無法得到他人的援助，特別是若只從物質層面思考時，就容易忽略精神或是感情層面的事物，也因此在感情上這是一張不好的牌。

寶劍1

　　思想與理性是寶劍1的最大暗示，知識就是力量很適合運用在此。你所知的一切都將幫助你解決問題，只要稍微的動動腦就可尋得解決問題的方法。如果有困難而遇到寶劍1時，困難簡直可以說是「迎刃而解」，所以記住思考就可獲得成功。問題能否解決？願望能不能夠實現？完全看當事人對問題的客觀理解程度，主觀的理解是一廂情願，但是客觀的理解則會獲得成功。

　　當寶劍1出現時，適合展開一項學習工作，人生處處充滿學習的機會。寶劍1象徵動腦思考，一旦開始用腦就更接近成功。寶劍牌組很少有讓人感到輕鬆的牌，而寶劍1正是這少數當中成功的象徵。寶劍1也是思緒與想法的象徵，當問題的解決關鍵出現寶劍1時，憑藉一念之力就能解決問題，所以堅定你的信念！當寶劍1處於逆位時，象徵著思緒受阻、毫無頭緒、或出現負面的態度，這無法成功的解決問題或是達到目標。這時可以短時間的放鬆自己，我通常建議這些人到廟裡、教堂去走一走，如果不喜歡這些地方，那麼書店或大學校園也可以，這些都是讓負面的思緒消失且能同時接收正面資訊的好地方。

金幣1

　　金幣1代表物質層面的事物有新的開始，如果沒有特別的問題，那麼金幣1代表著一項新的工作、新的收入或是投資的開始。金幣1有著土元素的穩定，特別是當問題與工作或是感情有關時，金幣1讓人對這兩者的穩定放心，這或許不是一段風花雪月的愛情，但卻是一段真誠的感情，不過也表示這段感情對物質的依賴很深。若說這是涉及金錢的愛情，的確太過武斷與膚淺，但是這兩人的結合的確是緣於對物質的穩定有共同的要求。工作上金幣1與實際的生產行動有關，暗示著問題能夠謹慎仔細的解決，一步接一步的沉穩前進，就能夠

塔羅占卜全書

到達目的地！

　　當金幣1出現時需求可以透過認真工作來達成，付出才會有收穫，同時也暗示收穫不會讓人失望。如果工作與物資、財務、行政管理有關時，金幣1會帶來許多好運。

　　金幣1與穩定或堅固有關，在解答健康方面的問題時，象徵著身體健康；在詢問關於計畫的進行時，代表著計畫的完備。特別小心馬賽塔羅牌的金幣1，並沒有逆位的解釋，所以當金幣1出現時代表穩定的好運。若使用的是其他牌組的金幣1而處於逆位時，暗示著當事人正被物質給限制住，欠缺金錢與穩定的狀態讓他感到緊張，而所首要的課題是追求穩定，再來談其他的事情。

透特塔羅牌

權杖1

　　數字1在卡巴拉的生命之樹當中象徵著冠冕，這張牌象徵著純粹原始的生命力，有著不顧一切往前衝的勇氣。這是一股很純然很直接的動力，也暗示著一種生命力與創造力的展現。

　　大家可以數一數牌中有幾道閃電？這數字對應著希伯來文當中「生活」的意思。我們必須知道，所謂的「創造力」，除了展現在藝術層面、表演層面之外，事實上，生活中的動力，生活中的每一個展現，都可以是一種創造力的表達。

　　逆位時不妨可以思考，自己是否對人事物缺乏熱情？或是另外一個極端，行事作為是否欠缺理性思維、過於衝動了？

聖杯1

　　牌面上的聖杯是從蓮花座升起，蓮花象徵著生命的起源、根源，這象徵著每個人的情緒感受，都呼應著內在本源的感覺。

　　抽到這張牌，告訴我們要運用靈感與內心深處與神性的連結，去克服目前所面臨到的挑戰。不要忘記讓你的內心情感、內在的直覺，帶領你去跨越生命的每一座山頭。只是逆位時，代表目前你的內心可能並沒有回應內在的情緒感受，或是缺乏最根本最單純的喜悅。

寶劍 1

有時候我們會沒來由的、不知道為什麼腦中就浮現出從來沒有想到過的新念頭，而這樣的新觀念會帶給我們一種意識上的突破、腦力的激盪，帶領我們的思維進入一個嶄新的境界，讓我們體會思考的美妙之處。

牌面上的太陽，象徵著人的意識。而寶劍從意識當中升起，穿越了皇冠，意味著思想上、邏輯上的突破。

金幣 1

所有數字 1 的牌都是最原始的存在，金幣則是描述物質的單純的存在。牌面上金幣背後上方與下方的圖案，像是蕨類植物的葉子，當我們想到蕨類植物的葉片，總是能夠聯想到關於種子的傳播。

金幣的外圍刻有「To Mega Therion」，是希臘文「偉大的野獸」之意，這是克勞力先生自己的銘言。牌面圖案巧妙的繪製了陰與陽的結合，不論是植物種子或是世間的生命，都需要陰與陽的結合才能夠創造，這也是我們認識物質世界的第一步。金幣 1 象徵著物質最單純的存在，出現這張牌，提醒我們需要透過物質的觀察，來了解這個世界。

聯合、和諧、結合、合作、交錯、對立、競爭、分裂

偉特塔羅牌

權杖2

　　數字2象徵著聯合、結合等狀態，所以當權杖2出現時，是行動與力量的結合，這張牌象徵著合作關係以及合夥關係。力量的結合除了可以解釋為強大的力量之外，有時候也可視為互補或平衡。力的結合有許多不同的方式，所以也有競爭的意義，只要牌是處於正位時，可以解釋為良性的正面競爭導致成功。

　　遇到問題時，權杖2象徵著支援或是力量的加入，當事人最好尋求合作的伙伴，這比起單打獨鬥有利許多。不過一旦另一股力量加入時，常暗示著原本簡單的狀況變得複雜，當事人已經成功地邁出了第一步，接下來該「決定」怎麼做。

　　在偉特塔羅牌的權杖2中，決定與選擇的意味相當濃厚，一個男人站在城堡上頭，他看到海洋與山巒。腳底下的城堡、手上的球體象徵著所擁有的資源，城堡牆上插著的權杖表示他的第一步，但是下一步該朝哪裡去呢？是上山還是下海，一旦和他人有所接觸後勢必有得有失。權杖2象徵著決定與選擇，世界充滿了希望，應當選擇有利的方向展開第二步驟。當權杖逆位時，代表著原本良好的關係惡化，競爭變成對立，這會讓人失去勇氣而無法決定該朝哪去。要記住權杖牌原本就是行動的表徵，應當鼓勵當事人勇敢地做出決定，有得一定有失，要怎麼收穫先怎麼栽！

聖杯2

　　聖杯2象徵感情上的結合，特別在愛情上這是一張象徵著感情穩定的牌。也暗示著邁入結婚禮堂，這也是為什麼這張牌上描繪了一男一女結合的圖像。正位的聖杯2從哪個角度來看都是好牌，除了意指愛情關係穩定之外，也表示當事人擁有一段或是即將開始一段相當深入的關係。如果不是

愛情，就是一段緊密伙伴關係的結合。從拜占庭軍棋的角度來解釋，聖杯2代表著兩軍結盟的慶祝，工作上的進度將因為伙伴的關係而協調，這也使得目的可以圓滿達成。通常暗示合作伙伴的關係將會影響你所關注的問題，試著花些時間在相關的人身上，會讓你事半功倍。

偉特塔羅牌的聖杯2結合的意義相當明顯，一男一女共同舉杯祝福未來，就算不是暗示著結婚，也暗示著兩個人的關係正因為這件事情而更緊密結合。獅子的圖案象徵著兩人關係（特別是情感）必須保有的忠誠，只有這樣才能讓這段關係平穩的維持下去。

當聖杯2處於逆位時，指的是結合的破裂，在愛情上的分手與背叛，由於兩人的心靈無法因為對方而帶來和平寧靜，所以分手爭吵在所難免。在其他問題上多半也暗指人際關係所帶來的不和諧，雙方在合作或共事時誤解對方的心意而產生爭執，一個巴掌打不響。當聖杯2處於逆位時，雙方的心態都相當可議。

寶劍2

和平通常是寶劍2所要反應的狀況，當寶劍2出現時你的困難不是沒有援手，不過是你的朋友或伙伴替你帶來了些小麻煩，這個世界上沒有兩個人會有完全一致的想法。當我們面對寶劍2時，這種想法上的出入會帶來困擾。寶劍牌組代表著思想與想法，2在這個時候象徵著結合，相異的思想在結合的同時必會有所衝突。如果處於兩者都能夠開放的狀態下接納對方，那麼

力量就會強大，這時就發揮了寶劍2的力量。如果兩者交鋒，硬要對方放棄意見而屈服於自己，那麼寶劍2就是對立。事實上寶劍2是要你放開心胸，接納他人的意見達到和平的效果。

要注意爭論與衝突是寶劍2出現時常遇到的過程，但卻不是寶劍2的結果。馬賽塔羅牌中的寶劍2，有著強大的力量，與平衡的意義存在。意思是這世界上的對立元素其實可以互用，而發揮正面的效果。寶劍2的真正意義是衝突與對立得以化解，只要我們敞開心胸，雙

方放棄成見採取合作的態度才有可能達到目的，這也說明了馬賽塔羅的寶劍2無論正位或逆位都有同樣的意義。

偉特塔羅牌的寶劍2畫的是一名女子用布矇著眼睛，手持雙劍採取守護的姿態，描述的是一個不願意接受他人意見的人。海洋則是一片平靜，這是寶劍2所要表示的和諧，這種和諧依靠的是寶劍自我的防衛，注意女子手上的劍相當的長，感覺沉重，這並非常人所能夠負荷的。而當事人應該也正處於這個狀態，平和卻無法放鬆，他們該做的事，其實是看清楚周圍並沒有要傷害他的人，也應該意識到周遭與他意見相左的人並非帶來傷害。不過當寶劍2逆位時暗示著背叛與欺騙。

金幣2

金幣2在馬賽塔羅牌當中正位與逆位的意義都相同，但很多人都會誤解這張牌，正因為與金錢有連結關係，會讓人誤以為這是張好牌。事實上這張牌並不全然的偏向正面。試著想像當物質生活中，加入了其他人的財物會是什麼樣的結果？答案很肯定的這會讓你的生活複雜化，沒錯，這就是金幣2的真正含意，生活的波動與交流的意義同時在這裡出現。

不過在財務的交流上，這張牌暗示著這是一個好的開始，一項合作開始於平和的狀態，卻不保證好運到底。金幣2的波動性很強，因為兩個人的物質生活結合會帶來許多複雜的結果。金幣2往往象徵著一項財物的冒險、生意的合作關係，沒有絕對的穩賺不賠，與他人的交流也是利弊參半。但請把重點放在交流上，不要只論得失，現在還不是時候。金幣2只是個過程，無法論斷好運與否，甚至有點像命運之輪，它的出現不等於結果如何。

偉特塔羅牌在金幣2上的圖案常讓人迷惑，事實上正暗示著波動的特性。男子正在跳舞，手上持著五角星金幣，卻像是在耍特技一樣的使之呈現8字般的運轉，後方有波浪與商船。偉特把金幣2所帶來的生活複雜化解釋成為娛樂效果，這相當值得注意。他認為金幣2會帶來歡樂的氣氛，不過後方的波浪暗示著麻煩與阻礙的到來。金幣2的逆位，在偉特塔羅牌中仍有娛樂的效果，偉特沒有提到麻煩增加還是減少，所以在這裡我也不建議占卜者做過多的解釋，這是複雜化的過程，不代表絕對的好壞，這也是為什麼金幣2在馬賽塔羅牌裡沒有逆位解釋的原因。

在科技公司上班多年的粉領上班族Chloe，公司在國際上算是小有名聲，給的薪資待遇自然也比同業還要更好一些。因為業務繁重，忙到晚上九點十點才下班是家常便飯。因此，只要到了假日，Chloe便覺得需要好好的慰勞自己，除了美食佳餚之外，最大的興趣就是逛逛精品專櫃，買些名牌服飾精品。除了是月光族之外，就算偶爾信用卡有些透支，Chloe也不以為意，反正隔幾個月公司就會發放業績獎金，拿到獎金就可以彌補過來了。

Chloe在年初找我做年度的運勢分析，象徵下半年度的某個月份，抽到這張金幣2，我便提醒Chloe要留意財務上的風險問題。Chloe當時表示，她從去年底開始，跟著朋友在做融資的股市投資，她表示接近下半年度時，她會留意一下投資標的。等到十月份，Chloe跟我聯繫，表示公司因為國際局勢的影響，需要精簡部分人力，她因為上班時過於注意股市而被主管評核為考績不佳，被公司裁員了，加上希望在高風險當中能有高收穫，因此融資的部位越做越大，結果融資股票也被斷頭，她真的因為金錢遊戲的複雜化，而嚐到了人生的困境。

透特塔羅牌

權杖2

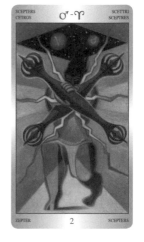

對應名稱：Dominion
對應星座：火星在牡羊座

數字2在卡巴拉生命之樹當中象徵著智慧。這張牌是很純粹火元素特質的呈現，為了展現存在的行動、為了生命力而展開的行動、為了競爭的攻擊、為了自我保護而做的反擊。牌面上繪製了兩根金剛杵，提醒我們重視二元交會的整合，要懂得調和兩股不一樣的力量，而不是造成對立的局面。若能夠懂得二元整合的智慧，便能夠展現出無限的生命力。

聖杯2

對應名稱：Love
對應星座：金星在巨蟹座

這張牌是水元素能量的第一次呈現。當了解滋養與照顧的真正價值，便能夠源源不絕的分享我們心中的愛。真正的關愛，不僅僅是給予你我所想要付出的，而是支持、提供你所需要的部分。所謂的情感交流是互動的，接受的一方，也應當懂得站在付出方的立場，感謝對方的付出，如此便形成了一個流動順暢之愛的循環。

寶劍2

對應名稱：Peace
對應星座：月亮在天秤座

生活中我們常常會遇到一種情況，就是透過對談、溝通，甚至是爭執，來達到意見交流的目的。同時也需要透過這樣的互動，我們才能夠看清楚自己考量的重點在哪裡、自己想要的事物是什麼。

我們知道天底下並不存在著思想一模一樣的人，因此當我們遇到對立的想法時，並不需要感到是一種攻擊，或就因此受到傷害。透過意見的整合與溝通，找到各自需求的平衡點，是這張牌出現時我們需要提醒自己與對方的。

金幣2

對應名稱：Change
對應星座：木星在摩羯座

牌面中我們可以見到象徵生生不息循環的銜尾蛇（Ouroboros），這告訴我們陰性與陽性的平衡、物質的交流與循環，都是我們需要去考量的層面。

擁有物質資源，是我們生活在這世界上，需要追求的目標。但不見得是唯一的目標，如果過於放大這樣的追求，反倒有可能讓自己被困在物質環境當中。這時候見到的不再是生生不息的銜尾蛇，而會是一條勒住我們脖子的巨蟒了。

改變、新生、演變、演化、完整、完成、混亂

偉特塔羅牌

權杖3

數字3帶來了變化,由數字2所產生的結合或平靜,因為一個新加入的因素而產生變化。3的神聖與穩定性存在於基督教的教義中,但應避免加諸過度解釋在古老的馬賽塔羅牌中。數字3象徵著一個階段的完成,下一個階段尚未開始的轉折。3帶來的改變隨著本身的元素而有不同的演繹,在代表行動的權杖牌組中

權杖3象徵著力量的增加,使得行動更為完整,意味著合作。

從牌組的演變來說,權杖1象徵著開始行動、權杖2是決定,那麼權杖3也代表著人們的行動在決定之後「重新展開」。一個人可以用雙手掌握兩根權杖,但是第三根權杖所帶來的行動勢必需要藉助他人的力量,這也是為什麼權杖3比權杖2有更多的合作意味。

權杖2和權杖3在偉特塔羅牌當中常常讓人產生混淆,同樣是一個男人面對大海,不過其中的不同之處就是權杖3隱喻的狀況。首先男人的姿勢已由側臉俯視手上的物體轉而眺望遠方,在位置上他已經處於整張圖的最高點。在這個新的階段中,看得更遠,要有更多的行動來獲得更好的成績。所以他踏出了原先的地盤,透過船隻(在權杖2當中並沒出現)與外界連結,這也是為什麼權杖3常常代表著商業的交易,就算是這當中沒有任何金錢的意味,也可以解釋成合作與冒險。當權杖3處於逆位時,代表著合作並不順利,或是延遲與錯誤的決定以及困境。

聖杯3

聖杯的牌組代表著關係，什麼樣的力量可以讓三個人緊密連結？這鐵定不是所謂的三角戀情，除此之外只有友情與親情了，因此馬賽塔羅的聖杯3常有娛樂的意思，象徵著宴會與晚會，或是朋友之間的聚會或是慶祝。沒有聖杯2的緊密連結，聖杯3顯得更為輕鬆愉快。在西方神祕學中，3除了基督教的三位一體完整性外，還代表著流動性與社會化的過程。關係由核心家庭拓展到外界，友情、親戚關係都是聖杯3所要象徵的對象。當聖杯3處於正位，這時的關係親密令人欣慰。除了社交生活之外，聖杯3還象徵著另一種關係。現在讓我們來推想一下，兩人的關係是穩定的連結，聖杯3則象徵著兩人關係的延伸，如果這是一段男女的結合關係，那麼很自然的讓人聯想到新生命的誕生。聖杯3象徵著聖杯2的關係結合到達了頂點，也就是在聖杯2中的一男一女有了愛的結晶。

聖杯牌組也象徵著軍隊當中的慶祝之物，三個聖杯超越了結盟的含義，而有舉杯慶祝的歡愉。這象徵著階段性的成功，或是出發之前的祝福儀式。偉特塔羅牌當中的聖杯3，很清楚的表現馬賽塔羅牌當中描述的慶祝狀態：三個女人頭戴花冠，舉杯歡慶並且高興地跳著舞。這張牌的另一個名字「慶祝」就此而來。當它處於逆位時，常有過分狂歡，或是超越的意思，這使我們聯想到，人們為了不值得慶祝的事情舉杯。

案例

Owen是某網路交友平台的經營者，最近有其他的公司在探詢合作或是收購的機會，Owen因此來做塔羅牌占卜，想詢問是否適合出售公司？是否能夠賣到好價錢？其中一張牌便是抽到逆位的聖杯3。

我告訴Owen，這暗示著是有成交的機會，但價格很可能不如你的預期。事後Owen給我的回饋是，對方確實出了一個遠低於市場行情的價格，若他能夠接受，對方可以馬上將現金匯入他的帳戶當中。但是他並不想低價出售，因此本次的交易算是破局了。

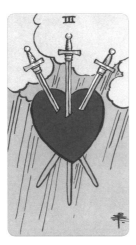

寶劍3

　　知識就是力量，一直可以用來解釋寶劍牌所要說明的意義。寶劍3的圖案說明了其中的含義：兩柄頭尾相交的劍中間介入了第三把劍，這代表著原本自圓其說的的學識與知識，被另一種力量介入（挑戰）進而必須改變，這股力量出現的目的也是為了改變目前的狀況。就在寶劍2象徵的平和的氣氛之後，寶劍3以挑戰的力量介入，不可避免的帶來了衝突與破壞甚至是分離。塔羅研究者克勞力，就把寶劍3命名為「科學」，這不是沒有道理。以神學信仰為主的舊時代，科學的新知對宗教帶來了巨大的挑戰，也使得世界邁向新的狀態。破壞是為了建設更美好的未來，是寶劍3要所要闡明的道理。馬賽塔羅的寶劍3無論正反位都象徵著嶄新的知識帶來了演化與破壞。

　　對於問題在人際、工作、金錢等方面的當事人，寶劍3的出現能夠使惡劣的情勢逆轉。由於新的力量或新的想法出現，使得原本無從施力的狀況重新洗牌，重新找到出發點。寶劍3會替這些人解除沉重的負荷，寶劍3雖然象徵著進一步的演化，但也要注意隨之而來的破壞力。特別在感情方面，寶劍3象徵著分離，這也是為什麼偉特的寶劍3如此不討人喜歡。三把劍穿在一顆心上，使得偉特塔羅牌的寶劍3著重在破壞方面的意義：失望、傷心、延遲。而在反位上的意義是錯誤、矛盾、分裂。特別要注意的是，如果不是使用偉特塔羅牌，那麼最好使用馬賽塔羅牌的解釋，不要過分偏向負面的解釋。

金幣3

　　通常金幣3出現時狀況並不複雜，事情可能需要改變，原本的狀況已經不能滿足當事人，他需要的是在思想或技術上的精進，才能夠確保在金幣2投入的精神與資金更有保障。但金幣所象徵的土元素不喜歡冒險，他喜歡四平八穩的做事方式。金幣2的波動與不穩定性，足以讓他心驚膽跳，那麼唯一有助益的是學習，這才能夠讓原有的狀況朝更好的方向前進。

同時金幣3代表了財物上的好消息，在金幣2的合夥投資開始有了結果，開始第一筆小收穫，不一定是大豐收，卻足以感到慰藉，並且藉此擴充資本與設備，更能在工作上有所發揮。從一個企業或商業體的角度來看，除了人、資金之外所需要的就是技術，金幣3也暗示著一項技術的學習或是開發，因技術的增進而帶來的財富。我喜歡以軍隊的物資供給來解釋馬賽塔羅牌的金幣牌組，因為除了金錢之外，更增加了物質以及技術的闡釋性，不會讓人把金幣牌侷限在財務問題上。金幣3在這裡代表了物資的增長所帶來的安全感，也代表著技術的演進，使得軍隊能夠更有效率或是保護自己。

偉特的金幣3當中是一個雕刻師正在教堂工作，畫面雖然無法證實他的身分，不過偉特卻強調這是一個新手學徒，或者是業餘的雕刻師傅，用工作換取一些回饋。在偉特塔羅牌當中，金幣3被解釋為工作，為了職業名聲或地位而努力。在逆位時則解釋為平凡且欠缺磨練，以及不出色的工作表現。

透特塔羅牌

權杖3

對應名稱：Virtue
對應星座：太陽牡羊座

數字3在卡巴拉生命之樹當中象徵著理解。這意味著一種階段性的完成，因此權杖3有著行動上階段性完成的意涵。抽到這張牌，告訴我們必須要確認是否對於自己的目標，已經完成了階段性的行動任務。另外一種可能性，是需要替目前的行動找到一個目標，而不是茫然的衝動行事。

案例

Allen曾經在一年之前找我做塔羅牌的占卜，表示計畫在三年後，也就是大學畢業之後出國進修，現在他再度前來詢問有關出國留學的問題。這次他抽到權杖3，因此我提醒他，是否有按照我們一年之前占卜時，共同討論出的短程計畫，每日聆聽英文學習教材來增進自己的英文程度，如果有按照計畫進行的話，現在應該可以明顯地察覺到努力的成果。

小祕儀

聖杯3

> **對應名稱：Abundance**
> **對應星座：水星巨蟹座**

這張牌強調滋養的議題。我們可以見到牌面上有著源源不絕的水，從蓮花中灑下，然後一層一層的裝滿每個聖杯，而且不僅僅是裝滿了杯子，甚至還滿溢了出來。象徵著當事人內心當中有著滿到裝不下的關愛之情，或是受到他人非常豐沛的情感關懷。有些情況下需要去照顧兄弟姊妹，或是得到手足間的支持與幫助。

寶劍3

> **對應名稱：Sorrow**
> **對應星座：土星天秤座**

我們可以看見這張牌，不論從顏色、風格，乃至於實際圖案表達上，都帶有一種張力強烈的沉重感。這代表著了解到真相的時刻。我們都明白幻滅是成長的開始，但是當我們真的需要面對真相時，是否能夠挺得住？是否能夠承受傷害呢？會不會因為不想受到了解事實的傷害，而不願意去看清楚它？這張牌告訴我們，必須在關係互動當中，保守謹慎的進行交流。

金幣3

> **對應名稱：Works**
> **對應星座：火星摩羯座**

這是代表著有初步收穫的一張牌，當我們擁有基礎的資源時，往往會開始察覺到現有的資源是不夠的，因此希望能夠達到更高的目標、擁有更多的成果。例如戶頭當中只有不到五位數字的存款時，往往會覺得反正我就是存不到錢，不如安於現狀，只要每天生活中擁有小確幸就好。一旦哪天戶頭當中累積了第一桶金，存到一百萬元時，這時就會開始覺得，我只有一百萬元是不夠的，我要朝著第二桶金邁進。

4

關鍵字：穩固、謹慎、完全、保護、不變的、踏實的

偉特塔羅牌

權杖4

在數字學當中，4是相當具有土元素特色的一個數字。1是點；2個點則可以拉出一條線；而3個點可組成一個平面；4個點就可以組成一個立體的形狀，具有實體的物質，這也正是土元素重視實體與結構的意義。土相具有穩定的色彩，權杖象徵著行動，配合上4的穩固就是行動的穩固，也就是在萬事齊備的情況下展開的行動。權杖4所代表的行動以穩定為前提，目標已經確定，只需要小心翼翼地前進，追求的目標是一個有形的目標，像是金錢、物質。當權杖4出現時，行動是為了追求基本的溫飽，權杖4的踏實追求並不包含高度的理想色彩，僅要求基礎的工作、生活上必須的食衣住行，太過理想且不著邊際的目標無法吸引他們。

權杖4出現時一切的狀況穩定，象徵著穩定的生活，和諧的工作或是學習狀態。同時暗示目前所要注意的是基礎工作，這將會是一段為期不短的努力狀態。這張牌對於好高騖遠或是太過理想化的人有警示的作用。權杖4會使粗心或是急躁的人吃盡苦頭，唯有改變態度才能解決問題。特別是當權杖4出現時，唯一解決問題的方法是努力不懈，親自去完成每一項基礎且細微的工作，只有這樣有向前進的可能。權杖4在偉特塔羅牌當中，以支撐棚子的四根柱子表示，柱子上纏繞著花瓣，顏色略帶暗黃，女人以及橋樑的鄉村景緻，提示這張牌的安定與和諧，也象徵著穩固與完美的行動或工作。權杖4在馬賽塔羅裡並沒有逆位，在偉特塔羅中，就算逆位也不會改變這張牌的正面意義，像是增加、生產、繁榮和穩定等。

聖杯4

　　聖杯所代表的情感遇上了4的穩定，對於詢問有關情感問題的人來說，這張牌可以說是張好牌，4的穩定與完整代表了一個人對感情的真誠，如果以這張牌來代表一個人，那麼這是一個情感豐富且忠於自我的人，雖然他對於感情或人與人之間關係的感受相當敏感，可是卻不會表現得神經兮兮。但這個人卻有一個缺點，那就是討厭情感上的變化，面對情感的風風雨雨時，會表現得不知所措，所幸他並不會因此對情感不認真。感情所帶來的創傷或許需要一段時間復原，但是內心對於感情的忠與信賴仍然不變。當聖杯4出現時，代表著一段完美的關係，無論工作或是親情愛情，都將會是一段和諧、穩定且深入的關係，這層關係建立於互信且真誠的基礎上，特別在愛情方面，會是一段溫暖豐富且愉快的感情。

　　要留意的是，由於4具有的形體無法滿足水元素的精神性，所以聖杯4象徵的豐富情感，常常暗示著有限的滿足，也就是在形體上的滿足，這引起許多人的憂慮，對外在世界的變遷感到恐懼，對於內心所追求的事物感到疑慮。所以當聖杯4出現時，不要只是滿足於這小小的幸福，而應該與對方共同面對未來。偉特塔羅的聖杯4，著重在這個層面的思考，一個男人坐在草地上，面對著所擁有的情感，這時從雲中伸出了另一隻手捧著第四只杯子，這個人就算擁有了身邊所有的情感，仍然不滿足，這並非不好的牌，這只是個很哲學性的問題。人在擁有一切之後常會去思考自己還欠缺什麼？情感並非對事物的擁有就可以得到滿足，佛陀不也是因為這樣才開始追求悟道？逆位的聖杯4無論在馬賽塔羅與偉特塔羅當中都因為固定性的消失，而有新機會、新關係的展開。

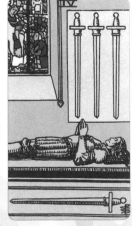

寶劍4

　　寶劍4象徵著完整思考、通盤的計畫與經過深思熟慮的行動。征服者與野心家最大的不同在於：征服者伺機而動，透過觀

察、思考，等待最適合的時機出擊。不像是急躁且好大喜功的野心家，貿然行動容易鍛羽而歸。寶劍的思考與行動被數字4的穩定與謹慎影響，寶劍4出現時必須精密的評估目標，或許如同你想像的一樣，但在作法上必須小心謹，不斷修正事情的步驟。相反的，目標也可能在觀察或執行過程中改變。不過這不會將你擊倒，追求實際的思考過程常會造成這樣的結果，只能說你發現你所要的並不是原來所想的。

如果說權杖4的行動是「踏實且一步步的」朝著「既定目標」邁進，那麼寶劍4就象徵著「藉由理性思考與行動」朝「合理的目標」前進！在這個前提之下，目標或是執行步驟都可以藉由深思熟慮，朝更有利的狀態前進。

寶劍4出現的狀況確保了安全性，在既有的基礎上容許下一個步驟的進行，或者能與熟悉的人展開合作，可以毫不畏懼的進行你的工作，但毫不畏懼並不代表無所謂，仍須牢記寶劍4的提醒「通盤思考」，這會讓你正確的達到目標。逆位的寶劍4在馬賽塔羅當中代表了麻煩、失望以及過去的遺憾。

奇怪的是偉特塔羅牌的寶劍4，與馬賽塔羅的寶劍4正逆位完全相反。正面時象徵著孤獨、警告、棺材……這也是為什麼畫面上有一位騎士躺在棺木裡，呈現平躺的姿態。當這張牌處於逆位時，有妥善處理、謹慎、預防的意思，這不正和馬賽寶劍4的正位意義不謀而合嗎？

案例

自從結婚之後，Ella便成為專職的家庭主婦，之後三個孩子陸續出生，她已經有15年沒有接觸過一般的職場。隨著小孩漸漸長大，她覺得或許到了可以嘗試邁出家庭，開始她的事業第二春。我告訴她她所抽到的寶劍4這張牌的逆位，有著經過了理性的、縝密的思考之後，認為自己也韜光養晦夠了，是該開始有所行動的時刻，非常符合她對於自身情況的描述。

金幣4

金幣是土元素的象徵，而4又擁有土元素的含意。要解釋這張牌可以說是相當簡單，一切四平八穩！當問題無關乎金錢時，暗示著事物的內部處於

相當穩定且和諧的狀態，所有的人事物都在正確的位置上，也說明著目前的狀況合乎當事人的預料或安排。但要注意這個狀況僅侷限於目前，在生活中還是會有不可預知的狀況出現，此時要更小心的應對，因為數字4表示過去的努力，但卻無法抵抗外來的變化。

金幣4出現時也暗示著問題與財物有關，當事人必須對財物採取小心謹慎的態度（通常這張牌出現時他們已警覺，而且也開始這麼做），無論是為了什麼原因而小心謹慎，或是採取節省的行為，都必須繼續保持這樣的態度，才能夠達成目標或是從困境中解脫。由於金幣4是一張代表穩定、堅固的好牌，在健康相關的問題上，代表著不錯的身體以及穩定的身心狀態以及長壽。在其他方面則象徵著穩固。與感情有關的問題上，則象徵重視實際的愛情，麵包比愛情重要。在三角戀情的關係暗示上，金幣4代表原有情人（原配）的獲勝。馬賽塔羅牌金幣4的逆位解釋與正位相同。

偉特塔羅牌當中的金幣4也有著相同的意義。一個如國王般的年輕男子，他的頭上、雙手雙腳都踏著五角星金幣，姿態不動如山地捍衛著他的所有，代表著穩固。這個人將會牢牢的抓住屬於他的一切，不會輕易放手。在逆位時則象徵著拖延、問題難以解決，金錢上的問題則需要更謹慎的規劃與重新開始。

透特塔羅牌

權杖4

對應名稱：Completion
對應星座：金星牡羊座

透特塔羅牌當中的數字4，對應著第一個在卡巴拉生命之樹當中的創造界的誕生，因此帶有一種慈悲與智慧。在這裡我們要懂得肯定生命力的價值、懂得享受與生俱來的活力與行動力。這張牌通常與強烈的自我展現相呼應，凡事以自己的喜樂為優先，這樣並沒有錯，若能夠再加上一些對於每一個人的本身特質的重視與肯定，想必對於人生的態度也能夠更加完整。

聖杯4

對應名稱：Luxury
對應星座：月亮巨蟹座

　　延續前一張聖杯3的意象，在這張牌仍是充斥著發自內心的豐沛關懷與情感，很可能進一步的在生活各個層面，都以母性關懷的方式，來照顧你所在意的對象。比較極端的展現，有可能在家中才能夠得到安全感，只要到了外地，想到與家人間有了距離、有隔閡，就容易產生緊張不安。但是原則上，這張牌還是強調豐盛的情感互動、關懷與照顧。

寶劍4

對應名稱：Truce
對應星座：木星天秤座

　　我們可以從四面八方蒐集到不同的資訊，然後在自己的心中對這些訊息做一個篩選判斷。牌面中劍柄上的圖案，呼應著四元素，這四元素來自於四個不同的方向，象徵著每個人有各自的出發點與考量。但你有沒有注意到，這四把劍也同時指向中心點，意味著他們也有著共同的目標與目的。克勞力稱這張牌為停戰協議，提醒我們不要忽略了思想上的穩定、想法上的均衡考量與妥協，或者是帶有防衛性的衡量。

金幣4

對應名稱：Power
對應星座：太陽摩羯座

　　我們知道金幣牌組與土元素相呼應，而這張牌還畫有一座城堡，更重複強調了對於物質、架構、現實的重視。在城堡的四個角落有著四元素的符號，如果我們懂得均衡調節的運用四元素，那麼便能夠建立出一座穩固踏實的城堡。

　　抽到這張牌，要留心是否過於目標導向，只要能夠達成結果，中間不在乎經歷什麼樣的過程。當然不能夠說這是錯的，只是這樣過於重視目的地，有可能會錯失了欣賞沿途的美麗風景。

偉特塔羅牌

權杖5

　　在小祕儀當中數字5的象徵往往具有不穩定性，當事人可能首先面臨到彼此行動的不同步、方向不一致等各種不和諧的狀況。相較於4的穩定與6的和諧，數字5往往處於過渡期、黑暗期。必須盡其所能的容忍與配合來度過，權杖5正有改變穩定狀態的意思，許多人喜歡穩定的生活，但權杖5卻是代表勇於追求美好生活的付出。權杖的行動遇上5的不穩定或是被限制時，勢必會產生一些負面的效果，但是哪種藥沒有副作用呢？如果當事人眷戀一個穩定的環境，那麼不只是權杖5，所有與數字5有關的小祕儀都會帶來失望。身為塔羅占卜者，我們得提醒他不要只看權杖5的破壞面，而是樂觀的接受權杖5帶來的進步。權杖5包含了演進、改變、進步，卻不代表著穩定與安全。

　　當權杖5出現時，必須小心謹慎的面對狀況，權杖5有強烈的不穩定性，當事人不可以走錯任何一步，每一個動作都必須有所意義，每一個細節都必須去瞭解。權杖5在這裡清楚的指出不要輕易的相信別人，直到得到合理的解釋為止。權杖5並不代表著失敗，相反的有著成功克服困難的暗示。但在權杖5象徵的變動中，想要成功地達成心願，必須比別人付出更多，馬賽塔羅的權杖5描述這樣的狀況，所以並沒有正逆位的分別。

　　偉特塔羅牌的權杖5有相同的含義，圖面上一群年輕人拿著棍棒揮舞，似乎是在打鬥，不過臉上並沒有戰爭時的猙獰，要知道偉特所形容的只是一場模擬戰爭（許多塔羅書上說這是一張象徵著打鬥與鬥爭的牌，這並不是偉特的原意），這些年輕人並不是在進行生死之爭，或許是一場模擬戰爭，或許是一場競賽。雖然無關生死，但關係著榮譽與未來，仍必須付出努力小心翼翼的執行每一個步驟，不必傷和氣。所以這張牌往往也代表為了未來生活所

作的努力（或是面對競爭），像是升學考試或是與同學、隊友切磋技藝等，甚至被解釋為財富的收入。當偉特塔羅牌的權杖5處於逆位時，象徵著不公平的競爭、作弊或是爭論、吵架與惡性競爭。

聖杯5

不用再重複5的不穩定性，相信你也猜得到聖杯5是張讓人傷心的牌！數字5的不穩定，搭配上聖杯的情感或關係，不是一件讓人高興的事。就算當事人正等待著跟某個人分手，也是不愉快的分離。數字5除了不穩定的特點之外，還包含有限制的意味。由於5象徵人體的頭與四肢，也可以解釋為完整，但是對於代表心靈的聖杯，卻成為一種牽絆。5有肉體束縛的意義，演變到後來甚至成為一個象徵束縛的數字。數字5在某些層面象徵著情感的束縛與限制，這也是隱藏在聖杯4溢滿的情感之後的暗示。心靈無法受到限制，情感不會因為對物質的擁有而滿足，聖杯5代表著繼而產生的失落感與不滿足。

當聖杯5出現時當事人該勇於放棄，而重新展開追求。轉變的時刻已經來臨，再回首過去的傷痛毫無意義，那麼必須尋求心靈上的寄託。這張牌常常有強烈的哲學與宗教暗示。這張牌象徵著精神心靈力量強過肉體，所以在健康的問題上有依靠意志力支撐的意義在。如果已經接受治療，代表著從脆弱的狀態逐漸好轉。不能只是靠意志硬撐，最好還是配合醫生的治療才行。馬賽塔羅牌的聖杯5暗示著傷心與絕望，卻不願以正面的角度出發，常有困坐在憂傷中自怨自嘆的態度。

偉特塔羅牌當中的聖杯5著重在失去。一個披著黑斗篷的男子，在他身後有著兩個翻倒的聖杯，其他的仍完好如初。的確，這是一張失去的牌，並非五個聖杯全都倒，偉特在他的著作中強調，這張牌須注意的是那三個翻倒的聖杯（聖杯3代表儀式、慶祝），象徵著可能失去親人的痛苦卻得到遺產，或更傳神的解釋為一場痛苦的結合（特別指婚姻），這場結合並非當事人的初衷或是真愛。這張牌逆位時，象徵一場緊密的聯盟、開放卻無法拆散的關係（逆轉的5有開放的意味），以及某件事物的回歸。

寶劍5

寶劍代表的理性與精神或是破壞力，配合上5的不穩定或是侷限性，形

成了寶劍5不是很愉快的預言，不穩定的理性或是不受控制的破壞力，往往暗示著艱難的局面、不確定狀態下的思考或是言論、可能爭執吵架的場面。決定也往往容易被推翻，甚至是一個白費苦心的決定。由於數字5的侷限性，也使得當事人無法改變現況。寶劍5有受到限制的意味，也代表困難的處境，另外事情往往和所想有所出入。

寶劍5代表一個人有著狹隘的心靈或思考，很可能表面上聽取他人的建議，實際上卻一意孤行。無法放開心胸接納他人的建議，卻又苦惱於自己的侷限處境。在健康上寶劍5象徵著精神上的疾病。寶劍5也暗示著一個自圓其說的理論，或是無法讓人信服的言語。如果在合作的事物上遇到寶劍5，通常指的是將會遇到一個獨裁者，至於這個獨裁者是不是你眼中的當事人，占卜師得小心的評斷，也建議你不要妄下斷語。

偉特塔羅牌中的寶劍5，畫著一個男人輕蔑的看著其他的失敗者，手上握有他們的劍，可不要把這張牌解釋為成功，這是一張象徵著損失與破壞的

案例

身為公司的中高階主管，Rita不明白為什麼她的單位下屬流動率特別高，以她從第一學府第一名畢業、從小考試從來沒有不是第一名的優秀學歷，怎麼在部屬心中的排名會輸給隔壁部門的主管呢。

抽到寶劍5這張牌，我問Rita：「你跟部屬之間，若遇到需要溝通的情況，你通常會怎麼做呢？」Rita很有自信的回覆我：「我跟下屬之間完全沒有這樣的問題。每次我說什麼，他們都認為非常有道理，完全沒有意見。」

這就是最大的問題所在啊！寶劍5暗示著一種可能性，就是缺乏對於他人意見的接納程度，我告訴Rita是否因為你在職場上過於堅持自己的意見，因此導致部屬不願意跟你溝通，受不了就直接離職算了。若你想要改善這樣的情況，建議你能夠放下自己的主觀意見，多設身處地的去聽聽同仁們各自的想法，相信會對你目前的狀況有很大的幫助。

牌。人類的思考本來具有多元化，利用不同觀點的相互撞擊，才能造就美好的生活。圖中的男人在爭論中勝利了，迫使大家不得不聽他的，卻失去了進步的力量。偉特塔羅牌的寶劍5無論正位反位，都象徵著損失破壞與恥辱，也都象徵著打開心胸接納其他人的重要性。

金幣5

若我們狹隘的從財務的觀點來看，金幣5是一張暗示著貧困環境的牌。由於數字5的不穩定或是侷限性，無法讓金幣所象徵的物質與財物有良好的發揮，在這裡往往暗示著有限的資源。在與人有關的問題上，金幣5暗示著一個很會花錢的人，無論這個人是不是很會賺錢，花錢的速度絕對遠遠的超過賺錢的速度。再者，金幣5也暗示著物質狀態（金幣）被他人所影響而侷限（數字5），有時是因為親人的關係而支出，有時是因為朋友的牽累而失去金錢，源於人為因素而使財務陷入困境是金幣5最常表現出來的特色。

不過金幣5卻有另一個令人稱道的特色，那就是「轉變性」！金幣5常出現在困境當中，也常讓人瞭解金錢或物質世界並不是決定一切的指標，有時金幣5被當作是一張從物質的失去當中提升心靈的牌。患難中見真情，在困境中可以知道誰是真正支持你的人。別以為這只是安慰人的話，偉特塔羅牌的金幣5就有這樣的暗示，兩個衣衫襤褸的人走在雪地中，鑲有金幣5的教堂玻璃窗是心靈的代表，許多人往往只注意到風雪與衣衫襤褸，而忽略了教堂明亮窗戶的重要性。圖中的兩個人被偉特解讀為伴侶、朋友、夫婦，在面對艱困的處境時仍然擁有堅定的情誼。

拿到這張牌時，確實代表著貧困、困境、麻煩，但不要忘記精神上的相互扶持，不放棄希望地追尋將有可能幫助你走出困境，偉特與馬賽塔羅牌的金幣5都有損失、混亂或是缺乏財富的解釋。

透特塔羅牌

權杖5

> **對應名稱：Strife**
> **對應行星：土星獅子座**

數字5在卡巴拉生命之樹當中代表著嚴肅。兩根蓮花的權杖是陰性的象徵，兩根鳳凰的權杖則是陽性的代表，中間有著兩條蛇交會的太陽神權杖，提醒我們應該要注意到陰與陽的和諧與平衡。這張牌一方面象徵著行動上的戲劇化效果，但在另一方面，也可能是對於權威產生抵抗，或是發生一些劇烈的衝突。

聖杯5

對應名稱：Disappointment
對應行星：火星天蠍座

聖杯當中沒有水，蓮花凋謝，下方是一片泥沼，有著一種缺乏活力、缺乏生命力、甚至是枯竭的意象。

這張牌對於失去與擁有、生死議題等，有著強烈的害怕與恐懼。要知道世間萬物有生必有死，有死才有新生，有些事情若是真的無法繼續擁有時，我們要能夠打從心底放手，才會有新的契機出

案例

Amy是一位在銀行工作的粉領上班族，她來找我做諮詢時，已經在銀行工作超過10年，並且是帶領5個組員的小主管。她表示以她的學歷並且剛過40的年紀，想要在銀行得到升遷的機會可說是非常渺茫。對於目前的工作，她有著非常無奈，但是為了生計又不得不做的心態，每天重複著枯燥無趣的工作內容，現在談轉換跑道，似乎又太晚了，生活中根本沒有一點可以興奮或是讓她期盼的事物。

在與她的諮詢過程中，我發現Amy幾乎是把工作當成了生命中唯一的一件

事情，只要是醒著的時候，整個人的心思都放在工作上，仿佛這是她活著的唯一證明。我建議她，可以嘗試著把工作所佔的重心比例稍微降低，去培養一個自己的嗜好。

事隔三個月之後，Amy帶了一盆很漂亮的仙人掌來送我。她說她在網路上加入了一個多肉植物的同好會，花費不多，但是發覺那是一個嶄新的天地。現在每天下班後，她會上網跟同好們交流多肉植物的栽培，並且還打算在下個月與幾位聊得來的同好，相約去南部逛多肉園區

現。俗話說：「握緊的拳頭無法接受新的禮物。」雖然是老話一句，但是仍有它的道理。

寶劍5

對應名稱：Defeat
對應星座：金星水瓶座

五把寶劍分別來自不同的方向，卻同時指向中心點，這告訴我們，一件事物可以有著各種不同的思考角度。而寶劍旁邊所散落的玫瑰花瓣，排列成金星的圖案，象徵著神祕學的智慧所帶給我們思想上的價值。

抽到這張牌，可能在情感層面需要比較獨立的空間，不喜歡與另一半整天膩在一起。欣賞個性獨立自主的人，以更加新穎的角度來看待關係議題。也代表著為了更美好的將來、共同的目標而做的突破。

金幣5

對應名稱：Worry
對應星座：水星金牛座

我們看到牌面上有五個齒輪，每個齒輪都環環相扣著。身處於現實物質世界的我們，每當我們做出任何一個決定和舉動，其實都與這個世界產生了環環相扣的影響。這也告訴著我們，當我們要下決定之前，是否考慮到我這樣的行為、這樣的改變，後續會產生什麼樣的變化？

抽到這張牌，象徵著思考上是屬於比較務實的，對於金錢、資源、價值等議題，投注了比較多的關注。

小祕儀

關鍵字：和諧、慈悲、同情、同理

偉特塔羅牌

權杖6

　　6在數字學中是一個和諧的數字，數字學在解讀6這個數字時喜歡用3x2來解釋，3代表著歡愉、社交、學習和神聖，2代表對立與艱辛，於是6帶有

辛苦代價的意義。權杖所代表的行動經過了權杖5的模擬與練習，到了權杖6就代表收穫時刻的來臨！和諧與榮耀歸於辛苦的工作，好消息的到來，走出不穩定的狀態，依靠的是集合眾人的力量。權杖6出現時不適合單打獨鬥，必須和身邊的人合作才有可能成功。

　　權杖6出現時，可以推測當事人經過了一番努力，勢必是經過了權杖5的辛苦考驗才會拿到這張牌。現在可以暫時休息一下，享受過去努力所帶來的甜美成果。在面對一些小問題

案例

　　Alyssa在公司工作多年，今年度有個升遷的機會，因此來做占卜想了解自己的勝算如何。在象徵未來的一張牌，就是抽到權杖6。我要Alyssa自己先思考一下，在過去與同事們共事的過程當中，是否有做到彼此互相合作、共同承擔結果這件事？如果有的話，意味著今年度頗有升遷的機會。若是你遇到該做的事就讓同事們去做，自己在主管面前邀功，或是自己包辦下所有工作，不放心由同事處理，若是這種態度的話，今年升遷結果公佈時，你很可能只能夠站在台下，看著其他人享受榮耀了。

時，必須記住合作的提示「不必事必躬親」，這卻是權杖6出現時當事人常有的反應。權杖6出現時常常暗示一個自負的人，希望自己表現優異，對自己的要求甚高，但也往往因而把自己累壞了。不管他懂不懂得分享榮耀，但是他卻不懂得分工合作。這也常常使狀況在表面上看來一派平和，合乎眾人的期望，可是當事人卻極為辛苦，並且倍感壓力困難重重。逆位的權杖6暗示著，根本問題開始浮上檯面，辛苦與困難、被背叛或是無法合作、工作容易延遲，或是辛苦的代價僅是一點點的回饋（通常是很表面且不實際）。在健康方面，權杖6暗示著免疫系統的問題。

偉特的權杖6畫著一隊人馬，頭戴象徵勝利的桂冠的在街上遊行，這是榮耀的宣示！桂冠代表著辛苦得來的榮譽，帶來了一項新的宣告，可能是來自他人的嘉勉或讚賞，或是新願望得以實踐。偉特塔羅牌的權杖6，強調榮耀與宣告，歡樂的氣氛帶來了新的希望，這也是偉特要提醒你的。逆位的權杖6在偉特塔羅牌中代表著恐懼，和馬賽塔羅牌一樣也代表著背叛與延遲。

聖杯6

聖杯6代表和諧、幸福，情感在這裡處於愉快的狀態。數字6在卡巴拉中有慈悲的意思，這也是我們常掛在嘴邊的同理心，如果能夠試著去感覺他人的感受，就能夠瞭解慈悲的意義。聖杯6經過了磨練開始對人世間有了瞭解，由於6也象徵著辛苦的代價，在這代表的並不是兩小無猜的純真關係，而是共同經歷許多歡喜哀愁的伴侶，他們無論經過多大的風雨，仍然不棄不離，這樣子的感情和諧且穩固，同時在精神上能夠產生相當程度的共鳴。

聖杯6在關係與情感上的協調與諧和是經過多次互動的結果，所以象徵著家庭關係。不斷地在摸索中成長，常常是經歷許多風波之後，獲得的信任與諒解。在心理層面上，聖杯6暗指過去的影響，想要解決問題須從根本下手，通常得回歸到家庭甚至是童年時期，可能對感情有著堅持或樂觀的態度，但也會有過去負面影響所帶來的不好經驗，成長的過程當然會有陰影，這種幸福底下的陰影需藉由心靈的成長來克服，整體來說正位的聖杯6是張對情感有正面影響的牌。聖杯6在逆位時，象徵著一個活在過去的人，不願意面對現實，沉湎於過去的美好。

偉特的聖杯6描繪的是在花園玩耍的孩童，這是一個幸福的影象。另外

描述了馬賽塔羅裡所謂的過去或童年時光，以及過去的美好回憶等。不過當偉特的聖杯6處於逆位時，暗示著一段新的關係或是新的消息。

寶劍6

如果從風元素的思想與智性特點出發，寶劍6象徵著一種調整過後的共識，有著一致性，可能代表著一個共同的創作，或是合作的計畫與企畫案，在經過寶劍5的爭論後，寶劍6提出了共識、共同的決議，這當中有許多的不愉快曾經發生，但是計畫必須繼續進行。從寶劍的破壞力來闡述時，寶劍6處於療傷的階段，傷口的正在癒合，雖然還是會有傷痛。不過最壞的狀態都已經在寶劍5度過，寶劍6代表的是破壞之後的身心疲憊，需要休息療養。

寶劍6常有過去傷痛的意味在，當事人在身體或是心靈上常顯得疲憊不堪，此時許多人仍對周遭不信任，也有些人故意忽略過去的傷痛，或是自我欺騙。寶劍6教導我們必須平靜的面對傷痛，縱使不去面對事情仍然存在，並且會像鬼魂一樣地纏著你，這個心理的問題需要時間慢慢克服，寶劍6在人格的描述上，代表著一個嫉妒且活得不快樂的人，這個自以為聰明的人常常讓周圍的人掃興，有著狹隘的人格無法與周遭的人相處，這要歸咎於過去生活的傷痛帶來的人格發展偏差。寶劍6的逆位象徵著不和諧，精神上的壓力相當嚴重，重點在於這個人無法接受合作的共識，他選擇逃避或是破壞這個平和的療傷時期。占卜者必須從過去發掘他的傷痛，告訴他解決過去的傷痛才能重新出發。

偉特塔羅牌當中描述的是一個渡船的景象，船夫載著客人，船上插著六把劍，暗示著旅行，特別是指經由水路而發生的旅程。此外也說明一個共同的工作、共同的決定，意指一項他人所託付的工作。逆位時代表著懺悔、告解。偉特並沒有說明寶劍6的傷痛，但是許多占卜者喜歡做這樣的解釋。

金幣6

在馬賽塔羅牌當中金幣6象徵著付出，為了達成目標的付出。先前提到過，馬賽塔羅牌當中的數字6象徵著辛苦與歡愉，金幣6象徵要怎麼收穫先怎麼栽。金幣6的辛苦不像金幣5那般明顯而實際，如果金幣5暗示著實際肉體上的傷痛，那麼金幣6的辛苦是精神上的壓力，金幣6帶給人收穫，也暗示著付出與壓力。

當金幣6出現時，常暗示為了平衡財務狀況而做的努力，或許是正在彌補過去所造成的損失，這樣的工作自然的造成壓力。但是金幣6並不會讓努力白費，金幣6代表著付出與回饋成正比，同時暗示成功與收穫。金幣6也隱喻成功之後的問題也就是所謂的分享，你是否願意與他人分享你的成果？金幣6象徵著當事人苦盡甘來之後，學習金錢的管理。這也是回饋的時刻，試著與他人分享成果，學習慈悲與寬宏大量就是金幣6給的提示。特別提醒你，金幣6在馬賽塔羅牌當中正逆位的解釋都相同。

在偉特塔羅牌當中的金幣6，描述著一個商人正與行乞的人分享他的金錢。但是，注意到他的另一隻手，手裡拿著秤，表示他同時在計算著付出、計較著得失。他雖然在學習與人分享，嘗試著成為一個善心人士，但是過去的經驗，同時提醒著他不要陷入財務的危機，不過他還是瞭解善心是邁向美好未來的另一條路。偉特將這張牌解釋為禮物、警惕與接受施捨；逆位時代表著慾望、貪婪、嫉妒羨慕。

透特塔羅牌

權杖6

> **對應名稱：Victory**
> **對應星座：木星獅子座**

數字6是兩倍的3，我們知道數字3有著和諧的意涵，因此數字6有著更加強調均衡、和諧的意思。因此在卡巴拉生命之樹當中，6與美產生呼應。

權杖6是一種生命力的均衡展現。所謂的均衡，指的是在生活當中，有活力有衝勁非常重要，但是我們也不能夠一昧的矇著眼、低著頭往前衝，有時候，懂得不去做什麼，也是一種行動力的展現，因為你懂得展現出「何時該放、何時該收」的行動力。

聖杯6

> **對應名稱：Pleasure**
> **對應星座：太陽天蠍座**

要知道，有時候我們將情感放的比較深入、不直接表達出來，並不意味著沒有情緒，沒有感受。抽到聖杯6這張牌，當事人可能曾經經歷過一些不愉快的傷痛往事，因此將情緒與感受，深深的埋藏在心中，不輕易地展現出來。亦或是對於關心的人事物，有著非常深刻的情感。

六個裝有從蓮花中灑出的黃金色聖水的聖杯，告訴著我們，如何去平衡深刻的情感，是當事人目前最需要去理解並且完成的課題。

寶劍6

對應名稱：Science
對應星座：水星水瓶座

我們可以看到象徵著空間的薔薇十字圖案在牌面正中央，然後有六個不同方向的寶劍同時指向這個薔薇十字圖案。這告訴我們，看待事物其實有不同的觀察角度與想法，不同的見解會帶給我們衝擊，但是也讓我們的視野得到更寬廣的拓展。

這是一張強調邏輯思考的牌，因此如果是問感情，出現寶劍6這張牌，提醒當事人不要因為一頭熱而栽入一段情感當中，就算是在熱戀期，也可以抽離一下以旁觀者的角度來思考，或許就能夠找出當初你沒有發現的盲點。

金幣6

對應名稱：Success
對應星座：月亮金牛座

數字6展現出一種均衡、穩定的特性，而我們知道金幣牌組，也強調著物質與架構，因此當金幣牌組遇上數字6，便更加強調穩定性。

數字6對應了月亮金牛座，象徵著一種需求上的滿足與物質上的安全感議題。

牌面上的圖案，在各面向都呈現一種對稱平衡的意象，藉此告訴我們，所謂內心當中真正的富足，是沒有偏頗於任何一方，不是過於追求物質上的享受，也不是只在乎心靈上的提升，所謂「身心靈」的平衡，是指在各個層面都能夠得到穩定的滿足，這樣才是真正滿足我們內在之家的富裕富足。

偉特塔羅牌

權杖 7

　　數字 7 在塔羅中具有關鍵的地位，代表進入精神生活的開始，數字 6 則是完整的物質與邁向精神的開端。數字 7 有探索精神世界的意義，西方神祕學家喜歡解釋 7 是 6 角星再加上中央的一點，於是 7 常象徵著內心。此外數字 7 也有形體限制的意思，在中古世紀人們認為 7 是宇宙的數字，理由來自於創世紀神話，人們認為天體是由日、月、水、金、火、木、土等七個星體所構成，代表著宇宙的完整發展與有形的限制。權杖 7 表示藉著創造行動的完成，所努力的不再是有形的創造工作，而是向內的發展與充實。

　　權杖 7 代表著決定與判斷，其解釋來自於 7「內心的」以及權杖「行動」，所有心靈上的行動都與權杖 7 有關，當然也包含了矛盾與衝突，不過矛盾與衝突並非來自他人，而是自己。事實上，事情將會有好的發展。權杖 7 常常出現在為了證明內心想法或是情感的行動，可能是為了自己的清白辯護，或是為了證明自己的能力而表現，也或許是為了證明情感而告白。許多時候權杖 7 出現在告白的時刻，另外也和演說或是辯論有關。馬賽塔羅牌當中權杖 7 象徵著決定、勇氣、矛盾、挑戰，在逆位上也是同樣的解釋。

　　偉特塔羅牌當中的權杖 7 有著挑戰的意味，一個年輕男子站在山丘上手持木棒，採取備戰的姿勢。底下冒出了 6 根權杖似乎意圖攻擊或挑釁他，很明顯的挑戰意味濃厚。由此得知這有挑戰、討論、勇敢、競爭的意味，逆位時象徵著困惑、干擾與猶豫不決。

聖杯 7

　　聖杯 7 是內心世界表現的極致，聖杯的精神及心理特質，與 7 的內斂性

結合，代表著心靈世界的探索。所有的情感獲得滿足之後，將會引導著你向內發展，內心的渴望、幻想、期盼在這時候出現。聖杯7象徵著內心世界的深入思考，為了求得心靈的滿足而做出更多對未來的規劃。當聖杯7出現時，當事人的面前出現許多選擇，但是對這些選擇的瞭解並不深入，這讓人恐慌。占卜者應建議他不要急著決定，這不是一張代表決定的牌，他必須充分瞭解自己內心的渴望，探究這些選擇的背後藏有哪些未來。

聖杯7出現時代表情感達到滿足，他象徵著一個充滿想像力的人，這個人非常瞭解自己，不過他正猶豫著，這樣的猶豫附加著急的意味。他有許多選擇，每一種都讓他躍躍欲試，等到瞭解自己內心的渴求之後，就會採取行動，成功自然是指日可待！不過急躁常常在這個階段壞事，必須謹慎觀察，判斷哪些選擇不切合實際。聖杯7象徵著情感上的成功，不過必須做出正確的選擇。逆位的聖杯7代表了錯誤的選擇與短暫的幸福。

偉特的聖杯7相當引人注意，一個人面對著7個聖杯，每個聖杯都藏著奇怪的事物，聖杯7代表著幻象，或是映照在內心的種種渴望，想像力的無遠弗屆是偉特的聖杯7所呈現的意義。對於藝術家和創作者來說，聖杯7是一張帶來靈感的好牌，因為聖杯7要表現的就是思想，只不過他也表示短瞬且無法掌握的事物，好比說是幻象、幻想或是夢境。逆位的聖杯7在偉特塔羅牌中有希望與決定的意味。

案例

一位客戶Jackson來找我做塔羅牌的諮詢，他想要知道自己能否在35歲之前成為一位占星師，並且以此為正式的職業。

抽到的其中一張牌，就是聖杯7。我詢問Jackson，你是否只看到某些身為占星師、占卜師的人，看起來似乎過得蠻有趣，讓你對這份工作產生了某些嚮往，但這只是你心中的諸多選項之一，並不是你肯定的、真心想要去做的一份職業。Jackson點頭稱是。因此我建議他，可以多接觸這個行業的人，自己去了解這份工作真實的樣貌，再決定是否是你真心想要從事的職業。

寶劍7

從精神層面來解釋寶劍7有點類似聖劍7，代表著眼花撩亂的狀況，通常聖劍7描述的是內心的錯亂，而寶劍7則是對外在的混亂無法判斷。寶劍7所帶來的混亂讓人心浮氣躁，這一類的問題通常很籠統，就連占卜師都不知道該怎麼回答。因為寶劍7表明當事人並未看清真正的問題，甚至不知道目標是什麼，或者對象是誰。寶劍7出現時當事人明顯感受到挫折，因為他面臨許多反對與阻擾，可是卻不清楚是誰在背後和他作對。從寶劍的破壞力來看，寶劍7象徵著內在傷害、缺乏勇氣。

不過數字7的完整性使得拿到寶劍7的當事人並不會被挫折打倒，代表思想的寶劍7，其實是一個聰明人，他的心靈世界相當豐富，如果問題與學業或是工作有關，那麼他自己絕對有解決之道，方法則為迂迴的戰術，記得要避免正面衝突。寶劍7代表著智性的完整，聰明的人不會和敵人起正面衝突。寶劍7常常帶來好消息、好點子或是獲得某種認證與學歷等。逆位的寶劍7象徵著內部的缺陷，或是某人帶來的警告。

偉特塔羅的寶劍7的牌面上，一個男人正嘗試地帶走五把劍，另外兩把劍牢牢的釘在地上，代表著對願望的努力、試圖、計畫等等。有些時候象徵著一項可能失敗的計畫，不過偉特對這一點並不確定。因為這張牌象徵著太多的變數，你能做的只有努力。逆位的寶劍7象徵著忠告、嘮叨、命令。

金幣7

金幣的實際與物質性受到數字7的內心與完整性的影響，這會讓你聯想

到什麼？金幣7代表著一項大型的計畫，通常是一個浩大的工程，一個實現內心願望的重要工作。金幣7出現時帶來許多的辛苦，也代表著忙碌、勤勞，可是成果卻需要長時間的等待。由於7的精神性使得人們對於短時間內實質的收獲並不滿意，金幣7暗示著你需要長時間的付出，才有可能換取成功。

無論在哪一組牌的數字7都會與心靈或精神層面牽扯上關係，金幣7象徵著想要有物質上的收獲就需要心靈的引導。如果是一個與成功有關的問題，那麼必須全心全力的付出，在面對考試或是競爭，長時間的準備與練習是必要的。在健康方面，金幣7象徵著健康的好轉，或是好的身體狀況，事實上來自於積極健康的心理狀態。逆位的金幣7則象徵著錯誤的付出與投資，或是代表放棄。

　　偉特塔羅的金幣7象徵努力的付出，一個男人與地上似乎是種植出來的7個金幣，那是付出的心血。簡單的說這是一張與金錢有關的牌，包括商業的交易與精巧的工作等。不過不知道為什麼，偉特同時賦予這張牌爭吵的意義。逆位時表示正為了一些借貸而煩惱。

透特塔羅牌

權杖7

> **對應名稱：Valour**
> **對應星座：火星獅子座**

　　數字7在卡巴拉生命之樹當中，象徵著勝利的意涵。因此透特塔羅牌的權杖7，代表著發自內心的行動，這樣的行動很可能是一種自信心的展現，或著是為了捍衛自我的存在而採取的攻擊，這能夠因為表達出對於生命的熱情而感到光榮。如果是一位處於低潮的人，抽到權杖7這張牌，可以鼓勵他勇敢的展現自我的創意，尤其是從來沒有人想到的原創性作法，大膽的站在舞台上讓人看到，此類的活動都能夠帶給他更多的活力。

聖杯7

> **對應名稱：Debauch**
> **對應星座：金星天蠍座**

　　就算你不是那麼了解占星學，看到這張牌的圖案，也能夠很清楚的了解這張牌有著強烈的黏稠、施展不開的特質。有可能因為害怕失去，而想要緊緊的握在手中抓住不放。我們往往因為情感過於深刻，想要把珍惜的人事物留在身邊，卻沒想到這樣欠缺流動性的情感，就像是一座美麗的水池，不管當初的造景多美麗、建置費用多麼昂貴，一旦沒有將廢水排出注入新的泉水，久了，終究會孳生細菌而成為一窪腐敗的死水。

寶劍7

> **對應名稱：Futility**
> **對應星座：月亮水瓶座**

我們都希望追求理性的思考、邏輯的判斷，但是若過於極端，凡事都要以科學為依歸，要求自己不帶情感的考量，便會造成與人產生距離，有疏離感甚至是孤獨的感覺。

另外一個角度，當我們感到沒有人懂我、覺得有些孤單的時候，其實也提供了一個讓我們可以抽離現實環境，拉高我們的視野來看待事物的時刻。有時候受到不同意見的思想衝擊，也能夠幫助我們拓展視野，若自己的思維真的已經不符合潮流，不一定要死守著抗拒，做個思想上的程式更新也是挺棒的。

 案例

Millie因為婚姻的狀況來做塔羅牌的諮詢，在解決問題的辦法牌陣當中，問題底下的根源這張牌，便是寶劍7的逆位。我提醒Millie，除了在意見想法上與你的伴侶有很多的差異之外，應該也要問問自己，為什麼不敢表達出來讓伴侶知道你真實的想法？是怕受到伴侶言語上的傷害？又或是你單方面的認為若出現衝突的場面，就會成為婚姻當中的缺陷？我建議Millie，若能夠從兩人不同的想法當中找出平衡之點，而不是只有你單方的忍讓，這樣思考上的整合，才能夠讓婚姻更加完整，找到解決之道。

金幣7

> **對應名稱：Failure**
> **對應星座：土星金牛座**

金幣7這張牌，雖然牌面上畫有茂盛的植物，但是請仔細觀看，這些植物仿佛沒有人修剪照顧，任由凌亂的生長，甚至有一點叢林的感覺？請想像一下，如果現在把你丟到亞馬遜的叢林當中，你能否安穩的生存下來？能否過得舒適愜意？相信生活在都市當中的你我，都不會覺得原始叢林是個能夠提供生活上所需物資的環境。物質的不足、缺乏，正是金幣7的重點意涵。

8

偉特塔羅牌

權杖8

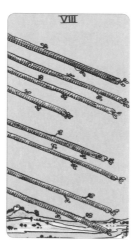

數字8接續提昇心靈的行動。在數字7的狀態人們向內探索，發現了自己的不滿足，於是在數字8時有所行動。權杖8象徵著展開進一步的行動，這是邁向完整人生歷練的最後一個步驟，也代表著長途的旅行、飄洋過海等狀態。權杖8描述的狀況代表變化，以及生命型態的轉變，對於追求安定的人來說是顛沛流離的狀況，但對喜歡冒險的人來說，這將會是一場未知旅程的展開，面對權杖8必須接受變化與挑戰。

權杖8描述的狀況是，一項已經決定展開的行動面臨轉折，開始得很

案例

某次聚會時遇見許久不見的朋友Calvin，他半開玩笑的表示能否抽張塔羅牌，為他做個簡單的未來運勢占卜？他正好就抽到權杖8這一張牌。我問他是否近期有到外地進修，甚至是出國唸書的計畫？他驚呼不可思議，在銀行做內勤工作的他，覺得一成不變的生活是在浪費生命，因此已經申請好美國的學校，打算去唸空間設計。

除了預祝他進修順利之外，我也告訴他，這張牌另外也有著發生閃電戀情的可能，若有什麼好消息請記得要通知我一聲。果不其然，在三個月之後，他就很開心地告訴我，他已經與熱情的美國同學陷入熱戀，而且不排除閃電結婚的可能。

快不過卻在結尾時遇到麻煩，權杖8通常不利於行動的順暢，因為權杖8處於轉變階段，對於生意以及工作也常會帶來困擾。權杖8的改變與力量的體會，如果應用在生命體驗上或許不錯，可以當作是一種學習經驗，抑或是使人生經歷圓滿的過程。但就單純的工作與計畫來說，將會帶來阻擾。權杖8的複雜特性需要占卜者進一步的體認，當事人此時會有相當複雜的情緒。一方面他正遭遇些小麻煩，另一方面他卻有所成長。馬賽塔羅的權杖8在正位與逆位時都有同樣的解釋。

偉特塔羅的權杖8試圖用靜止的圖案呈現動作，八根飛越過陸地的權杖，偉特藉此表達快速而帶有希望的行動，也象徵著閃電戀愛或是一見鍾情。逆位時表示爭論、反對、嫉妒等。

聖杯8

8的轉變狀態若出現在關係上，是許多人不樂意見到的。特別是指另一方轉變時，讓人很難接受。聖杯8的轉變在於內在的蛻變，當聖杯7發現了自己對內心的不滿足之後，開始尋求解脫，這正是聖杯8的狀態，是一個不太舒服的時刻。

聖杯8帶來了許多矛盾與困惑，無論是當事人或是身邊的人，都受到這樣的干擾。問題在於轉變與割捨，而週遭的人不懂他的做法為何如此，通常代表著相當緊張的情感關係。這樣的情感關係來自於當事人本身的慌亂，由於處於轉變的脆弱狀態，無法在這個時候給予他人保證與安全感，因為就連保護自己都有些困難。蝴蝶的一生最脆弱的時候在於蛹的狀態，這樣的形容對聖杯8最恰當不過。此時占卜者必須給予當事人精神上的支持，這是一個自我成長的時刻。當事人可能感到相當孤獨，甚至覺得毫無希望。只有占卜者能夠提醒他，這是生命中必經的時刻，通過這一關將會有所成長。馬賽塔羅牌的逆位聖杯8代表著慶祝。

聖杯8在偉特塔羅牌當中有兩層意思，首先從牌面解釋，可以清楚地看到一個男人拋棄了那些代表過去的聖杯，走向荒漠中。簡單地說這是一個人拒絕一些事情的結果，無論這個結果是令人高興還是悲傷，偉特也同時在其著作中說明，這張牌同時可以解讀為溫暖、喜悅、榮耀與害羞。在逆位時這些意義更是明確，代表著極大的喜悅與值得慶祝的事情。

寶劍8

寶劍牌組的數字越大似乎越不受到歡迎。寶劍8或許有心靈上成長的意味，但絕大部分都在描述一個困難的狀態。寶劍8通常代表著困境，當事人想法中有太多的矛盾，他必須從這種對立的狀態中逃離。寶劍8並不是一個輕輕鬆鬆就能夠走過的路徑，當事人將會遭受到許多精神上的疲勞轟炸，這些因素來自於內外兩邊，使其無法平靜。

寶劍8的矛盾與衝突讓人感到挫折，許多困擾圍繞著讓人無法越挫越勇。寶劍8常出現在當事人試圖對生命做出改變的時刻，很遺憾的是寶劍8預言了這些改變的失敗，因為時機與自我準備都不夠。寶劍8代表的失敗嘗試引來兩個結果：一是當事人的焦慮；二是越來越沒自信。事實上，寶劍8出現時很難有什麼作為與表現，生命當中往往存在著這樣的時刻，對於許多積極勇敢的人來說這種情況很難熬，唯一有幫助的是平靜與耐心，以平常心面對周遭的困難，耐心會幫助你度過生命中的艱難時刻。寶劍8在馬賽塔羅牌中無論正逆位都有同樣的解釋。

偉特塔羅牌的寶劍8畫面中出現一個被綑綁的女人，周圍插了8隻寶劍，生動地表達了寶劍8令人沮喪的困境，但這通常是一個過渡時期。寶劍8代表著虛弱、脆弱、困境、失望與壞消息。牌為逆位時，則代表著不安與災難，正逆位的差別不大。

金幣8

就算金幣8在金幣牌組中代表著比較差的運氣，但是與其他數字8的牌來說，金幣8的狀況好太多了。首先金幣8代表著環境與物質的變動，從商業的角度來看極有可能是一項轉機，這樣的改變讓當事人必須辛苦付出，金幣8是所有金幣牌組當中必須付出最多心力的一張牌。在事情的演變過程中，金幣8加入了許多變數，讓人窮於應付，值得欣慰的是付出仍將帶來收穫。

如果是與情感或無形的事物有關時，金幣8提醒當事人這是一場變化多端的戰爭，必須小心翼翼地應付每個難題，確保事情的結果如其所願。如果問題與金錢、工作、商業等有形物質有關時，金幣8則帶來了好的消息，因為技巧、技術、觀念或設備的更新而使得收益增加。

　　金幣8處於逆位時代表著缺乏野心，停滯原地而不願做出行動。雖然金幣8出現在關鍵的轉機時刻，但當事人的被動與缺乏信心，將會錯失良機。通常他們選擇辛苦且缺乏效率的方式解決問題，這樣可以避免新方式帶來的冒險。

　　偉特的金幣8常讓人想到金幣3裡的學徒，兩張圖案的人物有些相似之處。不過這張圖中的男人，坐在長凳上創作自己的作品，和金幣3相比他走出了自己的風格，不再依照他人（雇主）的指令行動。這是一張代表著創作的牌，比起金幣3的學徒，他的技巧更加純熟，且進階到了創作的層次，我們不能再稱呼他工匠，應該稱他是創作者或是藝術家。這是金幣牌組中最具有創意的一張，代表著技巧與技術精進。逆位時，代表貪心、空虛或投機取巧。

透特塔羅牌

權杖8

對應名稱：Swiftness
對應星座：水星射手座

　　數字8在卡巴拉生命之樹當中象徵著光榮。水星與權杖牌組都強調著活動、行動，當水星在射手座時，會是與遙遠的學習有關的活動、與提升自我有關的行動、異國的交易、或是來自於遠方的訊息。

　　牌面中的權杖，指向四面八方，也告訴我們在看待事物時，必須要留意思考的寬度與廣度，不要過於執著在某個層面，而忽略了整體的大格局。

聖杯8

對應名稱：Indoence
對應星座：土星雙魚座

　　牌面上烏雲密佈，水面也有強烈停滯的感覺。有可能在情感交流上面，

比較匱乏或是缺乏共通的頻率。我所需要的，你不但不能給予，更甚至不了解我的需要是什麼。

這有可能意味著對於夢想的放棄、對於情緒的壓抑、或是以冷漠的心態來面對情感的交流。克勞力先生表示這張牌象徵著一種對成功放棄的態度。

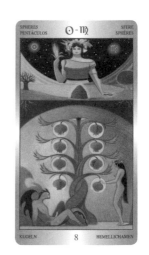

寶劍8

 對應名稱：Interferenc
對應星座：木星雙子座

牌面上我們可以看見彷彿兩把劍，固定控制住另外六把寶劍。因此可以與干擾、限制、侷限等意涵做呼應。

這張牌有可能意味的過多的思慮所帶來的痛苦與傷害，例如遇到一位誇張的言語表達的人，因此帶來了困擾。這張牌的另一層意涵，提醒我們有時候我們會想得很高很遠很有理想性，但是卻忽略了眼前事物的重要性。因此抽到這張牌，告訴我們現在不是要談理想、談目標的時刻，而是手邊身旁有什麼事物，可以立即拿出來，實際解決當下的問題的時候。

金幣8

 對應名稱：Prudence
對應星座：太陽處女座

這張牌關心著物質的分析與累積，抽到這張牌，提醒著我們要去留意、區分出哪些事物是對於我們有實質上助益的，將不實用的事物捨棄，留下有幫助、有實際效用的部分。

這也可能代表著過於重視小細節，而忽略了大方向，就像俗話常說的：「見樹不見林」的情況。例如去某間商店買東西，非常在意所以一直希望店員能夠替我們算上九折的折扣，卻沒留意到同樣的商品，在其他地方很可能定價上就是從七折計算。

關鍵字：深入的、深沉的、內在的、累積的、召集的、集合的、最終關鍵

偉特塔羅牌

權杖9

行動進入了最後階段，這將是一個最終的關鍵。權杖所代表的行動歷經了權杖8的轉變之後，加入了更多對生命的體驗，醞釀出的行動將更為和緩溫柔，卻也意味著保守。權杖9在馬賽塔羅牌中帶來許多快樂的鼓舞，無論是精神上或是物質上都會有所收獲。

不過因為本質的問題，權杖9並不代表完全的幸福。權杖9出現時問題在人不在事，事物的狀況已經接近圓滿的狀態，此時需要和諧與持續力。不過當事人的想法太過自負，不容易接受他人的建議，特別是對與問題相關的事務，他早有定見，尤其是當事情接近完成的階段，總認為自己是對的。權杖9暗示著這樣強烈的個性將會帶來事業以及人際關係上的問題，但通常當事人毫無自覺。中國的易經當中有「亢龍有悔」這句話，指的是事物發展到了極致，無法回頭，容易落得衰敗的下場，很湊巧的這也是一個與9有關的狀態。當權杖9出現時，由於值得關注的事物太多，使得當事人容易手忙腳亂且洩漏出性格缺陷。他帶來了自信、滿足與短暫的安全感。這張牌無論在正位或逆位都是相同的解釋。

偉特塔羅牌中的權杖9畫著一個人靠在權杖上，身後插了另外8根權杖，表情並不是很愉快，似乎在等待一個敵人，他的準備周全彷彿這將會是一場硬仗。可能是一個可怕的對手，不過，這只是備戰狀態，敵人尚未出現。偉特藉由這張牌表現出不愉快的等待、延遲、耽擱以及懸而未決的事情。在逆位時代表著逆境、困苦、災難。

聖杯9

當聖杯代表的情感與代表深刻的數字9融合，這沒有什麼其他的解釋，全然的幸福在聖杯9出現了！他代表著一個歷經了諸多情感磨難，無論對外

小祕儀

153

對內都是相當和諧且自在的人,他對自己要什麼、是什麼都很清楚,所以在聖杯9的階段,他享受對自己深入瞭解的愉快!我們常說一個人要去愛別人要先學會愛自己,聖杯9告訴我們愛自己但不是從自私的層面。

　　馬賽塔羅牌的聖杯9出現時,代表願望即將實現!9是處於關鍵的階段,只要稍具有耐心並且繼續維持目前的行動,那麼願望就會成真。在法文中9(neuf)與蛋的發音幾乎是同音,所以在馬賽塔羅牌中聖杯9也有新生命誕生的意義,因為這來自於情感的結合。當聖杯9處於逆位時,代表著不完全、不完美,總覺得身邊似乎少了些什麼?這可以從兩方面來幫助當事人發現問題,第一是表面化或太過膚淺,當事人只看到了部分的好處,於是自欺欺人。其次是他表現出逆位聖杯9的沒自信與不滿足,他們需要藉由他人的眼睛來檢視問題,才會發現問題的癥結。不論哪一個牌組,當數字9出現時,通常代表當事人的自負或自卑使得他們很難接受他人的意見。

　　偉特塔羅牌的聖杯9象徵著幸福,一個男人開心的笑著,臉上展現著滿足的笑容,身後酒杯像是在開宴會一般的排了一列,這代表著幸福、自在、成功等。在逆位時有兩種意思,其中一種與馬賽牌一樣代表著不完整、錯誤,但也同時暗示著真理與自由。

案例

　　身為公司高階主管的Ariel來找我做塔羅牌的諮詢,我們使用黃道十二宮牌陣來做全方面的訊息搜集。很有意思的在象徵物質資源的主題上,她抽到了聖杯9這張牌。我問她:依照她的職級,年收入幾百萬絕對不成問題,但是否在心中還是深深的覺得錢不夠?Ariel很訝異我會這樣詮釋,但隨即承認,單身的她在心中對於金錢有著非常深的匱乏感,總是很擔心當年紀老了的時候,會沒有足夠的錢可以使用。

　　我告訴Ariel,其實我們的金錢觀、價值觀,一直是我們內在心靈的反映。當你能夠體會到心靈的富足勝過單純存款簿上的數字增加時,你將會打從心底的得到平安與喜悅,這也是真正富足的時刻。

寶劍9

在馬賽塔羅牌中寶劍9代表著深刻的思想與成熟的想法，9的深刻性表現在智慧與思考上，寶劍9暗示著許多事情都能夠引發理性的思考，或者反過來說，許多事情都取決於理智的思考。寶劍9出現時當事人反覆鑽研一個問題，或是有某件事情、某個信念主宰著他的生活，比如所謂的原則問題。在這個世界上，有人可能相當的隨和隨意，不過這絕對不會出現在寶劍9所代表的人身上。寶劍9的出現常伴隨著原則問題，這樣的人需要根據個人的原則或信念來判斷問題。

假使當事人的問題出現在情感上，那麼這將會是一段心靈相互吸引的關係，甚至很可能在物質上他們一無所有，這段關係的物質考量微乎其微。有此可知，寶劍9象徵著太過理想化或不切實際，這類的事情在計畫或思考時沒有問題，不過實際執行很可能會遇到困難。逆位的寶劍9象徵著錯誤的判斷，對於生活方式或是信仰產生質疑。

從畫面上來看，偉特塔羅牌的寶劍9牌義相當明顯，卻和馬賽塔羅牌有著完全不相干的牌義，所以在解釋時千萬別搞混了，基本上我們可以用寶劍牌組的破壞性來解釋偉特塔羅牌的寶劍9。女人坐在床上，雙手掩面表現出了悲傷的姿態，寶劍橫跨在她的上方，她卻沒看見，這些被她忽視的寶劍象徵著，她毫無所覺的對面朝她而來的厄運與壞消息，這張牌有死亡、欺騙、傷心絕望的意味。逆位時代表著監禁、害怕以及合理的懷疑。

金幣9

數字9代表著過去的累積，配合代表物質與財產的金幣時，絕對是財富的象徵。在物質層面或是工作層面，金幣9都象徵著過去的努力帶來了豐碩的果實，且當事人不會有物質方面的問題，通常無需等待，也不用急著東奔西跑，一切來的正是時候。

當金幣9出現時，象徵著當事人對財物或物質生活處理得相當不錯，以致在這方面完全沒有憂慮。在他的生活中並不欠缺什麼，也使得他對很多小事顯得不太在意。經過辛苦的努力這個人需要休息，對於一些無關緊要的事情，他會採取視而不見的態度。不過如果這張牌出現在一個需要解決的問題

上時，代表著問題可以馬上獲得解決。金幣9保證周遭環境對當事人有利而且安全，暗示著這不是一個嚴重的問題，或者可以說這是一個存在很久的小問題。當金幣9處於逆位時，象徵著一個警告，表示當事人目前所擁有的財富或是安全狀況受到威脅或是有某種改變。

偉特塔羅牌中的金幣9畫的是一個站在莊園中的女人，手上停著一隻鳥，周圍是豐收的葡萄。九月是豐收的季節，這個女人看到了也掌握了身邊的一切，她感到舒適且安全。偉特藉由這張牌表示確信、擁有、因審慎而獲得的成功。這張牌處於逆位時，代表著欺騙、無意義或無效的事情。

透特塔羅牌

權杖9

對應名稱：Strength
對應星座：月亮在射手座

數字9在卡巴拉生命之樹當中，象徵著根基。很多人會誤認為這張牌對應的星座是太陽在射手座，其實不然，留意牌面上的圖案，在正下方射手座的符號之上，明顯有著月亮的圖像。另外在其餘八根權杖的兩端，也有著月亮的圖案。

這張牌象徵著當事人很可能對於成長有種打從內心的需求，很可能認為人只要活著，就應該要不停的學習，不應該原地踏步。異國風情的事物，能夠提供當事人一種安全感，如果讓選擇要吃什麼樣的食物，異國料理往往是他的首選，而且有著異國戀情、甚至是閃電戀情的可能。

聖杯9

對應名稱：Happiness
對應星座：木星雙魚座

這是一個情緒感受非常豐沛的時刻，如果要描述一個人的特質，想必他是一位內心充滿情感，也懂得適時的讓身邊的人明白他感受的一個人。只要站在他的身旁，就能夠感受到他內心當中，充滿著滿滿的愛。

我們可以看到牌面圖案上，九個杯子的上方各有一朵蓮花，源源不絕的水從蓮花灌注到聖杯中，而每個杯子的水也滿溢了出來。從埃及神話的角度來看，蓮花象徵著生命的起源，因此這九個杯子間相互流動的是生命與愛的能量。

寶劍9

對應名稱：Cruelty
對應星座：火星雙子座

言語的表達在此時造成了傷害，有時候我們有意或是無心所說出來的話，對他人而言卻造成一種傷害，可能是衝動未經思考的話語，或是在憤怒的情況下，說出一些具有攻擊性的內容，極端一點甚至有言語暴力的可能性。

而牌面圖像上，這九把劍排列成一種柵欄或是牢籠的模樣，這也告訴我們，要留意自己是否受困於過往不愉快言語傷害當中，或是自己的想法是否過於狹隘，自己限制了自己的思考寬廣度。

金幣9

對應名稱：Gain
對應星座：金星處女座

這是一個收穫的時刻，很可能會有實際的、物質上的收穫。

有些人會認為過於重視物質條件，是一種不夠靈性、精神層面比較低下的展現。我認為在做塔羅牌的解析時，不需要朝這方向去認定。可以換個角度想，抽到這張牌，意味著當事人目前所在意的重點，放在比較具體的事物上。他可能是一個重視細節的人、認為做事就要有條不紊、井井有序。在溝通表達時喜歡條理分明的一一列出事實來舉證說明。

10

關鍵字：完整的、完成的、圓滿的、循環的、結果

偉特塔羅牌

權杖 10

　　所有的數字10都有完成的意味，不過這裡的完成並沒有最終的意味存在，從數字1到10雖然是一個完整的循環，但卻不是最終的停滯，塔羅牌暗示著我們的生命永遠有許多可能，有許多的變化存在，無論是大祕儀中從魔術師到愚人的循環，或是小祕儀中從1到10的循環，都有著生生不息的意味，就算到了數字10這個象徵完成的位置，也都隨時可能從數字1再出發。權杖10通常象徵著行動的圓滿達成，這裡已經到達最終的階段，但權杖仍是權杖它不代表靜止不動，它可能是讓事物完整的最後動作，大部分辛苦的工作都幾乎完成了，但當事人仍須採許行動來維持事情的圓滿。權杖10在所有的數字當中算是比較辛苦的牌，由於權杖10象徵著行動的完整，有些時候暗示著當事人身負重責大任，他得付出許多心力來維持事情的順利進行。

　　此外通常馬賽塔羅牌的權杖10當中有擴大行動範圍的意味，前面說過10不只是一個終點，它很有可能進入下一個循環，特別當10出現在在代表行動的權杖牌當中，他很可能馬上擴大他的行動範圍，甚至準備進入下一個領域當中，這也同樣是辛苦的象徵，因為必須同時維持過去的努力，及朝新的目標前進。權杖10的逆位象徵著行動的失敗，很可能是當事人在最後一刻放棄了努力，或是忽略了繼續行動的重要性，當然權杖10的逆位也象徵著一個人野心太大，在前一件工作還沒完成時就準備要跳到下一個工作，這會讓他陷入工作或學習上的困境。

　　在偉特塔羅牌當中，小祕儀的權杖10雖然沒有在表面上畫出成功的意味，但是偉特卻在他的著作中曾提出說明，這張圖象徵著一個人搬運著10根權杖，畫面上很清楚的看到他承受了相當大的壓力，工作地相當辛苦。偉特認為權杖10通常帶來壓力，常見的狀況是事情的成

功之後卻帶來了辛苦的壓迫感，也代表了只相信事物表面的錯誤，有些時候是代表著沒有意義的成功，或是在成功的同時損失了某些事情。當權杖10為逆位時，也代表著麻煩與障礙。

案例

在同學聚會時，好久不見的老同學Tom聊到在公司因為擔任中階主管，有來自於上層主管的壓力，也有管理下屬的責任，事情好像永遠都做不完。在目前的職務上看不到升遷的希望，徬徨於該換工作還是在現職的公司繼續努力。另外三位小孩仍在求學階段，家中的經濟重擔完全落到他的身上，工作與家庭生活，都讓他有著快要心力交瘁的感覺。

我們透過塔羅牌來尋找解決之道，抽到的其中一張便是權杖10這張牌。我問Tom，在公司裡，你是不是不放心下屬的工作能力，凡事都要事必躬親的盯著大小細節不放。Tom表示因為擔心下屬若有什麼疏漏的地方，他需要承擔監督的責任，因此會事事都採取緊迫盯人的指導態度。

我告訴Tom，責任這玩意兒，既是主管的壓力來源，但相對的也是你之所以能夠被賦予榮耀之處。權杖10這張牌提醒你，現在到了可以適當下放責任的時候，不需要全部攬在身上，讓你的下屬去承擔他應當承擔的責任，這樣你會發現輕鬆許多。但也別忘記，在應該要把榮耀歸於下屬的時候，去分享那份榮耀，不要全部都想獨享。

聖杯10

聖杯10象徵情感上的圓滿，與當事人將享受一段和諧愉快的關係。如果這是有關愛情的問題，將會是一段充滿心靈上的滿足與喜悅的關係。更代表著情侶之間的關係相當穩固且和諧。

對於愛情或是其他情感來說，聖杯10是一張相當不錯的牌，用來解釋一般關係時，它可能代表著一段相當穩固的家庭關係，或是深厚的情誼，在這種狀況下人與人的關係充滿了信任，互動與瞭解，彼此的關係很難被破壞。

如果聖杯10出現在與工作有關的問題時，代表是一個相當成功的計畫

或創作能夠打動他人的心，所有的人都能夠感受到這個計畫所帶來的喜悅。通常當聖杯10出現時，它會帶給當事人相當大的喜悅，心情或心理狀態上的滿足與穩定，且不受壓力或是束縛。占卜對象或許必須付出，但是卻能夠因此感受到許多歡樂，對人生充滿熱情與希望。

聖杯10在偉特的塔羅牌中代表著幸福，聖杯在彩虹中出現，一對夫妻站在彩虹底下張開雙臂且相互扶持，這代表著深厚的感情基礎所帶來的幸福，而身旁正在高興跳舞的小孩們，雖然沒有看見彩虹或是經歷過這對夫妻的深刻情感，但是卻已經習慣活在幸福底下。這張牌意味著心靈的平靜與祥和，休息的狀態、喜悅與高興，當牌呈現逆位時，象徵著憤怒或是表面的平和。

聖杯10如果處於逆位時，通常象徵著不滿足，尤其是當事人在擁有一切之後，卻無法體會到快樂。其中包括了當事人，對於某件事情原本的熱切期望，被澆了一盆冷水。不過因為這張牌帶來強烈的幸福感覺，使得問題並未十分嚴重。

寶劍10

儘管寶劍牌組代表著對事物的理性理解，但是往往因為寶劍所象徵的破壞力而帶來許多負面的意義，這張牌也是許多馬賽塔羅研究者常常爭論的牌，究竟這張牌代表著全然的理解、精神上的幸福，或是代表完全相反的悲傷不幸與毀壞？

當十支劍出現在戰場上，它的破壞力的確不容忽視，不過從另一個角度想，這張牌不也正代表著因為領悟而帶來對過去的傷害？當這張牌出現時，對於過去的事物都會造成破壞，不過卻也因為知識理解與強壯的精神力量，反而帶來了新的希望。

儘管如此，我們還是不能忽視寶劍10在傳統的塔羅牌中暗示的傷心與破壞，寶劍10象徵著從四面八方湧至的危機，不過所有的馬賽塔羅學者都同

意，數字10代表的完成與完整性會確保寶劍10仍保有事物成功的預言，只不過這樣的成功要經過多少的努力，要通過多少的挑戰？寶劍的破壞力的確強大，但當事人只要有信心且不放棄，保持努力到最後一刻都有辦法可以獲得成功。

拿到寶劍10的當事人常會有一些特殊天分，這個特殊的才能讓他在眾人當中備受矚目，卻也常常引來許多困擾，這也是為什麼寶劍10的當事人想要成功得通過許多考驗。

當寶劍10處於逆位時，象徵著當事人失去對事物的判斷能力，很可能自恃甚高不聽別人的勸告，如此一來容易讓他在困難中不慎跌落陷阱，這時候他得重新體會他人給他的警告，才有可能敗部復活。

偉特塔羅牌正是呈現了部分塔羅牌學者對於寶劍10帶來痛苦的看法，一個躺在地上的人，身上插著十把劍，偉特藉這個解釋表達悲傷、痛苦與眼淚，不過他卻提醒我們這不全然是一張代表死亡的牌。當偉特的寶劍10處於逆位時，象徵著成功與對事情的優勢位置，但也並非永久的勝利。

金幣10

所有的金幣牌組強調了物質的特性，在所有的金幣牌組中一直在暗示著當事人不能只看事物的形體與存在，而忽略了精神上的幸福，經過了一連串的試煉，金幣牌組終於在金幣時達到了完美的境界，馬賽塔羅牌中的金幣10象徵著物質與精神上的滿足。最常表達的意思是豐收，金幣10出現的時候表示當事人的努力獲得肯定，這是一個收穫的時刻，現在的豐碩成果，是因為過去努力的付出。

金幣10也象徵著事物的完成與穩定的狀態，是所有的數字中能夠維持現狀最久的牌。但針對關係來說這張牌有些特別，通常金幣10象徵著緊密的家庭關係或是友誼，但在指向婚姻與愛情時，卻又太過強調關係所帶來的束縛，而產生的困擾。不過就算如此，金幣10仍然可以視為一張代表幸福與滿足的牌。

我的老師曾開玩笑的說，就算拿到這張牌的人，對他的愛情狀態有所抱怨，也是自己選擇的牽絆。因為就在享受幸福的同時，也是必須對家庭或是親密伴侶付出責任。

偉特塔羅牌的金幣10強調的是一份家庭關係，一個男人與女人站在一道拱門底下，在拱門之後的是他們的房舍，而牽著他們手的小孩好奇地看著一個老人與兩隻狗，雖然偉特並沒有多加解釋這些人的關係，不過卻明顯地呼應了馬賽塔羅牌當中的家庭關係。而家庭、財富、緊密的關係是偉特所要強調的重點，所以當牌處於逆位時，則代表著失去、災禍等。

透特塔羅牌

權杖10

對應名稱：Oppression
對應星座：土星射手座

數字10在卡巴拉生命之樹當中，是唯一存在於現實世界當中的數字，它就是一種存在的智慧。我們看到牌面上兩根權杖，壓制著後面的八根權杖。我們知道權杖8象徵的活動、行動等意涵，因此這裡的自由活動與行動，彷彿遭受到限制。這樣的限制有可能是出於為了保護你的理由，或是一種守舊傳統的觀念影響。

因此權杖10帶有一種受到限制而難以動彈的情況與感受。很可能當你為了理想目標正大展身手時，身旁的人馬上提醒你該考量的實際層面，不只是潑了一桶冷水，還讓你感到動彈不得。

另外一個層面，抽到這張牌也在提醒我們，是不是過於樂觀而忽略了現實層面的考量。建議在任何的行動展開之前，先做一番周延的思考再為之，會更加妥當。

聖杯10

對應名稱：Satiety
對應星座：火星雙魚座

由十個聖杯排列出卡巴拉的生命之樹，象徵著情感上的充沛飽滿，情緒感受可以充分交流，也可以提供他人源源不絕的滋養與照顧。

要留意的是，會不會因為情緒過於豐沛，而造成過於激動甚至是狂熱的可能。例如對伴侶的關懷照顧做得無微不至，不論是日常生活當中的大大小小事

情，穿衣吃飯都幫另一半打點得好好。但是只要伴侶沒有按照你的意見來做，你就會勃然大怒，認為他忽略了你的好意，卻沒想到你的情緒起伏，有可能已經過於激動。

寶劍 10

對應名稱：Ruin
對應星座：太陽雙子座

俗話說：「當一句話被說出來的時候，這句話也就被限制住了。」當一個念頭在腦中形成時，往往還有許多思考、判斷與調整的空間。一旦將想法表達出來之後，原本的念頭，便成為現實世界當中的具體言語，一方面是落實了想法，另一層面相對的也受到了限制。

我們在這張牌可以看到十把寶劍，同時指向中心點中的太陽。有可能暗示著一種言語上的重要性、因為表達出自己的想法而得到榮耀，但也可能象徵著自我的目標，受到許多不同考量點的質疑，而造成的傷害。

金幣 10

對應名稱：Wealth
對應星座：水星處女座

數字 10 象徵著一種事物的完整呈現，金幣牌組與數字 10 的結合，代表著一種物質資源的完成與落實。因此克勞力稱這張牌為財富、財產、資源。

拿到這張牌，代表著擁有許多可以運用的資源，這也引導出另外一個問題點，當可以運用的資源眾多時，哪些才是眼前最需要、最實用、最應該選擇使用、最能夠提供幫助的資產呢？因此，此時也是我們需要很理性判斷，找出最符合當下實際情況的資源，並且有條理的加以運用的時刻。

侍衛

　　所有宮廷牌的侍衛都代表著年輕人，並擁有著風元素的特質。侍衛代表的大約是指人生的青年與少年階段，這一段時間我們所著重的工作是學習人生的經驗，相對地我們也付出許多時間以服務換取經驗。在塔羅牌中，侍衛的角色包括了傳訊者、服侍者、學徒或學生，他也可能是第二張宮廷牌所象徵的王子，正在為他的未來學習以換取經驗。當然侍衛這張牌的角色很可能出現在年紀稍長的人身上，這時往往象徵著這個人的心智上仍舊保持一顆赤子之心，或是他喜歡讓自己看起來年輕甚至是孩子氣。

偉特塔羅牌

權杖侍衛

　　當權杖侍衛出現時，代表著當事人正捲入一項共同合作的計畫當中，他本身對這件事情相當有興趣，很可能就是這個計畫的發起人也不一定。權杖侍衛通常對未來帶著野心，他是所有侍衛當中最快也最容易成為騎士的人，不過權杖侍衛通常暗示著當事人對這件事情缺乏包容或容忍的態度，也因為他的太過理想性，對現實社會的接受程度也不高，因為權杖侍衛通常有高度的理想色彩，但卻受限於能力，而只能用模稜兩可的言語來描述自己對未來的看法。

　　如果說權杖牌組屬於火象元素，那麼權杖侍衛這張牌就是兼具火元素與風元素特色的牌。權杖侍衛通常代表一個充滿熱情希望的年輕人，他全身活力十足，有一定程度的自信與自負，也常常流露出對未來的野心，這種人對事物的看法較為積極樂觀，不過有時就是太過衝動不容易把事情想清楚，對於任何事情的反應他總是先做了再說，有時也會有邊做邊學的態度。這張牌也常常出現在年輕的創作者身上，包括藝術家或是喜歡文學創作的人。

　　在許多占卜中如果權杖侍衛不符合代表人的狀態時，他通常暗示著一個好消息出現，也表示某個行動將要展開，這將會是一個展現自我的機會，有時也暗示著當事人將會把最近所學的東西應用上，這正符合了侍衛牌當中以

行動驗證所學，也以行動換取經驗。

當權杖侍衛逆位時，常常暗示著行動太過於莽撞，太過於衝動，且當事人做事虎頭蛇尾不負責任。

聖杯侍衛

相對於權杖侍衛的行動表現，聖杯侍衛表現的較為內向，他們以感覺來學習，聖杯的強烈感受提供了當事人許多學習心靈與精神世界的好機會，雖然行動性並沒有權杖侍衛或寶劍侍衛來的敏捷。聖杯侍衛象徵著提供服務，通常聖杯侍衛表現在情感上的幫助與學習不只是愛情，許多時候包含友情與親情。

他或許不像寶劍侍衛給你建議、不像權杖侍衛拔刀相助，但是卻能夠在需要時及時出現給你安慰，並且穩定你的情緒。聖杯侍衛象徵著風元素與水元素的結合，去理解感性的世界正是他所要學習的目標；聖杯侍衛通常代表著一個敏感的年輕人，對於感情世界有許多的幻想，很像是兼善天下的博愛主義者。不過卻常常流於浮面的情感世界，而太過婦人之仁。或許這就是聖杯侍衛必須強調學習的原因，因為他們必須要瞭解，什麼才是真正的情感世界。

如果聖杯侍衛代表的並非人而是事情的話，那麼可能是一項關於情感的訊息，很可能是一封情書或是一通電話，也可能是一份愛的告白，有時代表一個願望，而當事人正在研究該怎麼實現這個願望。聖杯侍衛出現時，有時會暗示一見鍾情的狀況，或是一個朋友的邀約。

當聖杯侍衛處於逆位，常常是對感情不負責的狀況，在感情上當事人並不知道自己要追求什麼。

寶劍侍衛

當寶劍侍衛出現時，就算你的當事人不是學生，他也一定正在學習某件事情，寶劍侍衛代表著一個學習的計畫。如果他既不是學生也不在學習的狀態，那麼你可以大膽地警告他，生活當中正有某項小危機逼近，這個狀況將會讓他稍微受到挫折，而在這個危機當中最重要的是決斷與判斷，還有對事情的理解能力，如果這個問題與感情或人際有關，唯一能夠幫助當事人的方法，就是老老實實說出自己心理的想法。

VALET D'EPEE

PAGE of SWORDS

寶劍侍衛通常象徵著一個充滿創造力的年
輕人，在思考智慧與理解能力上都有著令人佩
服的表現，但是也因為太過自負，而喜歡耍小
聰明、開開別人玩笑或是說一些善意的謊言。
這樣的人個性獨立，不喜歡依靠別人，當他
和別人在一起時，雖然表面上很好相處，但是
要小心，由於他對自己的自負，所以很少聽進
去別人的建議，有時甚至會是一個獨斷獨行的
人。你要說他是一個獨裁者也可以，不過他不
會使用太過粗暴的手段，因為他的聰明才智，
會讓他以一些小手段得到想要的結果。寶劍侍衛出現時，代表當事人周遭正
出現許多警訊，不過能不能聽得進去，是一個重要的問題。

　　寶劍侍衛牌為逆位時，代表著當事人正承受一些壓力，並迷失了方向
甚至不知道自己該做些什麼好。其實這個時候，真正該做的是拋棄自負與成
見，聽聽周圍人的建議。

金幣侍衛

　　金幣侍衛是典型的學徒牌，金幣踏實的土元素特性，代表著一個溫和且
踏實的年輕人，內向不喜歡表現是最大的特色。不過他會在沉默與實踐中學
習，雖然金幣侍衛沒有寶劍侍衛或是權杖侍衛耀眼，但是他們踏實的基礎，
卻保證在未來可以有一番作為。

　　金幣侍衛的人對於處理物質與金錢相當有一套，除此之外他們常透過實
際的事物來學習，他們對於看不見摸不著的東西恐怕不感興趣。通常這樣的
人有著大家都看不見的野心。

　　金幣侍衛不代表一個人的個
性時，通常象徵著一個金錢上的
演變，小小的進帳或是損失；有
可能是他發揮專長所換來的一筆
額外獎賞、也可能是第一次學習
投資的報酬。金幣侍衛代表他試
著把所學變成有價值的事物，而
他對這些事情樂此不疲。金幣侍
衛帶來的消息與金錢有關，所以

VALET DE DENIERS

PAGE of PENTACLES

無論是好消息或壞消息，當事人都或多或少可以學到一些東西。而他過去所學到的知識，能夠幫助他賺到這筆錢或是避開一個更嚴重的錯誤。

當金幣侍衛處於逆位時，代表目前正處於一個揮霍無度的狀態，當事人對於金錢毫不在意，這樣的態度會讓他很快吃到苦頭，如果他不學著打點自己的財務，恐怕誰也沒辦法幫他。

案例

客戶 Carol 平時在台北工作，週末再回到新竹與先生共聚，近日她剛生了小孩，平時將小孩留在新竹讓婆婆照顧。這回她來找我做諮詢時，想問是否適合尋找在新竹的工作，方便搬回去照顧小孩。

抽到這張金幣侍衛的逆位牌。她表示會猶豫的最大考量點，就是兩地的薪資待遇有一些落差，目前的公司主管頗賞識她，提供的待遇也高出一般水準，若更換工作，怕減少後的收入，無法負荷家計。

我另外點出一個問題點，詢問她是否因為目前的薪資不錯，因此在花費上也比較不知節制，抽到金幣侍衛除了呼應她目前的心態是以金錢收入為考量點之外，也提醒著這是一個開始學習如何運用現有資源的開始，可以嘗試著去多思考、多學習。除了學習控制預算理性消費之外，若搬回去婆婆家附近，雖然實際的收入減少，但若婆家能夠提供些許支援，其實也是另外一種資源的增加。

透特塔羅牌

權杖公主

我們見到一位在火焰中舞蹈的公主，在此強調一種原始的生命力。她不畏懼挑戰，能夠勇敢面對所有新的事物，甚至能夠在挑戰中得到享受的樂趣。除了有滿滿的行動力與活力之外，有的時候也需要稍微停頓一下腳步，留意一下自己是否沒有看清楚方向，就過於衝動的悶著頭一直向前衝。或是只看到自己的目標、只關注在自

己的身上，而忽略了周遭的人也有其觀點與考量。

聖杯公主

這張牌非常強調情感交流與互動的特質。可能代表著對於情感表達正處於學習階段的人，例如剛開始談戀愛的年輕人，往往會希望能夠時時刻刻都與情人熱線互動，最好能夠天天見面，但是也需要學著體諒對方也有他自己的生活與空間需要顧及，因此如何拿捏兩人之間的相處，如何能夠讓對方知道自己的心意，但是又不會造成對方的壓力與負擔，是需要學習的一個課題。

寶劍公主

寶劍公主意味著她的思想是非常活躍的，有一個接著一個的念頭，彷彿腦袋中一直在運轉，沒有停歇的時刻。也因為如此，她也有著思慮過多與紛亂的個性，很容易陷入某些爭議或麻煩之中。拿到這張牌，需要提醒當事人，懂得適時釐清自己的思緒，採取理性切割的行動。

金幣公主

金幣公主與物質世界有深刻的連結，如果要形容一個人的特質，她有著凡事從實際層面做考量、謹慎、保守的個性。例如：打算利用連續假期與男朋友出國旅遊，在選擇要去哪個國家時，她並不是選擇自己心中最有興趣的國家，而是以前往不同國家的費用多寡來做為決定旅遊地點的考量。

騎士

你對中古世紀的騎士精神瞭解多少？

別以為騎士只是乘著馬在戰場上衝鋒陷陣而已，無論是在印度的種族制度或是封建時期歐洲的騎士，他們都有著服從領主命令，保衛領主與婦女小孩的責任。他們講求榮譽也重視自己的表現，從法文的文字學來看騎士「le cavalier」和能力「cabale」這個字有著非常接近的字源，在塔羅牌當中騎士牌也代表著執行某件工作。騎士多半帶有火元素的特色，那就是行動與創造。

偉特塔羅牌

權杖騎士

權杖騎士是火元素中的火元素，代表行動、榮譽與勇氣，他們重視自己的名譽勝過一切，拿到權杖騎士的當事人面對事情時，寧願手無寸鐵的面對困境，也不願意做出讓自己不光榮的事情。他們誠實、忠誠、堅強，特別在精神或是信仰上有著無限的勇氣。權杖騎士常替當事人帶來冒險的精神，或是一段旅行。他們多半是愛作夢也努力圓夢的人，和權杖侍衛不同的是，他們創造或是改造世界，對於陌生的事一點也不會害怕，反而將這些挑戰視為一項樂趣，或是獲得榮譽的途徑。

權杖騎士常暗示著一個執行的狀態或是開創的狀態，他們希望事情能

夠更為堅固完備，當事人沒有休息與停止的權力，他必須保持動態也不忘隨時保持樂觀。權杖騎士常常替人帶來好消息，或是獲得援手，而使一直處於困境停滯不前的狀況明朗化，不過當事人必須注意一個前提，那就是無論面對別人或是自己必須保持誠實的態度。再加上，他們的個性容易衝動，所以有時會做出一些讓周遭的人覺得不舒服或是被傷害的事情。

當權杖騎士牌為逆位時，代表這個人做事虎頭蛇尾，沒有什麼耐性。有時候是象徵一個

人的壞脾氣，在平常這些小缺點或許因為他們的熱情而被容忍，但是當牌為逆位時，這些缺點將變得讓人無法容忍。

聖杯騎士

聖杯騎士的出現經常帶給人們好消息，或許是一種單純的喜悅或是情感上的滿足，當然如果你要說聖杯騎士暗示著愛情的好消息，像是一項告白或是求婚的行動那也可以。當然，他也很可能只是單純的代表一段令人快樂的時光，例如：一個朋友的邀約。

聖杯騎士正象徵著情感上的活動，從情緒上來說包含了一切讓人感動與喜悅的事情發生。若從關係層面來看，代表當事人與他人的關係建立，當然這段關係也會帶來精神上的滿足。

聖杯騎士代表當事人有著善良的心，他樂於採取行動與人分享情感世界的美好，從性格上來分析，聖杯騎士代表著一個纖細敏感、對事情感受力強且包容力強的人，他們的主動出擊並不具有權杖騎士的爆發力，但是他的善體人意讓他自願與主動的保護或支援其他人。

他採取的行動經常是替周遭的人設想，只有在情緒紛亂或是受到情感刺激時，才會讓他亂了方寸或是傷害到其他人。這些都是因為水元素的情感左右著火元素的行動，使得這樣的人通常具有忠誠、迷人且容易溝通的特質。但是他們也容易受到他人的影響。比起其他的騎士牌來說，聖杯騎士顯得脆弱許多，在受到刺激時比較容易退縮。

當聖杯騎士牌為逆位時，情況變得不太樂觀，當事人容易受到情緒的困擾，也暗示著這個行動會因為和他人的關係破裂而失敗。更特別的是他代表一個我們無法猜透的人，或許表面上顯的有些脆弱，但是卻擁有許多負面的個性，在和這樣的人接觸時要更加小心。

寶劍騎士

騎士牌讓寶劍牌組的破壞力出現在正確的位置上，通常寶劍騎士象徵著一個勇敢面對問題的人格特質，他們的勇敢與熱情不像是權杖騎士一樣為了自己的榮譽，寶劍騎士樂於替人解決問題，就算對方和和他並不太熟，寶

劍騎士也會樂於拔刀相助，因為騎士火元素的主動特性，讓他們喜歡挑戰困難，當寶劍騎士出現時，你的當事人容易受到別人相助，而這些人單純只是因為喜歡挑戰困難、幫助別人。而他們的幫助多半比較傾向於精神性，比如說給予建議或是分析問題與狀況。當這張牌出現時，常象徵著一些特殊的職業，例如：心理醫師、心理諮商師、律師、諮詢人員等。

寶劍騎士常在困難的狀況時出現，不過可以稍稍放心的是當事人並不會一個人孤獨的面對困難，所有的騎士都象徵著支援，與他人並肩作戰以輕鬆過關，通常寶劍騎士出現，就代表問題的狀況並不會持續太久，但是有幾件事情必須注意，在回應或解決問題時，一定要很快地採取行動，大膽且不要猶豫地立即做出反應，拖延只會讓這樣的困難變得更嚴重。

當寶劍騎士為逆位時，就象徵著困難被拖延，也因而變得更加嚴重，若是詢問一個人的人格特質，那麼這個人喜歡批評別人，有許多負面的想法，常帶給人沮喪的消息或是喜歡潑人冷水。

案例

Mary 在與交往多年的男朋友分手之後，來找我做塔羅牌的占卜，代表結果的一張牌，就是寶劍騎士。我提醒 Mary 除了因為無法化解分手而造成的傷痛、在意男朋友會不會回頭這個問題之外，也可以利用這個機會想一想，自己的心中是否有想要去做，但是之前因為顧慮到男朋友而未曾進行的目標或計畫。

Mary 表示她一直想要去日本進修，但是礙於不願與男朋友分開太久，因此把這夢想擱在心中。我便鼓勵 Mary，寶劍騎士可以意味著因為某些傷痛而展開的行動，或許現在這個時刻，正是你去重新拾起進修這個目標的好機會，一方面既可以稍微排遣一下分手的傷痛，也能夠讓自己得到很實際的學習收穫。

CAVALIER DE DENTERS

KNIGHT of PENTACLES

金幣騎士

　　金幣騎士常象徵著與金錢有關的行動，特別是與我們利益有關的事情。例如：一項對當事人有利的買賣，或是一項投資行動；如果一個人想要詢問有關工作上的問題，金幣騎士不只代表一項收入，更代表加薪或是業務上的獎金，金幣騎士除非是處於逆位，否則都會帶來正面的收入，不過有一件事情除外，那就是報稅，正因為騎士常常帶有與金錢有關的宣告，當然也與稅務方面的事情有關係，所以金幣騎士處於逆位時將會有支出的狀況。

　　金幣騎士通常描述一個人的行為是誠實與踏實的，在所有的騎士牌中他的主動意願較低，也不喜歡聲張。他的驅動力來自於責任，因為金幣牌組所象徵的土元素帶來保守與自我保護的特性，使得這樣的人喜歡躲在面具的背後，他們不喜歡表現出自己的情感，也盡量不要干涉別人的事物，但是卻常常介入與金錢或仲介有關的事物，像是類似財務諮詢、保險經理、股票或稅務。

　　不過當金幣騎士處於逆位時，常常暗示著事物陷入困境，我們可以從幾個狀態來推測原因，最常出現的狀況是財務的支援不足，再不然就是受到他人從中干擾，比較糟的狀況是，我們通常無法掌握是誰在干擾我們。有時金幣騎士也可以解釋當事人缺乏實際行動的意願。

透特塔羅牌

權杖王子

　　牌面使用了大量的紅色，加上駕馭馬車的圖像，這裡強調著看見目標會主動出擊的特質，不論是行為上的主動，抑或是思想上的計畫。這是一個有自信的人，在某些極端的時候，甚至會讓旁人覺得有些過於自大與狂妄。這也提醒我們在展現生命力與活力的同時，莫忘記自己具有控制與駕馭的能力，而不是像點了火的沖天炮一般，只能夠往前衝，要懂得該停的時候，必須要適時的停下來。

聖杯王子

個性上也可能有些許的衝動，當一個人從強調平衡與和諧的環境中，轉換到重視深刻情感與內在感受的環境時，必然會受到許多的衝擊，需要一些時間去調整適應。克勞力說這不是一張輕鬆容易的牌，因為他需要了解如何駕馭理性與感性兩種特質，目前他尚且無法正確的拿捏其中的分寸，一切仍在學習當中。王子背後出現的濃密雲霧，亦重複了龐大壓力的意涵。

寶劍王子

寶劍王子象徵著一位非常重視學習與思考的人物，個性上有著強烈的理想性，相信未來的世界會更加美好。在他的腦中，總有著許多的念頭在轉動，要懂得控制自己腦中的思緒，小心不要成為一位空想家，要懂得化理想為實際的作為，將自己的種種構想具體落實在現實的生活當中。

金幣王子

從只關注自我本身，到明瞭自己擁有那些資源與幫助。對於什麼叫做實際的看法、什麼是務實的態度，有自己的一番見解，能夠有計畫、有系統的將所擁有的資源做好安排。如果我們留意到金幣王子頭上的牛頭圖案，兩旁還有翅膀，在真實世界中是沒有這種生物的，克勞力用這樣的圖像提醒我們雖然金幣牌組與金錢、物質有關，但是不要忘記王子所象徵的風元素特質，當這金幣王子出現時，告訴我們需要兼具土元素與風元素結合的特質。

皇后

在塔羅牌中皇后是女性的代表，除了年紀較小的少女之外，大約是二十歲過後的女生都可以用皇后來比喻，除了性別上的考量之外，個性上具有的陰性特質強烈的人，也可以是皇后牌所象徵的人物。皇后牌組最主要代表的是女性或陰性的特質，其次代表的是生產與創造。在歷史中皇后的地位往往與國王相輔相成，只不過她們聰明地把冒險與責任交給男人或陽性特質強烈的人去承擔，所以皇后牌所代表的人物在籌畫的工作上，具有相當好的能力。

偉特塔羅牌

權杖皇后

權杖皇后所代表的女性通常具有嚴肅與誠實的特質，她們熱於追求生命中的理想事物，也擅長社交生活，這些女性的身上總是散發著迷人的特質，讓人不由自主地想要靠近，在所有的權杖宮廷牌中，這是較為熱情的牌，面對困難時他們比起其他的皇后牌更有勇氣去挑戰，也能夠保持理智，他們知道他們的聰明與智慧會幫助他們走出困境，不過他們仍然容易受到情緒的左右，通常在與情感有關的事情上，不太容易控制自己的情緒，甚至會毫不猶豫的表示出自己的嫉妒與不悅，因為水元素是皇后牌的特質，象徵著情感，而權杖又是代表著行動的火元素，簡單的說他們很容易直接表達自己的情緒或情感。

如果權杖皇后描述的是一個狀態時，指的應該是感到榮耀的時刻，不過正因為權杖牌的行動特性，所以在榮耀之前一定會有辛苦地付出，你可以大膽的預測，當事人將會有一段生命的小考驗，特別容易出現在工作與物質生活上，當他在回答如何應對或解決問題時，我們得強調權杖皇后身上的特質，那就是融合了勇氣、熱情、行動、實踐、與理解的能力。

當權杖皇后處於逆位時，事物的狀況的混

亂不在話下，通常包括了努力錯方向、使用錯方法，或是將氣發在錯誤的人身上。當然也包含了容易表現出猜疑與嫉妒的特質。通常暗示一段工作與情感都不如意的時刻，我們也常發現當事人會讓工作影響感情或是相反地讓感情左右了工作，要他們冷靜下來恢復理智才是首要的目標。

案例

　　Ava 是一位飛長途航線的空姐，她對於生命有很大的熱忱，認為目前的工作，讓她能夠到世界各地去親自體驗各國風俗民情，而且她可以接觸許多不同國家、不同文化的人們，在航行途中照顧乘客們的大小事情，這樣需要付出關懷的工作，讓她感到非常的光榮。另外在忙碌工作的閒暇之餘，她會到醫院去做義工。某次針對她的人生規劃的討論時，象徵著她的個性的一張牌，就是權杖皇后。

聖杯皇后

　　聖杯皇后是水中之水，由於皇后與聖杯都是水元素的象徵，沒有人比他們更重視人與人的互動，也沒有人比他們更容易受到他人的影響，水元素的情感特質，讓這些女性表現出了纖細敏感，對於周遭的一切變化都能夠敏銳的感受，溫柔、善體人意、包容且有耐心，他們特別有能力化解衝突，或是拉近人與人之間的關係，對於周遭的人他們也相當地瞭解，因此可以給人適當的建議，面對弱者他們會以保護者或是母親的姿態出現，不過相反地，在某些時候他們會表現出需要保護、依賴以及情緒化的特質。

REYNE DE COUPE　　QUEEN of CUPS.

　　當聖杯皇后描述的不是一個人，而是一個狀況時，指的是一個感到幸福的時刻，跟所有的聖杯宮廷牌很像，他可能暗示著一個充滿心靈感動的時刻，例如：因為愛情的告白或是其他事情而感動。聖杯皇后帶來幸福的時刻，他也可以是一個溫暖的家庭聚會，像是傳統的節日裡家族成員相聚時帶

來的溫暖。因為聖杯皇后的感受力十分強烈，他甚至很可能只因為一件小事而感動，並不一定是當事人本身的事情，有時只因為他所喜歡或重視的人有好消息，就可以讓他感動萬分。不過水元素的情感常常讓人模糊焦點，聖杯皇后的弱點就在於容易感情用事，他不會像權杖皇后一樣衝動，但卻會表現出退縮的態度，或是任由他人處置事情，在聖杯皇后逆位時，這樣的狀況特別明顯，除非當事人釐清自己的情緒，否則事情很難圓滿解決。

寶劍皇后

這是 一張兼具理性與感性的牌，寶劍的理解力加上水元素的情感體驗，讓他們的生活充滿了美感，不過就算是寶劍皇后兼具了這兩種美德，但是也總是理性多於感性，我們可以說寶劍皇后代表一個重視頭腦思維的女人，他們對於事情很有企畫組織能力，之前我們說過在宮廷牌中皇后與國王是一體兩面的狀況時，最能夠代表的就是寶劍皇后，她可以聰明到獨攬大權，可是卻將大部分的冒險、責任與榮譽交給男人負責，她享受在後面操盤的樂趣，瞭解自己可以做到什麼樣的地步，敢作敢當，面對事情的抉擇時常常毫不猶豫，有時會對周遭的人產生殺傷力。

比起其他的皇后牌來說，寶劍皇后比較不容易受情感或是他人的影響，她們有自己的主張，擅長用情感去控制他人，以幫助她達成目標。當然在大多數的時候，他們也樂於用聰明的方法幫助她想要幫助的對象。寶劍皇后出現在對事物有領悟理解的時刻，這是我們最常見的狀況，所有的皇后牌都代表著感受；權杖皇后感受行動、聖杯皇后感受情感、金幣皇后感受物質，而寶劍皇后感受理解領悟與才智，她們常常毫不猶豫地展現這個能力，有時會讓人感覺她們想要獨攬大局，就算她們口中不說，但是別忘記在大祕儀的牌中，皇后負責生產，國王才負責統治與管理，而寶劍皇后想要的就是對理性與智慧甚至是權力的擁有。當這樣的情況為逆位時，暗示著一個喜歡操縱別人的女生，她擅長利用他人達到他的目的，卻吝於付出情感，許多風相星座在陷入負面想法時常拿到這張牌。

金幣皇后

金幣代表金錢與物質，如果你認為金幣皇后只代表一個有錢的女人或

是女商人，那麼想成為一個好的占卜師，你還得多多進修與充實自我。金幣與其說是金錢還不如解釋為物質世界，金幣皇后所代表的女人不一定有錢，但的確有許多安定的特質，她們對於生活的品質相當重視，希望可以活得安穩自在，這樣的快樂是由於她們不用擔心挨餓受凍而感到滿足，她們不會要求更多，更不會貪得無厭，到鄉下去走走，看看農村裡辛勤耕作

知足的農婦，他們沒有太多的物質享受，無法想像奢華的上流社會生活，可是卻比那些有錢人快樂上一百倍。金幣皇后所代表的絕大多數是這樣的人，不管他們有沒有錢，他們卻通常擁有大量的生產與創造力，當然也包括她們的子女。

如果所指的不是一個女性，金幣皇后出現時暗示著感受金錢或物質生活舒適的時刻，絕大多數會出現在一項讓當事人心情愉快的買賣上，例如：他感受到對那件物品的擁有。當金幣皇后出現時常暗示著出現了某一項物品、工具或是技能，以幫助你在物質生活上更加滿足，或幫助你賺更多錢也不為過。金幣皇后強調對物質生活的感受，通常這樣的暗示也很可能是一段享受的時刻、一個舒適的環境、一頓美好的晚餐。

當金幣皇后處於逆位時，她們會變得無法理解金錢與物質世界的真正意義，吝嗇、寒酸，就算有錢也都不懂得享受，這樣的人也常讓周圍的人覺得不舒服，她們太愛計較且相當的自私，喜歡佔有物質，而這些也都是問題的癥結所在。

透特塔羅牌

權杖皇后

權杖皇后被繪製成非常巨大的模樣，左手拿著很龐大的茴香權杖，右手撫摸著一隻豹的頭。在這裡成功的塑造出這位女性對於控制力的展現。因此抽到這張牌，往往對應著一位有強大掌控性的人士。而他也具有一定程度的實力，才能夠如此驕傲的呈現出盛氣凌人的態度。

聖杯皇后

透特塔羅當中的皇后牌，都帶有某種程度的控制性。而聖杯皇后要控制的是情緒與感受層面。抽到這張牌時可以問自己，那些事物可以帶給我安全感？我是否過於依賴某些事物所帶來的安全感？是否有什麼隱藏在表象之下的無意識的流動，被我忽略了？

寶劍皇后

這裡象徵著一位思慮過多、思想澎湃的人，但是他能夠在思考之後，將不合時宜、已經過時落伍的想法汰換掉，接受新穎的、符合現代潮流的觀念。牌面上出現大量的雲朵，以及向下的寶劍，暗示著能否不受幻想的牽絆，留意思考的方向是否踏實、是否符合具體的考量。

金幣皇后

這是四張皇后牌當中，唯一一張沒有用手控制著動物的一位皇后，加上牌面上綠色的植物生長的非常茂盛，暗示著她鼓勵生育、鼓勵生命力的展現。象徵土元素的金幣與象徵水元素的皇后，可以想像一片土地受到了水的滋潤，因此而能夠生長萬物，再次強調了生命成長的特質。

國王

在塔羅中，國王象徵著成熟的男子，他們無論在社會經驗或是感情生活上都有一定的歷練，或是在事業或家庭上有一定的責任，如同大祕儀當中的皇帝。國王同樣有統治管理的意味在，馬賽塔羅牌中所有的國王都有著8字形象徵力量的圖騰，象徵著權力（能力）以及責任，我們若從他們所代表的元素意義，與權力責任來對照，就能夠發現宮廷牌當中國王的含意。

偉特塔羅牌

權杖國王

若你仔細比較偉特塔羅中四個國王的神態，你會驚訝的發現一個奇怪的共通點，幾乎所有偉特塔羅當中的權杖國王都被畫的很年輕，其次是寶劍國王，他給人的感覺稍微再成熟一些，但是與滿臉長鬚的聖杯國往還有金幣國王比起來，權杖國王的相貌簡直可以當他們的兒子。

依靠行動的權杖騎士是獲得領土、榮耀以及他人敬重的最快途徑，這也是為何權杖國王如此的年輕，通常出現在許多剛開始展露野心的成年人身上，有時二三十歲的人也會拿到這張牌，他暗示著當事人將要開始掌握一個具體的行動，這與他的成就以及社會地位，並且他對這個事件有著絕對的責任，他負責建構規劃以及管理，當然這樣的責任並非偶然，從過去的表現他已經獲得絕大多數人的信任，所以大家才會將這個行動的主導權交給他。

權杖國王出現時也帶來挑戰，當事人需要有更大的勇氣、熱情以及正直的態度，不過相信經由這次行動所帶來的美好成果，將會產生巨大的影響，甚至可能影響當事人周遭並且維持很長一段時間。與工作有關的問題時，正如同我們之前的描述，可能是關乎著責任，他可能會負責一個專案或是部門，或是一項行動，對於金錢相關的事必須小心翼翼，容易因為粗心而出錯，關於感情時權杖國王常帶來兩件消息，第一是結婚，第二是生子，因為這兩件事情都與行動的責任有關，而且不要忘記，他們正符合所謂的略帶困難、需

ROY DE BATON

KING of WANDS

小祕儀

179

要努力，且影響長久擴及周遭人的事件。

權杖國王牌為逆位時，暗示著將會是一件困難的工作，努力很可能白費，當然這也暗示著當事人可能會有些自大、專制、自私的毛病，有時代表著毫無精力的人。

聖杯國王

聖杯國王所要負責的是情感上的責任，你或許會猜想在相關的事件上他們是不是也代表著一段婚姻？沒錯，聖杯國王的確也有結婚的象徵，不過老實說這只是他責任範圍的一部分，聖杯國王的情感責任還包括了家族中的其他成員，包括他的父母兄妹以及周遭的同事鄰居之類的，通常聖杯國王會帶來令人喜悅的好消息，不過隨著這個好消息而來的，卻是更多情感上的責任，當事人必須以誠摯的情感來面對，完全無私甚至犧牲的付出，雖然有點辛苦，但是卻會替當事人帶來更多情感上的滿足，聖杯國王在情感與家庭上的責任重大，也常常涉及這些領域的問題。

如果要描述一個男人，聖杯國王的年紀稍長，想想看一個人在何時才能學會成熟的面對感情？別以為談個戀愛結了婚就算是成熟了，若真是如此，這個世界也不會有那麼多家庭失和或是單親家庭了，這也難怪偉特塔羅牌上的聖杯國王鬍鬚灰白看來有點年紀，在個性上當事人心地善良，對事情很有包容的能力，他也很能夠融入他生活環境當中的每一個事件，他喜歡為他人付出，常常是我們口中的的老好人，有時甚至可以到爛好人的地步，儘管如此，大家還是相當喜歡和他接近，只因為他常常帶給別人幸福。

當聖杯國王處於逆位時，最明顯的是這個當事人特別濫情，有時後太過情緒化，他可能為了某些芝麻綠豆的小事動則落淚或是氣憤，難以掌控情緒就是聖杯宮廷牌在逆位時常有的特色。當然聖杯國王逆位時，會帶來許多複雜的情感問題，暗示著當事人無法逃避的責任。

寶劍國王

寶劍國王年紀稍微比權杖國王大一些，你如果要說他們幾乎有著相同的年紀我也不反對，但從神情上來看，寶劍國王的表情更為嚴肅且專注，寶劍

Emily 有兩位覺得不錯的對象,不知道該選擇哪一位做更深入的交往。在使用二擇一牌陣時,對於其中一位對象的描述便是聖杯國王這張牌。Emily 表示,其中一位對象 Ben 是位個性溫文儒雅,書香世家出身的人,平時最大的娛樂,跟 Emily 一樣是閱讀,兩人對於作品的偏好相近,聊起古典文學時非常有共鳴。

最大的問題點在於,Emily 的性格中有著愛打抱不平的俠女個性。有次兩人在路上遇見有人插隊,Emily 才開口糾正對方不應該插隊,話都還沒講完,就被 Ben 給拉到一旁,並且告知現在社會風氣不佳,見到這種事情,當作沒看到就好,不用跟對方一般計較,更不需要見義勇為才是明哲保身之道。這樣的舉止讓 Emily 覺得太沒有男子氣概了!但話雖如此,我也提醒 Emily 可以換個角度思考,Ben 的個性也正好符合了聖杯國王所象徵的能夠包容他人行為的善良特質。

國王代表的是思考判斷的責任,從人生的階段來看,思想與學習的責任要比情感責任和金錢物質責任來得早一些,幾乎是與工作事業的責任同時,由此我們可以了解為何在牌面上寶劍國王和權杖國王看來年輕許多,正是因為他們代表的領域處於人生的較早階段。

寶劍國王象徵著一個果決理智的男人,他用過去的經驗來衡量人世發生的事情,給予公平客觀的決斷,有時寶劍國王常代表著法官或是仲裁者甚至是事物的決策人,他的責任是維持大自然或是社會的法則與秩序,這難免與自然的人性有所衝突,於是傷害與破壞在所難免。

除非你是一個學者、律師、法官與法律有關的從業人員,或是替公眾執行任務的公務員,否則寶劍國王出現時很少帶來令人愉快的消息,常常出現在緊急的狀況、需要立即處理否則後果不堪設想的時刻。他也同時暗示著許

多法律責任，寶劍國王出現時，上法庭、介入官司或是介入某件評斷仲裁的事件將無可避免，衝突、轉變、甚至是維持秩序所引發的暴力也都很容易出現在寶劍國王的意思當中。特別是在寶劍國王處於逆位時，這樣的殺傷力加重，而且原本維持的公正性也消失了，常常暗示著許多殘忍的暴力事件，或是黑暗的司法以及不可告人的醜聞。而逆位的寶劍國王，象徵著一個沒有耐性且脾氣壞容易緊張的人，多半也暗示著脆弱的精神或是精神方面的疾病。

金幣國王

在事件上，金幣國王理所當然的代表著物質事件的責任，在生活中，他也可能代表一件重大的物品交易，當然這不是上菜市場買買菜這類的交易可以比擬，買輛車、買房子，買一件重要或是珍貴的物品，都有可能是金幣國王要暗示著事情。如果你所從事的工作與財務或採購有關，那麼金幣國王就代表你目前正涉及一件重要的交易工作，你將會承擔大部分的責任，這件事情的成功不只能替你帶來金錢上的回饋，也代表了你的金錢管理能力成熟，足以負擔重責大任。

一個人需要多久時間的訓練才能夠有能力應付所有的金錢狀況？並且獲得完全屬於他的成果，他的產業？假設他沒有一個有錢的老爸，又不是一個擅長理財與管理的土相星座，那麼擁有「穩定的」財產通常也要等到四十多歲，我們可以把四個塔羅國王看作是人生當中不同領域的責任挑戰，那麼金幣國王所期待對巨額財產的擁有，恐怕需要較長的時間。

金幣國王通常也代表著一個生活穩定的男人，他在事業以及資產上都有一定的基礎，如果當事人不符合這樣的角色，那麼這個人與他的金錢與工作有關，比如：老闆、父親、客戶、銀行經理等等。這些人有時心地善良願意與親近的人分享財物，且對於金錢與商業交易有著相當強烈的興趣，不過他

ROY DE DENIERS

KING of PENTACLES

們也常常誤以為藉由物質的控制，就可以掌控一切，這個想法往往會帶給其他人困擾，甚至他們自己也可能因為這樣的想法，而失去更多珍貴的事物，如情感、生活等。金幣國王逆位時，這樣的情況相當的嚴重，當事人往往會有嚴重的財務問題，他必須扛起極大的責任，通常金幣牌組帶來的問題會歷時很久，所以請當事人要有心理準備。此外，逆位的金幣國王，代表著一個一毛不拔的人，或是固執不知變通的人。

透特塔羅牌

權杖騎士

    這是一張非常重視生命力的牌。象徵著擁有十足的活力，不論年紀多大，依舊熱愛生命。這張牌也具有高度的冒險特質，喜愛挑戰、喜歡刺激的事物。有時候我們會看見一些報導，例如某位年逾九十的老太太，歡喜的去參加高空跳傘，雖然年紀不能算是騎士牌通常所象徵的壯年，但是這樣的個性確實就很像是權杖騎士的展現。

聖杯騎士

    這是一位具有同理心的領導者，他總是能夠設身處地站在對方立場來考量，善待身邊的人，隨時展現出溫和親切的個性和態度，而大家也因為這樣的特質，願意接受他的帶領。當出現這張牌的時候，斷然的說對方一定是一個花心的人，這樣的指責並算不公允，或許他只是比較多情而已，一切還需要綜合判斷才會更完整。

寶劍騎士

    對於自己的想法比較堅持，遇到他人有不一樣的想法時，會基於捍衛自己的理念而產生爭執。往往讓人覺得是一位愛爭吵的人，而忽略了他的出發點是在捍衛自己的思想理念。這也象徵著思想上的多變性，因此若討論到情感的層面時，有隨時轉變方向的可能。

金幣騎士

    牌面上可以見到已經結實累累的稻穗，騎士手中也拿著拍打採收稻穗的工具連枷，而克勞力曾表示：金幣騎士的特質，在於重視食物的生產。因此這張牌強調了重視實際物質、重視具體成果的展現。

chapter5
占卜方式、牌陣、禁忌

　　我在猜想有哪些人會老老實實的把前面四個章節都看完，然後才開始練習占卜呢？很多人一拿到塔羅牌之後，就會忍不住想要開始練習吧。如果真的那麼心急，那麼一定要平心靜氣的看完這一章，就算你是一面翻牌一面翻書找解釋，也是一種學習的方式。不過千萬不要用這種方式幫人占卜，這太沒有職業道德了，在你還沒有確切掌握牌義時，不要急著幫人占卜，因為有可能會做出些讓自己後悔的解釋。

　　如果你這麼心急，那麼請至少先給自己一個月左右的時間，熟讀大祕儀二十二張牌的牌義，然後開始嘗試占卜，在替自己與別人占卜的過程中可以學習到更多的經驗。有些人把七十八張牌的解釋都背得滾瓜爛熟（當然也有人只用二十二張大祕儀牌），有些人記憶力差，靠的則是經驗與天份。我從占卜大祕儀開始到把大小祕儀熟悉的過程花了十年，當然不是所有的人都跟我一樣笨拙，得花上十年功夫。但是這當中的生活經驗，卻讓我的占卜更為精準。好的塔羅占卜師倚靠的是對西洋神祕學的充分瞭解，以及豐富的生活體驗，這對做出準確的判斷有很大的幫助。有人不怎麼用功依靠的是天份，這可不是任何人都辦得到的。此外常有人占卜得很準，卻解釋得很糟糕，這種現象最常發生在年輕的塔羅占卜師身上，當然是因為生活經驗、人生歷練不足所致。所以保持開放的胸襟、體驗生活、豐富生活經驗……將會對占卜的精進有非常大的助益。

　　講到這兒，相信你已經迫不及待躍躍欲試。所以，讓我們趕緊踏上占卜師之路吧！

Four of Wands

U.S. Games System／幻想塔羅（Fantastical Tarot）

占卜師之路

首先，先來瞭解在占卜的過程中有哪些事項必須注意：

step1 必備工具

一張桌巾（任何顏色都可以，不同顏色有不同的效果，深色可以集中精神、紅色容易帶來啟發、藍色暗示著冷靜思考、白色強調聖潔與保護）。

一副塔羅牌（二十二張的大祕儀或七十八張的大小祕儀皆可）。

step2 占卜的地點

很多初學者喜歡在咖啡廳或學校裡替人占卜，年輕時我也犯過這樣的錯誤。事實上這不是一個很適當的做法，因為吵雜的環境無法讓占卜者與當事人靜下心來用心感應。特別是當其他人在場時，雙方的注意力往往更容易混亂、受到影響。

當我在替人做收費占卜時，我會要求與對方同行的伙伴到外面或是我們看不到的位置去，以免因為其他人的存在而干擾到整個占卜的過程。

適合占卜的時段一般沒有限制，但最好是在占卜者與當事人精神狀態都很好的時候。

step3 占卜的時間

幫人做占卜時最好有時間限制，有時候當事人會對著一個問題窮追猛打，或是一直說：「再算一個就好了！」結果一耗下去就是一整天，如果覺得不耐煩，你可以坦白的說：「我今天的力氣已經用光了，再算下去會不準！」讓對方打退堂鼓。有許多當事人，總是賴在占卜者旁邊，一定要問到得到他想要的答案為止。如果你發現了這種意圖，可以告訴他：「塔羅牌只是給予建議，並且依據你的行為做未來推測，如果得出的不是你想要的答案，可以參考我的建議改變調整心態和行事態度，塔羅牌只能給予指示和建議，並沒有改變未來的魔法，只有當事人自己才有改變未來的能力。」

step4　牌義的解釋

許多人在占卜的時候常常不知如何完整表達牌義，就算不是初學者也都有這樣的困擾，尤其是在象徵阻礙的位置，卻出現類似像太陽這一類的大好牌時；或是在詢問情感問題時，卻跑出金幣牌或是權杖牌組，這會讓某些占卜者兩眼翻白、喘不過氣地拚命找藉口。

這是太過依賴書本的解釋所造成的後果，書本所能提供的只是基本概念。無論是占星或塔羅解釋上，我都建議使用關鍵字解讀法，而不是死讀書。

這裡提供一個方式，就是將牌的基本概念記下來之後，隨著不同的狀況解讀牌義，久而久之就不會有看到牌，卻不知如何解釋的糗境了。

step5　占卜時應有的態度

每一項職業都有其必備的職業道德，占卜師最常遇到的問題就是「誠實」！占卜師必須捫心自問，是否因為利益而扭曲占卜的結果？如果答案是肯定的，那就是一個不合格的塔羅占卜師，誠實的詮釋牌義是塔羅占卜師應該做的事情。

在某些情況下占卜者必須注意到語言的影響力，例如：當你發現答案將會影響當事人對生命的態度，或有可能產生負面影響時，你必須小心選擇詞彙，這不是欺騙當事人，而是要更謹慎的選擇詞彙去表達占卜結果。

面對一個有可能自殺，或是一旦聽到結果會完全放棄努力的當事人時，你要減少負面的描述字眼，不必覺得矛盾或是不誠實，這個時候占卜師的最重要工作就是指出問題癥結，建議他做什麼樣的修正，以求問題獲得最好的結果。

老實說，在這種攸關生死的問題上，必要時我不會正面回應，若當事人一再追問，我會選擇以下的說法：「塔羅牌並沒有顯示明確的結果，這表示結果操縱在你的手上，如果你不放棄，事情將會出現正面的結果。」

我認為，塔羅牌只是一項幫助迷途生命找出道路的工具，並不包括操縱人的生死。

U.S. Games System /
女神塔羅（The Goddess Tarot）

占卜練習

基本上來說，占卜的熟練度與時間成正比，但是，一定要記得常常練習，塔羅的學習與其他事物一樣沒有捷徑。

▋階段一：開始占卜的一到三個月 ———————————

「練習」是成為占卜師的不二法門，對於初學者來說，一開始進行一張牌的占卜練習，或是每天將牌拿出來邊看邊想關於這張牌的牌義。

也可以利用以下方式進行練習：每天抽出一張牌，記在記事本上，一方面記錄這張牌的牌義，另一方面記錄當天發生的事情，對照當中的關連，然後寫下自己的心得。

▋階段二：第三個月開始 ———————————

如此重複大約一到三個月的時間，熟識所有的單張牌義之後，開始進行兩張牌的聯想練習。例如：戀人加上女皇代表什麼意義？這是大部分塔羅書上無法教給你的說明，只能對照書上的相關解釋，加上生活經驗來詮釋這樣的組合。記錄下練習過程對占卜有很大的幫助，就算是已經開始替人占卜都可以每天練習。

▋階段三：開始替自己或他人占卜（大約是六個月後）——

如果忍不住手癢，想要替朋友做占卜練習，我建議你大約在練習三個月後可以開始。但還是要提醒初學者，再看一次前面的提醒事項，不要在學校或吵雜的咖啡廳、網咖、桌遊店等人多吵雜的地點做占卜，也不要有第三者在場，這實在沒有辦法讓人心情沉澱專注於占卜當中。另外也建議你準備一本塔羅牌專用的筆記本，記錄下每次的占卜日期、對象、問題、出現的牌與牌義還有推測的結果。

U.S. Games System／
水瓶塔羅（Aguarian Tarot）

占卜程序

除非你已經是占卜老手，否則還是建議你仔細地閱讀這個章節，每個塔羅牌占卜師在占卜的過程都不太一樣，沒有所謂正規占卜程序的詳細步驟，每位占卜師都依照著自己的習慣來進行占卜。

我的馬賽塔羅研習課上有十七位同學，每個人都有不同的占卜程序，有的要當事人切牌、有的要當事人洗牌、有的不准當事人碰牌、甚至有的要求當事人數到第七張牌；而我喜歡讓當事人切牌並且隨性的選牌，洗牌、切牌的程序都是必須的，之後選牌的方式可以用自己喜歡的步驟進行。

當你開始占卜時，最重要的是專心，千萬不要太過於拘泥形式！很容易出神的我常常專心到忘了請對方切牌，就進入下一個步驟，這時候我不會要求暫停重新占卜，因為這會打斷的注意力與占卜的流暢。我會請對方在選牌時更集中精神，效果也相當不錯，下面就讓我們來瞭解占卜程序吧！

PAGE of CUPS.

▌步驟1

將桌子清理乾淨，不要有太多會影響思緒的雜物。許多西方占卜師會從小祕儀中，取出與當事人相對應的牌，置於中間。簡單的規則是，太陽火相星座的人取權杖宮廷牌、水相星座的人取聖杯宮廷牌、風相星座的人取寶劍宮廷牌、土相星座的人取金幣宮廷牌。當事人若是青少年或學生身分一律取侍衛牌、二十五至三十五歲左右已經踏出校園的男生可以取騎士牌、女生以取皇后牌代表、三十五歲以上的男生則拿國王牌。

例如：來占卜的是一個雙魚座的學生，無論男女，我都會拿出雙魚座的侍衛牌放在牌陣的中間。

▌步驟2

將塔羅牌沒有圖示的那面向上，冥想著當事人的問題，開始以順時鐘的方式將牌打亂、混和，重複這個動作直到心神安靜下來，專心一致在問題上。

背面

有圖案的朝下

▌步驟3

緩緩的將牌收攏成一疊,讓長形牌較長的那一端與自己平行,之後用左手將牌的左端轉向當事人,如果占卜的對象是自己,就將牌的左端導向自己,讓牌與自己或當事人成垂直的狀態。

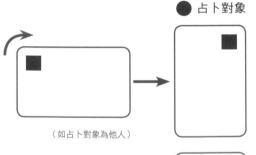

● 占卜對象

（如占卜對象為他人）

▌步驟4

進行洗牌的工作(有些人不進行這個步驟),我的習慣是將牌分成三堆(有人分成七堆,我覺得那有些費時),然後再由右向左疊起來成為一堆。

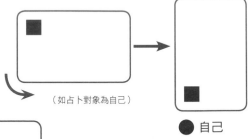

（如占卜對象為自己）

● 自己

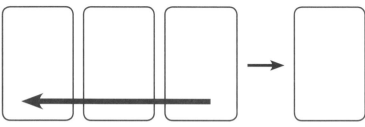

▌步驟5

讓當事人以不寫字的那隻手覆蓋在牌上(就算當事人用錯手也不要阻止),然後請他切牌一次,再將牌交給你,接下來就可以進行選牌的動作。

常用的方法有兩種,介紹如下:

▌步驟6

6.1 第一種選牌方式 / 由占卜師主導,從牌的頂端開始數牌,拿出所選中的牌;隨著每種占卜法有不同的取牌方式。

6.2 第二種選牌方式 / 由當事人主導,這是我常用的方式,將牌在桌巾上攤開成扇型,依照使用的不同牌陣,請當事人用不寫字的那隻手隨意選出,在他交給你的過程中,注意不要將牌的頭尾顛倒。

▌步驟7

將選出的牌依照所使用的牌陣排列妥當,然後翻開牌開始進行思考以及牌義解釋。

占卜牌陣

占卜的方法有很多，每一種占卜的方式都有其特性，視當事人的問題以及占卜者的習慣而定。塔羅牌很少有「Yes」或「No」的肯定答案。塔羅牌所給予的是可能的發展預測，如果塔羅的占卜朝當事人所要的正面發展，占卜師應該給予正面的建議。當事情處於負面時，占卜師需針對牌義做出警告。

事實上，當事人才是主角，應該是由他自己決定未來的好壞，而不是將責任推給塔羅牌占卜。

接下來為大家介紹幾種經典、並且是占卜師時常使用的牌陣，請一定要仔細的留心所有的程序以及細節，才能做出正確的分析喔！

（1）單張牌占卜法

單張牌占卜法是一種最實用的占卜法，如果應用在占卜上可別小看這一張牌，他的準確率可比你用十張牌來的準，缺點是你獲得的只是事情的結果，這樣的占卜並沒有提供你事物的分析，與建議的解決方法；這樣可以同時應用在初學者的應用練習上，我的好朋友就每天替自己做這樣的占卜，準確率可是相當高的，建議初學者在練習時不妨準備一本日記本，將每天的占卜與發生的事情做一個連結，不用幾個月你的塔羅占卜功力就會相當精進喔！

使用牌數：一張

步驟1：參照「占卜程序」步驟1到5。

步驟2：用「占卜程序」中的步驟4洗牌，然後將牌攤成扇型閉上眼睛，誠心的在牌中選出一張牌。

【範例】小麗面對一個追求者，雖然對方外表與談吐條件都不差，卻總是覺得害怕。不敢輕易答應對方的追求，所以想要用單張塔羅牌占卜。

【占卜結果】聖杯騎士（逆位）

【牌義解讀】聖杯騎士在逆位時，代表一個對情感態度輕浮的男生，或許在外表與談吐都有不錯的表現，但是面對情感仍不太成熟。他仍在學習如何付出情感、如何對愛人表現忠誠，所以對於小麗而言，這是一個不適合交往的對象。

（2）聖三角占卜法

用塔羅牌推算問題結果，需依照出現的牌義做連結，就算結果總是出現同一張牌，但是與不同的牌做連結時會有不同的意義。

聖三角是塔羅占卜中最基礎也最常用的牌陣，主要是針對問題做出解釋與推測，其效果並不會輸給複雜的賽爾特十字牌陣，或是黃道十二宮占卜法等牌陣。這個牌陣最大的特色為闡釋問題的核心，對於瞭解問題狀況與推估未來發展的可能性相當有幫助。

使用牌數：三張

步驟1：參照「占卜程序」步驟1到5。

步驟2：用「占卜程序」的步驟4洗牌，依照6.1或6.2的方式讓對方自由選牌，第一張牌位於你的正前方、第二張牌放在第一張牌的左下角、第三張牌置於第一張牌的右下角。

或是將第一張牌放於你的正前方，然後往下數到第七張牌，將這張牌置於第一張牌的左下角，然後從剩餘的牌中繼續往下數到第七張牌，將這張牌放在第一張牌的右下角。（如圖）

【詮釋方法】

牌1：過去（對方）

牌2：現在（你）

牌3：未來（結果）

● 占卜對象

```
        1
   2        3
```

【範例】

青青在一家廣告公司上班，上司是一個業界知名的才子，可是脾氣卻相當壞，青青常為了一些莫名其妙的小事挨罵。她一方面喜歡這樣的工作，另一方面又想離開這個壞脾氣的老闆，這樣的兩難狀況讓人相當苦惱，所以她想要知道繼續待在這家公司到底值不值得？

【占卜結果】

1. 戰車（逆位）

2. 隱士（逆位）

3. 節制

【牌義解讀】

1. **過去**（對方）：戰車的逆位出現在過去的位置，象徵混亂的局面，在人際關係的問題中代表著對方，這張牌象徵一位個性相當情緒化的人，很明顯指的就是青青上司的個性，一個有才氣卻相當情緒化的人。這時候要注意到旁邊的節制，在解釋牌義時曾經提過，逆位的戰車遇上了命運之輪、太陽或節制等牌時，代表著因為意氣用事而導致的失敗。

2. **現在**（你）：這是青青目前的想法，逆位的隱士暗示她正在思考一條出路，並且重新審視過去的選擇否正確？但是因為有太多的衝突，使得她不知所措。逆位戰車與逆位隱士象徵著青青無法忍受老闆在工作之外情緒化的態度。這讓青青懷疑自己過去決定的正確性。

3. **未來**（結果）：還記得節制並不是限制行動的意思嗎？節制這張牌應該詮釋為「緩和」，有得必有失，青青雖然在令人無法忍受的環境下工作，但是卻學到許多工作上的經驗，這也是讓她掙扎是否該離開工作的原因。節制牌建議她採取溫和的方式，一方面調整心態，另一方面與上司溝通，如果貿然離去恐怕對青青而言也是一項損失。

（3）二選一占卜法

面臨二選一的狀況時，最常使用的占卜方法。

例如：該選擇A君還是B君？該繼續升學還是就業？諸如此類有關抉擇的問題，能夠提供相當好的建議與解答。

使用牌數：五張

步驟1：參照「占卜程序」步驟1到5。

步驟2：用「占卜程序」的步驟6.2選出五張牌，或是從第一張牌開始數第六張放在1的位置，再往後數第六、七兩張分別放在2和3的位置上，再往後數六、七兩張放在4和5的位置上，成一個V字展開。（如圖示）

【詮釋方法】

1. 代表本人的狀況
2. A的狀況
3. B的狀況
4. 選A的結果
5. 選B的結果

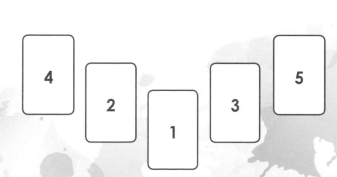

【範例】

　　單身的 Amy 平靜的生活中，突然一下子出現兩個追求者，一個是在小學同學會重逢的老同學，目前在一家職業學校擔任教師，另一個是工作上遇到的客戶，在某家公司擔任企畫人員的職務。兩個人的追求都很頻繁，Amy 想知道和哪一個人比較適合她？我建議 Amy 用二選一的占卜方式，將小學同學設定為 A，而客戶設定為 B。

【占卜結果】

1. 權杖 8
2. 聖杯 6
3. 寶劍騎士
4. 金幣 9
5. 高塔（逆位）

【牌義解讀】

1. **本人的狀況**：權杖 8 代表著生活的轉變，這兩個男生的出現的確帶給 Amy 很大的衝擊，生命節奏有種快速變化的態勢。權杖 8 會帶來過去從未曾思考的問題，對 Amy 來說代表愛情的出現，可是這些人提供的愛情真的是她想要的嗎？

2. **A 的狀況**：聖杯 6 代表著這個小學同學的狀況，聖杯 6 常有童話般的幸福，象徵童年時的回憶，這顯示出 Amy 和這位小學同學的關連。

3. **B 的狀況**：寶劍騎士代表一個有理想的年輕人，象徵這位男士在談吐與精神生活的表現上頗能吸引 Amy，B 君在知性生活的表現上讓 Amy 有一點動心。

4. **選 A 的結果**：金幣 9 是許多童話故事發展的最後，王子和公主過這幸福快樂的日子，可是這真的是 Amy 想要的生活嗎？豐富的物質生活並不代表一切。金幣 9 當中的女人看來並不是真的開心，這代表拿到權杖 8 的 Amy 要的不只是一個穩定可以依靠的對象。

5. **選 B 的結果**：高塔（逆位）代表著一項失敗的行動，在逆位時將會是一個漫長而難以忍受的過程，或許這個男生在開始頗能契合 Amy 的個性，但是慢慢的會因為性格或是某些不可預測的因素讓 Amy 覺得痛苦。

　　有時候在二選一的牌陣當中，第一張牌也等於結果，常常暗示著當事人會做的決定。權杖 8 有強烈追求解脫的意味，也代表一個從未考慮過的問題。在牌陣中我們看到，選擇 A 君或許是童年生活的延續，擁有一種如童話般的幸福，但是這樣的幸福是不是 Amy 要的呢？其次 B 君或許讓 Amy 覺得

愉快，但是卻有一個不太被看好的未來，所以也讓Amy卻步，那麼Amy該怎麼辦？從另外一方面來看，Amy目前真的準備好接受一段戀情了嗎？這是需要提醒Amy好好想清楚的根本問題，無論答案是什麼，都正如權杖8所提示的，這兩個人的出現，將促使Amy思考從未想過的問題。

（4）四元素占卜法

這是針對一般性問題很有效的占卜法，如果在練習占卜的過程當中，當事人沒有重要的問題需要解答，不妨利用這個牌陣來練習你對四元素的瞭解與觀點。這個牌陣通常需要大小祕儀合併應用。

使用牌數：四張

步驟1：參照「占卜程序」步驟1到5。
步驟2：用「占卜程序」的步驟6.2選出四張牌，如圖排列。

| 1 | 2 | 3 | 4 |

【詮釋方法】

1. 火：面對問題如何採取行動，以及當事人的態度。

2. 風：關於問題的理解、有哪些負面的狀況。

3. 水：關於問題對情感還有當事人周遭的關係發展。

4. 土：關於這個問題的實際層面考量、物質資源上的發展。

【範例】

Linda的上一段戀情結束到現在，已經過了一年半的時間，心情逐漸恢復平靜，但總是覺得對未來沒什麼信心，對生活的態度也不太樂觀，面對這樣的情況該用什麼樣的態度呢？諸如此類的問題最適合用四元素占卜法，從各種不同的層面來解讀當事人的生活。

【占卜結果】

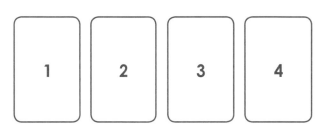

1. 火：寶劍2

2. 風：權杖1

3. 水：聖杯8

4. 土：世界（逆位）

【牌義解讀】

火：寶劍2，明白指出兩種思維的衝突出現在Linda的生活中，一方面想要重新振作，但另一方面又害怕著過去的陰影會影響日常生活。如果使用的是偉特系列的塔羅牌，寶劍2可以解釋成Linda對於周圍環境的不信任，導致Linda無法真的放下心來去做該做的事情。

風：權杖1，從這張牌看來Linda對於這個問題已經知道該怎麼解決，現在也是展開第一步的好時機。更重要的是權杖1暗示勇氣，Linda必須提起勇氣面對過去的陰影。

水：聖杯8，這張牌顯示對Linda來說，在情感層面上的傷害是一項嚴重的考驗，必須完全拋棄，完全的過去的陰影，並且轉換心態才可能展開新的生活。

土：世界，逆位的世界牌雖然不算是負面的牌，不過世界牌有固定的意涵，指的是在Linda周圍的環境中仍存在著許多過去的陰影，使得Linda不能或不願意擺脫過去情感的傷痛。不過逆位世界牌顯示這樣的聯繫出現了鬆動的傾向，對Linda來說無非是一個改變的好機會。事實上嶄新的世界已經呈現在Linda的面前，只是Linda似乎還沒有完全準備好接受這些轉變。

（5）六芒星占卜法

　　這個牌陣一直相當地受歡迎，對於事件變化的問題，這個牌陣可以提供解答。另外也可以從各種角度切入分析，讓當事人知道問題的癥結所在，以及該用什麼樣的心態面對。

使用牌數：七張

步驟1：參照「占卜程序」步驟1到5。

步驟2：用「占卜程序」的步驟6.2自由選出七張牌，排列成一個猶太六芒星的形狀。（其位置如下圖）或是由上往下數的第七張為牌1、第八張為牌2、第九張為牌3，之後用剩下的牌由上往下數至第七張開始是牌4、第八張為牌5、第九張為牌6，最後再將其他的牌往下數第七張放在7的位置。

【詮釋方法】

1. 表示問題的過去直到目前為止的原因

2. 表示問題的現在

3. 表示問題的未來
4. 表示較近的未來影響（當事人的想法）
5. 表示稍遠的未來影響（環境與幫助）
6. 表示長久的影響（周圍的限制與會遇到的麻煩）
7. 表示對這個問題最後的預測

【案例】

　　小志參加一項公務人員考試，雖然準備得非常努力，但卻一直對自己沒信心，他想要知道考試是否會成功？

【占卜結果】

1. 倒懸者
2. 月亮
3. 權杖9
4. 行星（逆位）
5. 聖杯7
6. 節制
7. 寶劍8（逆位）

【牌義解釋】

1. **表示問題的過去**：倒懸者象徵著犧牲與付出，這裡的倒懸者不是處於逆位狀態，小志認為辛苦準備考試是值得的，所以再怎麼艱難也要堅持到底。

2. **表示問題的現在**：月亮出現在這裡象徵著疑惑，從倒懸者犧牲付出的喜悅，到現在小志感到疑惑，不知道這樣的犧牲值不值得，更懷疑自己在這場競賽中的勝算有多少？

3. **表示問題的未來**：權杖9象徵著行動已接近尾聲，小志似乎克服了心理障礙，但此時可能有太多的事情必須注意，或是他已經耗盡力氣在這項考試上面，因而感到無力甚至沮喪。

4. **表示較近的未來影響**（當事人的想法）：行星（逆位），儘管小志付出了許多努力，逆位的行星顯示，他對考試仍然沒有太大的信心，甚至因為過度的疲勞，或是太大的壓力而想要逃避。

5. **表示稍遠的未來影響**（環境與幫助）：聖杯7在小志的問題上有懷疑與追尋真理的提示，小志將會在不久之後提出：「這是否是我該走的道路？」或是「考試對我來說有什麼意義？」的質疑。不過從環境與援助來看，很難看出周圍的人能夠給小志任何的幫助。

6. **表示長久的影響**（周圍的限制與會遇到的麻煩）：節制牌代表著小志重新調整自己的心態，將以更為健康的態度面對考試的結果。甚至他發現了一條新的道路、一個新的世界，這個考試無論結果如何，都能夠帶給小志正面的影響。

7. **表示對這個問題最後的預測**：由於寶劍8在馬賽塔羅牌當中的正逆位都有相同的解讀，所以逆位並沒有什麼意義。寶劍8有精神（寶劍）與肉體的痛苦，象徵著小志受盡考試的折磨。很遺憾的寶劍8有行動失敗的預告，所以小志最後成功的機率相當的小。

　　不過需要提醒你的是，身為一個占卜者，要特別小心注意言語的影響力。面對類似的問題，你必須選擇是要用犀利的言語直接告訴小志，或是採用較委婉的說法。我通常採用後者，這應該算是善意的謊言，畢竟小志是這場考試的主要參與人，占卜者的角色僅在於幫助當事人找出問題核心。所以我會把這個問題的重點放在行星逆位這個關鍵上，強調隨之而來的信心缺乏或是逃避問題，從這方面提醒他如何改善現有狀況。而不是鐵口直斷的說：「你考不上的啦！」這將會讓當事者喪失繼續努力的動力。所以就算占卜結果顯示出寶劍8的失敗預告，但小志還是有能力可以扭轉自己的命運喔！

（6）七行星占卜法

　　同樣的使用七張牌，不過這個牌陣利用占星學的行星特性，針對問題提出解釋，提供解決問題的辦法，但不做最後結果的預測。這個牌陣成一個馬蹄形的排列，象徵著對問題結局的開放提示。

使用牌數：七張

步驟1：參照「占卜程序」步驟1到5。

步驟2：用「占卜程序」的步驟6.2自由選出七張牌，排列成一個開口向下的馬蹄狀；或是可以由上往下數第七張為牌1，第八張為牌2，第九張

為牌3，之後剩下的牌由上往下數至第七張開始是牌4，第八張為牌5、
第九張為牌6，最後再將其他的牌往下數至第七張放在7的位置。

【詮釋方法】

1. 太陽：當事人的態度
2. 月亮：當事人的情緒、情感與恐懼的事情
3. 火星：面對事情的行動
4. 水星：當事人的想法
5. 木星：當事人的人際資源與周遭環境
6. 金星：當事人的幸運層面與幫助
7. 土星：當事人所受到的阻礙

【案例】

小婷最近和男朋友的情感陷入危機，她明顯的感
怎麼做才可以挽回男友的心？

【占卜結果】

1. 戰車（逆位）
2. 高塔（逆位）
3. 權杖皇后
4. 隱士
5. 聖杯國王
6. 聖杯2
7. 權杖3

【牌義解釋】

1. **太陽**：逆位的戰車，代表著當事人的態度呈現慌亂的狀態，該前進該後
   退？該放棄這段感情，或是該努力爭取？都讓小婷相當困擾，此時的她已
   經不知所措方寸大亂，特別是戰車與月亮或巨蟹座有相當的關連，說明這
   張牌與即將出現的第二張牌（代表著月亮），有著不可分割的關連。甚至
   可以推斷，男朋友與小婷的關係走下坡，與小婷的情緒化有關。

2. **月亮**：逆位的高塔，代表當事人害怕這段感情將無法挽回，並且抱持悲觀的態度，卻又捨不得放下。這就是為什麼第一張牌會出現逆位的戰車，呈現進退不得的狀況。

3. **火星**：權杖皇后，代表小婷終究會對問題採取主動出擊的態度，當小婷已經有心理準備之後，將會採取行動，到時候就有掌控全局的可能。雖然先前的兩張牌有負面的暗示，但是在這個位置出現的權杖皇后代表著小婷將會展開行動。

4. **水星**：隱士，出現在代表當事人想法的位置，具有相當正面的提示，小婷知道慌亂無法解決問題，此時開始她會試著保持冷靜，並且找出適當的處理方式。隱士暗示著小婷將會很快結束慌亂的狀態，或是開始學習控制情緒並且贏回男友的心。

5. **木星**：聖杯國王，出現在象徵人際資源與周遭環境的位置，暗示著有智慧的長者將給予小婷幫助，特別是馬賽塔羅牌當中之前的隱士牌也代表長者。可能是小婷的家人或是上司之類的人，在這時候給予小婷適當的建議與協助。

6. **金星**：聖杯2，是一張在戀情當中相當受歡迎的牌，這暗示著過去的感情基礎，將有利於小婷力挽狂瀾的行動。

7. **土星**：權杖3，象徵著小婷所受到的最大阻礙，並非小婷是否改變了自己，而是男朋友的心態改變了。或許她的男朋友已經受夠了小婷的壞脾氣，如今對這段情感抱持保留的態度，甚至有尋找新的可能的想法，這對小婷來說無非是一個挑戰。還好權杖3也只停留在觀望的階段，並沒有真的踏出改變的那一步，所以小婷似乎還有挽回的機會。

（7）每週運勢占卜

這個牌陣是將以上介紹的七行星占卜法，應用在每週運勢上。

占卜解讀的順序是：牌1星期日、牌2星期一、牌3星期二、牌4星期三、牌5星期四、牌6星期五、牌7星期六。或是不要硬性依照日期順序，而廣泛的應用在整體運勢解說，這時候就必須具備一些占星學的小常識。而且在這種一般性的占卜法當中（不是針對一個問題），出現大祕儀的部分必須特別注意。

使用牌數：七張

步驟1：參照「占卜程序」步驟1到5。

步驟2：用「占卜程序」的步驟6.2自由選出七張牌，排列成一個開口朝下的
馬蹄狀（其位置如下圖）；或是由上往下數至第七張為牌1、第八張
為牌2、第九張為牌3，之後剩下的牌由上往下數，第七張開
始是牌4，第八張為牌5第九張為牌6，最後再將其
他的牌往下數至第七張放在7的位置。

```
            ┌──────┐
        ┌───┤  4   ├───┐
   ┌────┐   └──────┘   ┌────┐
   │ 3  │              │ 5  │
   └────┘              └────┘

   ┌────┐              ┌────┐
   │ 2  │              │ 6  │
   └────┘              └────┘

   ┌────┐              ┌────┐
   │ 1  │              │ 7  │
   └────┘              └────┘
```

【詮釋方法】

1. 太陽：星期日，或代表整體運勢
2. 月亮：星期一，或代表情緒、內心世界、與親人或親密伴侶的關係
3. 火星：星期二，或代表行動、工作、性愛
4. 水星：星期三，或代表學習、交通、溝通、朋友
5. 木星：星期四，或代表理想、工作、願望、帶來好運的事情
6. 金星：星期五，或代表金錢、愛情
7. 土星：星期六，或代表限制、困難、帶來厄運的事情

【範例】

葉子的一週占卜。

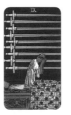

【占卜結果】

1. 教皇（逆位）
2. 聖杯國王
3. 金幣皇后（逆位）
4. 寶劍9
5. 寶劍侍衛
6. 聖杯4
7. 權杖1

【牌義解釋】

1. **太陽**：星期日（或代表整體運勢）教皇的逆位通常不是太差的事情，由於
教皇代表的限制規矩或是生活經驗，在此時失去了作用。對於風相星座的
葉子來說，象徵著一種新的生活體驗，可以預測葉子在這一週會有許多新
鮮的體驗出現。

2. **月亮**：星期一（或代表情緒與內心世界與親人或親密伴侶的關係）聖杯國王代表感情的穩固，不過也可能是與家中男性長輩有良好的互動，包括父親、祖父、或是其他男性長輩。由於聖杯國王的年紀稍微大些，所以除非葉子有類似年紀的男友，否則並不代表與異性的的情感。

3. **火星**：星期二（或代表行動、工作、性愛）金幣皇后逆位有反應遲鈍的現象暗示，可能在工作或行動上，因為想要顧及某些方面，而錯過一些更重要的事情。也可能暗示工作上的不愉快，或是無法感受性愛的溫暖，以及當事人想要的感覺。

4. **水星**：星期三（或代表學習、交通、溝通、朋友）寶劍9，馬賽塔羅的寶劍9暗示愉快的學習經驗，葉子正朝著願望一步一步邁進。如果你用的是偉特或是透特塔羅牌，就不可以做這樣的解釋了！偉特塔羅牌的寶劍9，有過度思考、惡夢的象徵，一定要小心留意二種牌的差異。

5. **木星**：星期四（或代表理想、工作、願望、帶來好運的事情）寶劍侍衛，是學習的象徵，葉子這一週在學習方面會有著不錯的成果。另外，寶劍侍衛也代表著和葉子一樣，屬於風相星座的年輕男生或女生，所以葉子若與這類的人接觸時將會帶來好運。

6. **金星**：星期五（或代表金錢、愛情）聖杯4，在情感上帶有著穩定的意義。葉子的情感生活在這一週將是幸福甜蜜的，而金錢方面維持著相當平穩的收支狀態，這時候也可能出現穩定的收入。

7. **土星**：星期六（或代表限制、困難、帶來厄運的事情）權杖1是一張相當不錯的好牌，但是出現在代表限制與困難的位置時該如何解釋呢？其實權杖1有些重要的象徵意義，首先代表開始，葉子可能正開始一項工作或學習的計畫，但當中又隱藏了一些小問題，包括葉子能不能有耐心的將計畫完成，或是會不會因為將全部心力放在這件事上面而忽略了其他工作？這些都是葉子必須注意小心的。

（8）賽爾特十字占卜

賽爾特十字也是應用相當廣泛的占卜法，和六芒星一樣，對於當事人的問題從時間點（過去現在未來）和當事人的心態、環境、對手、支援與阻礙……等方面做出分析，對於想要解決問題的人來說相當具實用性。

使用牌數：十張

步驟1：參照「占卜程序」步驟1到5。

步驟2：用「占卜程序」的步驟6.2自由選出十張牌，或從第一張牌開始數至
　　　　第七張牌，將第七張牌置於牌1的位置，第八張牌置於牌2的位置，
　　　　這時要注意將牌的上端朝左橫放，接下來的四張置於3、4、5、6的
　　　　位置。然後將剩下的牌數至第七張放在7的位置，
　　　　之後的三張牌則放在8、9、10的位置。（如圖）

【詮釋方法】

1. 現在的狀況

2. 阻力或助力

3. 過去的基礎與狀況

4. 本人的意願與想法

5. 過去的事件影響

6. 最近將來的狀況

7. 目前本人的狀況

8. 環境的狀況及他人的影響

9. 本人的希望與恐懼

10.最後的預測

【範例】

剛剛陷入熱戀的小蕙想要知道和男朋友未來的發展如何？

（類似這樣的問題非常適合使用賽爾特
十字牌陣來做全方面的整體分析。）

【占卜結果】

1. 金幣騎士

2. 寶劍6

3. 金幣5

4. 力量

5. 死神

6. 世界

7. 寶劍侍衛

8. 金幣7

9. 倒懸者

10.女祭司

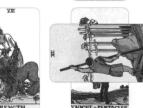

【牌義解釋】

1. **現在的狀況**：金幣騎士象徵著一個人努力實現自己的夢想，這樣的人築夢踏實，不會空想。用在小蕙和男朋友的現況上，可以解釋為兩個人都很認真的經營這段情感。

2. **阻力或助力**：寶劍6出現在這個位置，暗示著在助力或阻力上，過去的經驗的確帶來了陰影。寶劍6同時代表愉快與痛苦，此時，小蕙必須小心不要把過去的痛苦經驗反映在目前的感情上，但一方面，也不要完全忽略過去的痛苦與挫折，人們在傷痛中成長，平靜的面對傷痛才能讓感情更加完美。

3. **過去的基礎與狀況**：金幣5顯示在過去的痛苦經驗當中，包含了物質與金錢的問題，這些問題將會對小蕙未來的情感中造成一些影響。幸而金幣5具有轉變性，透過對過去傷痛的釋懷，拋棄過去的傷害，或是原諒過去的情人，才能完全告別過去重新出發。

4. **本人的意願與想法**：力量出現在這裡，小蕙並沒有被過去的問題給打倒，陰影確實存在著，但是小蕙有能力克服這些困難。

5. **過去的事件影響**：死神，這似乎是一個非常適合死神牌出現的位置，有著強烈告別過去陰影的意味，象徵著昨日種種譬如昨日死，今日種種譬如今日生，小蕙必須擁有新的生活。

6. **最近將來的狀況**：世界有固定的意味，經過一連串的考驗，小蕙與男友之間的情感將十分穩定。

7. **目前本人的狀況**：寶劍侍衛顯示小蕙對於這段感情處於十分積極的態度，她思考了許多的問題，也知道該如何避開思緒過多的危險，感情是需要透過學習而使彼此更加成熟的。

8. **環境的狀況及他人的影響**：金幣7有豐富的精神意味，但也須辛苦付出，同時暗示著環境是靠著情侶們共同努力打造出來的。小蕙和男友的態度會影響周圍的人，也可能使原本反對的人轉而改採支持的態度。

9. **本人的希望與恐懼**：當倒懸者出現在希望和恐懼時，有著正面的幫助。倒懸者象徵著感情的忠誠，以親身的實踐來證明自己的情感，這正是在情感上最有幫助的行動。此外倒懸者象徵著新的看法、新的環境。

10. **最後的預測**：女祭司雖然沒有給予戀情熱烈的肯定，但是提醒當事人在一段關係中，有許多內心世界的問題需要克服。特別是馬賽塔羅牌的女祭司手上的無字天書不會提供答案，你必須靠著不斷地追尋真理，以及與自己內心對話，才有可能達成願望。

（9）黃道十二宮占卜法

A 全方位瞭解一個人的內在外在

　　這是結合占星學的十二宮與塔羅牌的大成，想要瞭解一個人時可以使用這個牌陣，從當事人生活的十二個層面來占卜。同樣地也可以應用在占卜未來一年的運勢上。

使用牌數：十二或十三張

步驟1：參照「占卜程序」步驟1到5。

步驟2：用「占卜程序」的步驟6.2自由選出十二張牌，或是從第一張開始數至第七張，將第七張牌放在牌1的位置，然後依序將後面的牌放在2～12的位置。有些人會擺出第十三張牌象徵整體的結果，不過這並不是針對問題做占卜，所以我很少這麼做。

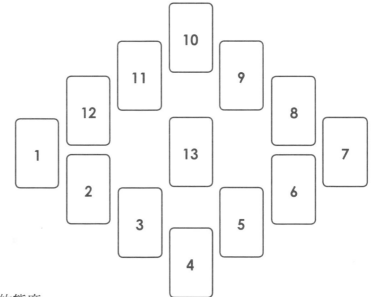

【詮釋方法】

1. 第一宮：自我、人生態度
2. 第二宮：金錢物質
3. 第三宮：對兄弟朋友的態度、學習態度、溝通能力
4. 第四宮：與父母的關係
5. 第五宮：對愛情態度
6. 第六宮：健康狀況與工作的態度
7. 第七宮：對婚姻的態度
8. 第八宮：對性愛的態度
9. 第九宮：對信仰的態度或與國外的關係
10. 第十宮：社會地位，與社會的互動關係
11. 十一宮：人際關係、社群關係、社交生活
12. 十二宮：麻煩和阻礙

【**範例**】凱伶和一位剛認識的男生交往，想要透過塔羅牌來多瞭解他一些。

【**占卜結果**】

1. 太陽
2. 寶劍4
3. 權杖皇后
4. 權杖4（逆位）
5. 寶劍2（逆位）
6. 倒懸者
7. 聖杯9（逆位）
8. 權杖騎士
9. 寶劍侍衛
10. 金幣10
11. 權杖10
12. 金幣9

【**牌義解釋**】

1. **第一宮**：太陽出現在象徵自我的位置上，顯示這個男生相當有自信，也是個活力旺盛的男孩。他對生命充滿了樂觀的態度，不過有時可能會稍微有點主觀而無法顧及他人的想法，通常暗示著這個人帶有火相星座的性格。

2. **第二宮**：寶劍4表示他對金錢與物質上並沒有太大的野心，而且總是以小心謹慎的態度來處理金錢問題，他不是一個見錢眼開的人。想要投資理財或是賺錢的話，也會小心的精算評估，然後才去執行，在金錢上這是一張可以信得過的好牌。

3. **第三宮**：權杖皇后暗示著朋友關係相當的不錯，他是一個熱心的人，有時甚至是一個小團體的帶領人。同時也暗示著，親密朋友或是兄弟姊妹當中有一個強勢女性存在。

4. **第四宮**：由於權杖4本身的穩定，無論在馬賽塔羅或是偉特塔羅牌當中都沒有逆位的解釋，所以不必考慮逆位。權杖4象徵這位男孩和父母家庭之間的關係相當和諧，在這個家庭中每個人都有其地位，缺一不可，所以活潑的他，絕不會因為外在事物而傷了家人的心。

5. **第五宮**：這樣活潑開朗又有著完美家庭的男生難道就沒有缺點嗎？當然有，寶劍2的逆位在這裡提醒我們，在愛情上他是一個不輕易接受他人想

法的人，甚至可以說點自以為是。假設凱伶有些比較新潮或是特殊的觀點，這個男生可能會相當地不高興，甚至可能因為此類小事而發生爭吵。基本上他很難接受不同的意見，一旦出現類似的狀況，可能會擺出全副武裝的架勢。在這方面凱伶必須要讓他知道，每個人都會有不同的想法，懂得尊重他人才是比較正確的方式。

6. **第六宮**：倒懸者出現在這裡顯示他在工作上的態度十分認真，他也懂得用不同的觀點來審視工作上的經驗。事實上他並不十分滿意目前的工作狀態，但是他懂得默默的朝著方向前進。他可能是一個相當有野心的人，願意為了工作付出時間和精力，這一切都只是為了證明他的想法。此外當與雙魚座有關連的倒懸者出現在這個位置上時，必須小心腳踝的傷害，也可能會有食物中毒或是煙癮、酒癮、毒癮的狀況出現。

7. **第七宮**：逆位的聖杯9代表對婚姻的態度，由於他過去生活在一個類似「模範家庭」的環境當中，突然之間改變環境，與另一個人結合時很容易造成緊張的衝突，甚至會懷疑他與伴侶之間能否像他的父母一樣，擁有一個和諧完美的家庭。逆位的聖杯9也再次提示他對愛情的看法，無論他是一個多麼傑出的男生，在情感與伴侶生活上，卻有著自卑與自負，無法接受他所期待之外的婚姻與愛情模式。

8. **第八宮**：權杖騎士象徵著這位男生對性愛的態度十分的熱情，他能夠帶給伴侶性愛上的滿足，也十分享受這類的親密的接觸。

9. **第九宮**：寶劍侍衛的人對於宗教採取相當科學的看法，無論有沒有宗教信仰，都喜歡用理性討論的方式來探討宗教哲學。他也對於旅行、國際關係、外語方面的事物相當有興趣，甚至可以推論出他擁有相當不錯的外語能力。

10. **第十宮**：金幣10出現在象徵社會地位的第十宮，指的是他擁有一個令人羨慕的富足家庭，在這個王國裡有著過去與未來、努力與夢想。這也和他在第四宮的權杖4相互呼應，顯示他無論在家庭或在社會上都有著不錯的表現。

11. **第十一宮**：需要注意的就是在權杖10的部分，沒有人是完美的，權杖10代表著對於人際關係的疲於奔命，他可能有太多的朋友，或是有太多的人際關係包袱必須背負。另外需要提醒他，是否習慣將朋友的事情都攬在自己身上？這些問題使他相當的疲憊，甚至會影響到他的身體健康。

12. **第十二宮**：代表一個人來到人間的功課，金幣9給人穩定的生活，但是他卻對周遭的事物無法靈敏感受，以致於許多生活上的警訊出現時，他都無法立即做出反應。所以就算他擁有完美的生活、工作、家庭、以及許多的朋友，可是他卻感受不到幸福，這是為什麼呢？屬於數字9的牌常常暗示著內心的喜悅，但是這位男生所嚮往的穩定生活，能否帶給他全然的幸福呢？

B 年度運勢

之前介紹的黃道十二宮，也可以在每年生日或是新年時用來占卜一年的運勢。使用同樣的占卜程序，但有兩種不同詮釋的方法，第一種和前面介紹的雷同。

【詮釋方法一】

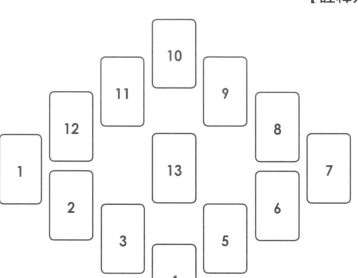

1. 第一宮：自我、人生態度
2. 第二宮：金錢運氣
3. 第三宮：兄弟朋友的幫助，學習運
4. 第四宮：與父母的關係
5. 第五宮：愛情運
6. 第六宮：健康運
7. 第七宮：婚姻或是與他人合作的運氣
8. 第八宮：投資運與性愛運
9. 第九宮：旅行運
10. 第十宮：職業運
11. 十一宮：社交運
12. 十二宮：麻煩和阻礙的事情

【詮釋方法二】

或者也可以利用時間排列作為解讀的方式，觀察太陽在下列星座的運勢：

1. 白羊座時期的運氣：3/21-4/20
2. 金牛座時期的運氣：4/21-5/20
3. 雙子座時期的運氣：5/21-6/20
4. 巨蟹座時期的運氣：6/21-7/22
5. 獅子座時期的運氣：7/23-8/22
6. 處女座時期的運氣：8/23-9/22
7. 天秤座時期的運氣：9/23-10/22
8. 天蠍座時期的運氣：10/23-11/22
9. 射手座時期的運氣：11/23-12/22

10. 摩羯座時期的運氣：12/23-1/19

11. 水瓶座時期的運氣：1/20-2/18

12. 雙魚座時期的運氣：2/19-3/20

【案例】

小芳想要占卜未來一整年的運勢。

【占卜結果】

13

1. 聖杯侍衛

2. 權杖1（逆位）

3. 寶劍皇后

4. 權杖7

5. 聖杯4（逆位）

6. 寶劍9

7. 金幣侍衛（逆位）

8. 金幣2

9. 權杖8

10. 審判

11. 愚人

12. 權杖6（逆位）

【牌義解釋】

1. **第一宮**：聖杯侍衛出現在頗為重要的第一宮，對於單身的小芳來說無疑的是一個喜訊，一個溫柔的男生將會出現在他的生命中，小芳也將再次體驗戀愛的滋味。聖杯侍衛同時也代表情感課題的學習，這將是小芳今年必須體會的重要生活經驗。

2. **第二宮**：權杖1的逆位暗示著今年小芳在金錢的處理上必須小心，許多原本該執行的計畫沒有去做，而影響到財務狀況，也必須留意因為衝動消費而導致的收支不平衡狀況。

3. **第三宮**：寶劍皇后出現在這裡替小芳帶來好消息，原本今年要準備研究所考試的小芳，此時獲得更大的肯定。寶劍皇后帶來良好的學習運，同時也象徵著小芳知道該怎麼準備考試。此外，在人際關係中小芳會有許

多生活目標，或是想法相同且聊得來的好朋友。

4. **第四宮**：權杖7出現在父母宮，代表著與父母的關係上有著良好的互動，不過可能還是會有些小小的摩擦。但是小芳與父母雙方終究能夠互相體諒，藉由這樣的互動彼此之間將會有更深的連結。

5. **第五宮**：聖杯4的逆位並不是件壞事，也呼應了前面第一宮出現的聖杯侍衛牌，聖杯4的逆位代表一段新關係的出現。

6. **第六宮**：寶劍9出現在健康關係上，必須注意身體狀況。特別是的精神性的壓力，恐怕是因為準備考試所帶來的壓力，將會有失眠、緊張等影響健康的症狀出現。

7. **第七宮**：雖然小芳尚未結婚，但是逆位的金幣侍衛暗示著小芳與親密友人的關係，恐怕將因為金錢問題而造成衝突，還沒賺錢的小芳最好避免朋友之間的借貸行為。

8. **第八宮**：金幣2象徵著波動的狀態，還沒賺錢的小芳最好避免金錢投資，可能會因為對金錢遊戲的不熟悉而帶來許多麻煩。此外這個位置也與性愛有關，暗示著性生活方面的問題將會影響其他生活層面。

9. **第九宮**：權杖8在暗示旅行位置的宮位再明顯也不過，權杖8本身就是代表海外旅行的牌，此外第九宮也與研究所有關，這同時暗示著小芳如果不是有一趟海外之旅，就是在研究所的考試中展現了相當不錯的成績。

10. **第十宮**：審判出現在與社會接觸的第十宮，代表著小芳的考試。還記得在審判當中的解釋嗎？審判對過去的努力付出做一個總結。如果小芳在過去努力的準備考試，那麼今年就是小芳將成果展現在大家面前的時候。此外研究工作，也將是奠定她踏出校園後工作的第一步。

11. **十一宮**：愚人在象徵社交生活的關係上，暗示著小芳在人際關係上將會有全新的開始。過去的經驗讓小芳在交友上有所警覺，這樣的經驗法則，應用在新的校園生活中，將帶來更順暢的人際關係。

12. **十二宮**：逆位權杖6替小芳在今年該注意的事項上做了一個總結，第一小芳必須注意與朋友之間的關係，特別是有可能遭受到信任友人的背叛。其次在身體健康上，因為壓力所帶來的內分泌失調，將嚴重影響小芳健康的問題。

占卜釋疑

當我們學習完本書所介紹的占卜方法之後，相信有許多人還是有一些小小的疑惑，特別是關於塔羅牌的一些民間神祕傳說。現在就以Q&A的方式來為大家解答！

Q 如何保養牌？

A：盡量幫塔羅牌準備好專屬的布套與桌巾，最好放在固定的位置不要四處亂放，建議放在明亮清爽的地方，讓它多與正面的能量接觸。據我所知，有人用水晶、有人用海鹽、有人喜歡讓塔羅牌曬太陽，事實上任何讓自己能感受到正面能量的地點都可以，我有一個法國同學甚至將塔羅牌擺在十字架前呢！

Q 有所謂的牌神或牌靈？

A：有人認為塔羅牌可以料事如神，一定有什麼牌神、牌靈或是小鬼駐在其中。很多很多年前有個中學生在算完塔羅牌之後自殺，這些未經證實的傳說為塔羅帶來許多神祕性。關於牌神這個說法我很無奈，如果相信世間無處不存在著神靈，那麼塔羅牌真的有所謂的牌靈吧！但是我不太來這套，我寧願相信塔羅牌是好朋友、好伙伴，甚至可以說是我的第三隻眼，幫我看清楚人生的盲點。如果只是為了興趣而占卜，那麼塔羅就是好朋友，幫你分析問題給建議，但不要太過依賴它，在種種的分析與建議後選擇做還是不做，以及該怎麼做的都還是你自己。如果你打算當一名職業塔羅占卜師，那麼塔羅就是工作伙伴，你可以妥善運用它來分析理解客戶的狀況。當然無論如何都要好好的善待塔羅牌，牌神和牌靈其實都是你自己的化身，而塔羅牌則是思想的延伸。

Q 牌能不能讓別人碰？

A：這個問題見仁見智。雖然有人在占卜時會讓客戶接觸他的牌，但是其他時間則不准其他人碰觸。我個人並不是非常在意這個問題，重點在於，讓他人碰觸或把玩牌卡的過程中，注意不要讓牌卡不小心遺失了，那可是會讓人非常心疼的！

Q 深夜裡能不能算塔羅牌呢？

A：當然能！如果你在深夜能夠心靈平靜的解讀牌卡的意涵，當然可以在深夜裡算塔羅牌。

Q 為什麼算完塔羅後覺得很累？

A：相信我，這絕對不是什麼牌神牌靈之類的東西，解釋塔羅牌本來就要消耗許多精神力

量，而動腦和身體的勞動一樣會產生疲憊感，就連我在解釋星盤時都會產生同樣的疲憊狀況。所以覺得疲憊時，就不要再算塔羅牌了，好好的休息去吧！

Q 舊牌該怎麼處理？

A：當你使用的牌舊了想要換一副新牌時，建議你將舊的牌好好的保存起來。這畢竟曾是陪伴你的好伙伴，雖然已經不堪使用也需要好好的對待，千萬不要亂丟，這樣感覺很不好。有時在某些情況下不想要將牌保留在身邊（通常是因為覺得和這副牌不對盤，或覺得他帶來些麻煩時），可以找個小鐵罐選擇新月那一天把牌給燒了，此時千萬要留意火苗狀況與居家安全，然後用水沖走。接著用左手抓一小把鹽走到家門外，面向家門，將鹽朝右肩撒去，這是一個在西方相當常見的驅魔方式，可以把厄運趕走。

Q 如何避邪？

A：就算我們一直強調，塔羅牌不邪門，總還是有人心裡發毛。西洋神祕學中有許多避邪的方式，不只可以用在塔羅占卜中，也可以在平時使用。準備一個7平方公分的白色棉布袋，在裡面放上粗鹽當作護身符；也可以到魔法商店尋找猶太的六芒星作為護身符；甚至還可以在坊間發現許多種類的護身符，只要你相信這些力量，心誠則靈。

Q 該使用哪一種塔羅牌好？

A：正如前面提過的的塔羅牌有許多不同的形式，最常見的包括了偉特塔羅牌系列、馬賽塔羅牌系列，克勞力透特塔羅牌與其他。甚至偉特塔羅牌擁有許多不同的版本，包括原始的羅伯強生繪版、普及版、以及水彩繪版、迷你版。與偉特塔羅牌相近的其他塔羅牌包括了，芭芭拉華特塔羅牌、新世紀塔羅牌、俄羅斯塔羅牌……等。馬賽塔羅牌則包含了許多不同古版本的重製本，其中也包含了威斯康提塔羅牌等。

大多數的人開始練習時都選擇使用偉特版本系列，由於偉特塔羅牌的流傳相當廣泛，解釋的版本也相當的多。例如，中文書籍中可以找到澳洲作家保羅凡頓的《其實你已經很塔羅了》，以及瑞秋波拉克女士的《78度智慧》等書，兩位作者所附加的引導都很適合初學者。此外，我也建議大家閱讀偉特本人的著作，雖然目前尚未有中文譯本出現，但是偉特的解釋並不多也不深奧，不是長篇大論，閱讀時可以順便增進英文能力，一舉兩得！

我所喜歡的是馬賽塔羅牌，由於是塔羅牌的基礎原本，在解釋的時候只要注意每張牌的原意，不會被太多的符號所干擾。大部分的塔羅牌都可以從馬賽塔羅牌取得基本解釋，除非牌的畫面更動太多。例如：偉特版本裡的小祕儀，或是大祕儀當中的魔術師、皇后、戀人、戰車、命運之輪、太陽……等，都必須找到偉特獨特的解釋。馬賽塔羅牌絕大多數的相關書籍都是法文原文，我們會發現有部分的英文書籍，但是常常參雜了黃金黎明結社之後的思想，所以不在這裡推薦給大家。

至於克勞力透特的塔羅牌，有著相當獨特的解釋，如果真的想要使用必須找到克勞力

透特塔羅牌的著作，如：TAROT DIVINANTION 或透特之書等。大部分市面上的塔羅書籍不能用來解釋克勞力的牌。此外我們還常看到具有埃及風格的塔羅牌，其小祕儀部分與馬賽塔羅牌相同，但大祕儀上有許多埃及神話，必須深入瞭解埃及神話，才能夠使用這樣的牌。

坊間還有清水玲子塔羅牌或是其他畫家繪製的塔羅牌，基本上與大部分的塔羅介紹書籍無關，必須找到原創者所給予的闡釋，才有辦法解釋。

在種類這麼多的牌當中，選一副看起來很舒服，用起來很順手的塔羅牌就可以。在下一個章節我們會做一些塔羅牌的介紹，讓大家對各式各樣的塔羅牌有粗淺的認識。

Q 能不能只使用大祕儀？

A：當然可以，大祕儀所能夠涵蓋的範圍相當廣，只用大祕儀占卜就可以提供許多解釋，並且做出正確的建議。大小祕儀合用的七十八張牌，能做出精確的事件分析，大祕儀強調問題的主旨與大綱以及關鍵，小祕儀呈現事物的型態。如果你剛開始學習使用七十八張牌，會發現七十八張牌不如二十二張牌來得好用，因為有時七十八張牌反而會模糊焦點，建議你應該多下點功夫在小祕儀的練習上。

Q 該怎麼讓我的占卜技巧更進步？

A：很多人占卜一段時日之後會發覺陷入瓶頸，覺得對牌的解釋不太滿意。恭喜你！這象徵著你該向前跨一步了。仔細觀察大祕儀當中的生命歷程，不就是循著每一個階段前進？當一個階段告一段落或結束時，下一個階段就會誕生，在這裡要提供一些過來人的建議，讓你能夠有更精進的占卜技巧。

1. 不要太過依賴書本，很多占卜者抱怨再怎麼解釋，總不脫某些範圍。發現牌和問題不切題時，就支支吾吾的找不出適當的話來。這是初學者常遇到的問題，問題出在太過依賴書本，書上告訴你的是基本牌義，但延伸與應用都得靠自己的體會。同一個問題同一張牌，一百個塔羅占卜師會有百種不同的解讀方式。很多人覺得書本裡只解釋牌義不夠，有時候我覺得書本解釋太多了，在瞭解牌義時，不妨多多練習自己的聯想力。相信自己的直覺，第一個感覺是什麼就老實的說出來，就算感覺到對方不老實或是沒有說出真正的問題，也可以直說。如果有基礎的牌義概念，相信聯想應用對你來說應該不難。

2. 多多記錄自己的占卜結果，時時刻刻翻閱，有時候將靈光一閃地出現不同的想法！

3. 遇到瓶頸時，不妨暫時放下一陣子。如果不是職業占卜師不妨暫時將塔羅牌忘掉，回歸沒有塔羅牌的生活，過一陣子重新拿牌時會有更多的感覺。

4. 多閱讀相關的書籍或教學網站，這裡指的相關書籍包括中英文的塔羅書籍，吸取新知對推算占卜有相當大的幫助。除了塔羅的相關書籍之外，還可以閱讀占星術、鍊金術、西洋神祕學、神話學、哲學……等書籍。記住一個重點：生活領域越寬廣，塔羅功力將越深厚！

馬賽塔羅與古典義大利系統

1 **馬賽塔羅Jean Dodal 繪製版**（Tarot of Marseille）

此著名版本是Jean Dodal於西元一七〇一年在里昂印製，由法國的塔羅學者修復，從他們的網址（http://english.letarot.com/）可以找到這個古老版本的相關資訊，甚至包括這個繪製版本與其他繪製版本的比較。這個網站也提供豐富的塔賽塔羅常識。值得一提的是，Jean Dodal的繪製版本在歐陸相當流行。

http://english.letarot.com/pages/03symb.html

2 **馬賽塔羅Jean Noblet 繪製版**（Tarot of Marseille）

同一個團隊也修復了現存於巴黎國家圖書館中較早期的塔羅牌，這是十七世紀Jean Noblet的繪製版，在畫風上這個較早的版本與後來的版本有顯著不同，仔細看它的戀人牌，愛神的眼睛是被矇住的，象徵愛情的盲目。

http://letarot.com/images/original_Noblet/ll_bateleur.htm
http://letarot.com/images/original_Noblet/la_papesse.htm
http://letarot.com/images/original_Noblet/lamovrevx.htm
http://www.aeclectic.net/tarot/cards/noblet-marseilles/

3 **馬賽塔羅Nicolas CONVER,CAMOIN 修復版**
（Tarot of Marseille）

西元一七六〇年由Nicolas CONVER繪製的馬賽塔羅，目前存放於巴黎國家圖書館，號稱是現存最完整的一套古馬賽塔羅牌，由Philippe CAMOIN與他的伙伴重新複製，從網頁上（http://www.camoin.com/tarot_en/index.asp）可以看到許多有關馬賽塔羅的修復進度，以及馬賽塔羅的相關消息，他們甚至在巴黎、馬賽開設馬賽塔羅的研修課程。Nicloas CONVER與Jean Dodal這兩個繪製版，是歐陸最常使用的馬賽塔羅版本。

http://www.aeclectic.net/tarot/cards/marseilles/

http://www.camoin.com/tarot_en/regarder_tmt/voir_tmt.asp

http://www.camoin-cie.com/index.html（這是Nicolas CONVER的木版印刷的模子）

4 馬賽塔羅 Nicolas CONVER Heron 印製版號 （Tarot of Marseille）

同樣是西元一七六〇年 CONVER 的繪製作品，由 Heron 公司印製。和 CAMOIN 版不同的是，他們不做修復即重印，保留了和巴黎國家圖書館存放版本相同的古老風貌，更添歷史性，也讓這副塔羅牌在法國相當受到歡迎。這也是我目前使用的馬賽塔羅牌。

http://www.aeclectic.net/tarot/cards/heron-marseilles/

同樣一套牌，義大利 Lo scarbeo 公司（台灣的塔羅玩家通常稱它「聖甲蟲公司」）也有出版，雖然沒有將圖形完全修復，不過可能在顏色上做過修復，所以仍與 Heron 版本有所不同。

http://www.aeclectic.net/tarot/cards/ancient-marseilles/

5 威斯康提塔羅 （The Visconti Tarot）

這就是之前介紹過著名的威斯康提與史佛薩家族保存的塔羅牌，西元一四二五年由義大利畫家繪製，保存在紐約的博物館中。目前有三個版本流傳於市面，第一個版本稱為威斯康提塔羅（The Visconti Tarot），這個版本又稱做黃金版（The Golden Visconti），由聖甲蟲公司出版，因為其背景花紋採用燙金，顏色也經過修復，採取亮麗的藍綠色調，無論收藏（因為黃金版囉！）或占卜都相當適合（聖甲蟲公司還出版了附帶書籍解讀版），不過要注意，威斯康提版本的塔羅牌未列出號碼與名稱，初學者得多花點時間去認識。

http://www.aeclectic.net/tarot/cards/visconti/

6 威斯康提史佛薩塔羅 （The Visconti-sforza Tarot）

第二個版本由著名的美國遊戲公司（U.S. Game）出版，它保留了原始風貌，僅僅在顏色上做修復，使得圖案中的景物、人像較容易辨識，雖然沒有聖甲蟲公司版本的豪華燙金背景，與鮮豔的藍綠色調，但卻更有復古風

格，頗受塔羅收集與玩家的喜愛，因此即使面對聖甲蟲的強烈挑戰，美國遊戲公司仍能採取高價位。

http://www.aeclectic.net/tarot/cards/visconti-sforza/

7 威斯康提塔羅卡利耶魯版（Cary-Yale Visconti Tarot）

同樣是由美國遊戲公司出版的威斯康提塔羅，卡利耶魯版則完整呈現未修復的風貌，顏色較為黯淡，甚至有些難以辨識，比較適合收藏，如果真要用這副牌來占卜，眼力得要很好，雖然美國遊戲公司聲稱所有塔羅牌要素仍可以辨認，但我大概是老眼昏花了，總覺得看起來很吃力啊！

http://www.aeclectic.net/tarot/cards/cary-yale-visconti/

8 西班牙塔羅 Liguria-Piedmontese 木刻板（Spanish tarot）

西班牙塔羅雖然名叫西班牙，卻與馬賽塔羅相差不大，主要仍源自十六世紀法國南部與義大利北部的風格，在顏色上卻增加了西班牙特有的豔麗色彩，這套牌印於十八世紀，目前由 Fournier 公司出版，牌面同時印有英文與西班牙文。

http://www.aeclectic.net/tarot/cards/spanish/

9 1JJ 瑞士塔羅（1JJ Swiss tarot）

相當著名的瑞士塔羅牌，於十九世紀時印製，畫風上有相當明顯的仿古風格，甚至用希臘神話中的朱諾（希拉）和朱彼得（宙斯）取代女祭司與教皇，這也是我較早接觸的仿古塔羅之一。

http://www.aeclectic.net/tarot/cards/1jj-swiss/

10 古伊突利亞塔羅（Ancient Minchiate Etruria Tarot）

　　之前曾提到十六、十七世紀左右，義大利有許多塔羅牌的變化形式，他們加入黃道十二宮或基督教信仰的牌義，讓整套牌到達九十或一百張以上，這套古伊突利亞塔羅就是類似塔羅的現存品，這套牌印製於十八世紀，整套牌除了小祕儀外，大祕儀的部分刪除了教皇與女祭司，卻增加了黃道十二宮四美德與四元素，由聖甲蟲公司出版。

http://www.aeclectic.net/tarot/cards/ancient-minchiate-etruria/

11 古義大利塔羅（Ancient Italian Tarot）

　　這套牌是根據西元一八三五年Carlo Della Rocca繪製的塔羅牌印製，不過現今版本卻是從西元一八八〇年左右才開始流傳，主要為十九世紀畫風，你會發現它與之前介紹的1JJ swiss塔羅，還有古伊突利亞塔羅風格相近，雖然是十九世紀的創作，但在主要精神上仍與馬賽塔羅十分接近。

http://www.aeclectic.net/tarot/cards/ancient-italian/

12 中世紀史卡皮尼塔羅（Medieval Scapini Tarot）

　　由Luigi Scapini所創作，採用類似威斯康提塔羅牌的十五世紀風格，但卻在小祕儀的部分給予不同的暗示，這是過去古典塔羅牌系統中很少出現的作法。

http://www.aeclectic.net/tarot/cards/medieval-scapini/review.shtml

偉特系統的塔羅牌

13 萊德偉特塔羅（Rider-Waite Tarot）

　　這是相當受到塔羅玩家喜愛的牌，甚至被公認為目前最適合初學者使用的牌，是偉特（A.E Waite）與Pamela Coleman-Smith的傑出創作。我們一開始就介紹過偉特的生平。這套牌有無數個版本，從大小不一的口袋版、迷你版、收藏用的巨人版（要用來占卜也可以，就怕桌子不夠大），到重新上色的普及版阿爾巴諾版，甚至是承襲了偉特精神卻重新繪製的版本，台灣的塔羅玩家喜歡稱他們為偉特系統，至於國外玩家稱他們RWS系統，也稱這套牌為RWS，更有無數的塔羅占卜書以這套牌為藍本作解說，如果你還不認識

這套牌，就有點遜囉！

http://www.aeclectic.net/tarot/cards/rider-waite/

14 萊德偉特塔羅—口袋版（Pocket Rider-Waite Tarot）

覺得一般的塔羅牌太大，不方便攜帶嗎？那麼萊德偉特塔羅--口袋版大概就能滿足你的需求，約莫五公分寬九公分長，真的可以讓你走到哪算到哪。

http://www.usgamesinc.com/search/viewProduct.cfm?Product_ID=441

15 萊德偉特塔羅—巨人版（Giant Rider-Waite Tarot Deck）

真搞不懂美國遊戲公司會什麼會設計長十六公分、寬十公分的巨人版，光是算個聖三角牌陣，就要排滿一整張咖啡桌，如果算六芒星或賽爾特十字，恐怕得趴在地板上或攤在床上上才能算，除非你是《哈利波特》中的巨人海格或美心夫人，否則這個版本還是只適合收藏吧！

http://www.usgamesinc.com/search/viewProduct.cfm?Product_ID=439

16 偉特塔羅—普及版（Universal Waite Tarot）

這套牌就是我們剛剛提過的重製版，是由瑪莉漢生——羅伯重新以水彩上色，擺脫了史密斯版的雕刻與粗糙的線條，漢生羅伯的細膩畫工與柔和色彩，讓這許多塔羅玩家愛不釋手，是偉特塔羅系統中，甚至比原始RWS版本更受歡迎的一套牌，也是我在使用馬賽塔羅牌之前主要使用的牌。有位法國塔羅占卜師對我說，他每次看到普及版的畫面就覺得很安詳，很放心，所以

直到如今我仍保留這副牌，許多重要時刻我仍拿出來替自己占卜，就像和老友聊天一樣。

http://www.aeclectic.net/tarot/cards/universal-waite/

⑰ 迷你偉特普及版（Universal Waite Tarot Deck, Tiny）

　　這是美國遊戲公司替普及版製作的迷你版，約二公分×三點五公分，當護身符使用還可以，如果真的拿來用就太小了，光是洗牌就擔心牌會滿天飛舞，收牌時困難度更高，美國遊戲公司還把這個版本設計成鑰匙圈的包裝，真是太可愛了！不過由於設計的關係，鑰匙圈盒子的開關常常會出問題，有次我就趴在天母街頭滿地找那七十八張迷你塔羅，雖然全找回來，卻也累出一身汗，從此再也不帶它出門獻寶了。

http://www.usgamesinc.com/search/viewProduct.cfm?Product_ID=22404

⑱ 鑽石偉特塔羅（Diamond Tarot）

　　同樣是RWS的系列，由Marie-Louis Bergoint設計，將塔羅融入了亮麗色彩，具有New age效果的邊框，老實說我並不是很喜歡，它讓塔羅占卜師無法專心在偉特的塔羅世界裡，不過這只是個人觀點，或許有人愛死這副牌的設計呢！

http://www.aeclectic.net/tarot/cards/diamond/

⑲ 新視覺塔羅（Tarot of the New Vision）

　　乍看會以為是一副重新上色的塔羅，卻隱約覺得怪，魔術師怎麼把屁股對著你，背後還躲著一隻猴子？這套聖甲蟲公司出版的新視覺塔羅，設計師Gianluca Cestaro & Pietro Alligo用完全不同的視野來看偉特塔羅所要表達的意思，雖然相當有趣，但如果要用它來占卜，偉特的解釋恐怕只能當作參考，不能完全使用，不過，這種牌倒可以讓占卜師練習腦力激盪。

http://www.aeclectic.net/tarot/cards/tarot-of-the-new-vision/

⑳ 摩根吉爾塔羅（Morgan-Geer Tarot）

　　這套由摩根吉爾繪製的塔羅牌，仍然遵循著偉特系統的風格，只是用不

同畫風重新加以詮釋，在色調上鮮豔且飽滿，構圖也相當豪邁，頗有大將之風，受到許多人喜愛，在Aeclectic tarot網站中，這套牌獲選西元二〇〇三年十大最受歡迎塔羅牌的第八名。

http://www.aeclectic.net/tarot/cards/morgan-greer/

21 漢生羅伯塔羅（Hanson-Robert Tarot）

這是RWS普及版作者瑪莉漢生－羅伯的創作版本。雖然說是自行創作，但也遵循著偉特的精神，所以仍將它放在偉特系統裡，色調與普及版略同，但在畫風上有顯著不同，不妨拿這套牌與摩根吉爾比較，就會發現他們都把焦點縮小，將重點擺在人物而非景致上。

http://www.aeclectic.net/tarot/cards/hanson-roberts/

22 水瓶世紀塔羅（Aquarian Tarot）

怪異的西元一九二〇年代裝飾畫派的風格，採用大膽的線條以及強烈對比的顏色，會讓你誤以為是上個世紀初的廣告海報，事實上從這副塔羅牌的

名稱就可以看出，David Palladini 的創作時期並不早，是約在西元一九七〇年代嬉皮時期所創造，當時盛行的就是愛與和平的水瓶世紀思想，這套牌因此承襲當時的思想，呈現出完全不同的風貌。

http://www.aeclectic.net/tarot/cards/aquarian/

㉓ 羅賓伍德塔羅（Robin Wood Tarot）

　　許多人將羅賓伍德這套牌放在偉特系統當中，儘管風格迥異，但的確是一套受到偉特塔羅牌啟發的塔羅牌，牌中大量應用神祕學元素，以及偉特塔羅牌的精神，試圖創造出一套特殊的塔羅牌。它在歐美相當受到歡迎，多次攻上 Aeclectic 十大年度受歡迎塔羅的行列，甚至在西元二〇〇〇年拿到第一名。它也是相當適合初學者的塔羅牌。

http://www.aeclectic.net/tarot/cards/robin-wood/

㉔ 古英國塔羅（Old English Tarot）

　　為仿古風格的創作，你可以說它和先前介紹的塔羅一樣，試圖以仿古風格詮釋偉特塔羅牌的精神，甚至在大祕儀上運用馬賽系統的戀人牌——丘比特飛翔在一個男人與兩個女人之上，取代了傳統偉特塔羅牌中的亞當夏娃，甚至在部分小祕儀牌上也有著不同的解釋，部分的精神採用了馬賽系統的牌義，所以在使用時得稍加留心，不可以全照著偉特的解釋方法來讀卡片。

http://www.aeclectic.net/tarot/cards/old-english/

The Empress　　The High Priestess　　Seven of Swords　　Ace of Coins

㉕ 俄羅斯塔羅（Russian Tarot of St. Petersburg）

　　儘管顏色再怎麼豐富，其黑色背景與俄羅斯風格畫作，總是給人消沉

的感覺，所以就算我很喜歡這套牌，但仍然不喜歡用它替人占卜。剛買這套牌時，我試著替自己占卜幾次，但每次總感到極大的壓力，曾經和好朋友討論，他認為這套牌頗適合摩羯、天蠍這類抗壓性高，不怕指示太過尖銳的朋友。事實證明，當我把這套牌送給一個摩羯座朋友時，他愛死了，比起我那些溫吞的偉特普及版水彩畫，他覺得這套牌更適合他。這套牌的繪製相當精美，小祕儀也延續了偉特的圖解風格。事實上，創作者Yury Shakov並沒有真的完成這套牌，他在完成部分牌之後就過世了，剩下的牌是由其他的藝術家接續完成。

http://www.aeclectic.net/tarot/cards/russian-st-petersburg/

The Chariot　　Strength　　Eight of Swords　　Ace of Coins

26 金色沙皇塔羅（The Golden Tarot of the Tsar）

雖然稱做沙皇塔羅，但這套牌並不是真的藉由俄羅斯貴族來詮釋，事實上，它使用許多東正教的精神，你會發現耶穌與聖母瑪莉亞的身影出現在這套牌中。不過在小祕儀上，這套牌和其他牌有許多的不同，就連慣用的代表符號都差異頗大，不適合初學者使用，就算是塔羅玩家，也很少有人會用這套牌，大多建議當作收藏品。

http://www.aeclectic.net/tarot/cards/golden-tarot-tsar/

27 天使塔羅（angel taro）

偉特塔羅詮釋精神受歡迎的程度，可以從與其相關的塔羅牌數量看出來，如果要把所有的牌都介紹完，恐怕就沒有機會介紹其他的牌了！這裡介紹最後一套與偉特塔羅相關的塔羅牌——天使塔羅。原本以為這是所謂的天使卡（和流行的奧修禪卡一樣，並不能算是塔羅牌，只能稱做占卜用紙牌），後來才知道這也是一套承襲偉特精神的塔羅牌，亮麗的畫風與融合了許多守護

天使的精神，使得這套牌相當獨特，如果你對於西方的天使相當瞭解，不妨試試看這套牌。

http://www.aeclectic.net/tarot/cards/angel-2/

埃及風格系統

28 古埃及塔羅（Ancient Egyptian Tarot）

就因為十九世紀有法國塔羅學者認為，金字塔內的壁畫與塔羅有關，於是出現了一堆牽強附會的埃及風格，但老實說，我對埃及畫風塔羅並不感興趣。然而對塔羅牌創作者來說，這也是一種不錯的思考路線，作者將埃及的文化、信仰、古埃及人的生活精確的表現出來。但得特別提醒你，使用這種埃及風得多瞭解埃及神話，尤其在大祕儀中有顯著不同，不過話說回來，這套牌的小祕儀部分，說它是埃及風的偉特版也不為過。

http://www.aeclectic.net/tarot/cards/ancient-egyptian/

29 拉梅司永恆塔羅（Ramses Tarot of Eternity）

同樣是仿古埃及的塔羅，永恆塔羅主要使用的是西元前十三、十四世紀的信仰，無論大祕儀或小祕儀，都有獨特的解讀方式，所以不建議用偉特塔羅的意涵來思考，恐怕得自己做功課，參考古埃及歷史和當時的信仰了。
（編按：無參考網址）

30 司芬克斯塔羅（Tarot of Sphinx，又稱人面獅身塔羅）

人面獅身塔羅的風格比前面兩套簡單，但在精神上卻更接近埃及風格，不過別被褪色的圖案給騙了，這套牌其實是現代的創作，作者非常認真地加入了埃及象形文字與圖騰，如果不瞭解埃及精神，還真難解讀，更何況，人面獅身司芬克斯本身就是個愛出謎題的怪物，占卜後會不會更加滿頭霧水呢？

http://www.aeclectic.net/tarot/cards/ancient-egyptian/

其他特色塔羅──適合用於冥想的塔羅

31 克勞力透特塔羅（Crowley Thoth Tarot Deck）

在英國神祕學史以及世界塔羅名人錄上，克勞力是個絕對不能忽略的人物，他曾經加入「黃金黎明」這個神祕學組織，還導致組織內訌，而他的成名代表作──克勞力透特塔羅，則非常受歡迎。克勞力的神祕學知識豐富，他將猶太卡巴拉思想、鍊金術以及埃及神學思想大量融入這套牌，更寫下了著名的《透特之書》。但是當你看這本書時，會被它糟糕的編排搞得昏頭轉向，建議你在準備使用這套牌或看《透特之書》前，最好先對卡巴拉、埃及神話、以及鍊金術等西洋神祕學概念有基本了解，也最好瞭解克勞力本人的背景，才不會摸不著頭緒。這套牌真的不適合初學者，雖然有許多人使用，也有人說只要能夠融入牌就好，不必管什麼卡巴拉或埃及神話知識，但我仍不同意這樣的說法，畢竟克勞力將許多符號隱藏在其中，關於這套牌的使用和解釋，就可以寫成好幾本書。

就像中國的打禪靜坐，冥想與瑜珈，是最近西方開啟新世紀（New age）風潮之後頗為盛行的心靈修鍊活動，也才會出現所謂的冥想塔羅。冥想塔羅並非意味用冥想就可以得到塔羅占卜的解答，而是要使用於冥想的儀式中，讓自己專心體驗不同的境界，但如果用它來占卜，無法解讀符號，單是憑著直覺看圖說故事，會顯得有些不負責任，也無助於冥想的修鍊。

http://www.aeclectic.net/tarot/cards/aleister-crowley-thoth/

32 心靈塔羅（Tarot of the Spirit）

同樣是受到新世紀風格影響的塔羅牌，也很適合用作冥想修鍊。它以傳統西洋神祕學中的火風水土，替代了權杖、寶劍、聖杯、金幣，也用父母子女，取代了宮廷牌中的國王、皇后、騎士、侍衛，在大祕儀中，以「Kama」也就是佛家所說的「業」或「因果」來取代正義，許多人認為這套牌適合初學者，但也建議使用者不要將自己限制在這套牌中。

http://www.aeclectic.net/tarot/cards/tarot-of-the-spirit/

33 迴旋塔羅（Spiral Tarot）

強烈的冥想風格，灰暗與冷色系的色調，加上朦朧的畫風，讓人有種冰冷又悲傷的美感，但要小心這套牌的特色正在這裡，占卜時很容易牽動負面情緒，所以不太建議初學者使用，也不建議用來替人占卜，除非你確信自己

很理智，不會受這套牌的悲傷風格影響。但也因為這套牌的畫作實在太美，曾經三次被 Aeclectic 評選為前十大，大約都在第八到第十名左右。

http://www.aeclectic.net/tarot/cards/spiral/

XXI The World

V The Hierophant

0 The Fool

XIV Temperance

其他特殊塔羅

③④ 芭芭拉沃克塔羅（Barbara Walker Tarot）

強烈的母系社會的風格，以及女性情慾的解讀，曾被許多人稱為最具有女性主義的塔羅牌。但芭芭拉沃克的塔羅牌有時真怪得讓人不敢輕易碰觸，其黑暗風格、圖案怪異，如果不能完全解讀母系社會神話精神，建議不要輕易嘗試。當然這套牌也有解說手冊，可供有心人用來更進一步瞭解這套牌。

http://www.aeclectic.net/tarot/cards/barbara-walker/

Virginal
Reine des Coupes　　　　Regina di Coppe
Queen of Cups
Königin der Kelche　　　Reina de Copas

Bonheur　　　　Felicità
Glück　　　　　Felicidad
Happiness
Neuf des Coupes　　Nove di Coppe
Nine of Cups
Neun-Kelche　　　　Nueve de Copas

Déclin　　　　Declino
Niedergang　　Declinación
Decline
Quatre des Coupes　　Quattro di Coppe
Four of Cups
Vier-Kelche　　　Cuatro de Copas

Travail　　　　Lavoro
Arbeit　　　　Trabajo
Work
Trois des Deniers　　Tre di Denari
Three of Pentacles
Drei-Pentakel　　　Tres de Oros

③⑤ 女神塔羅（The Goddess Tarot）

同樣是女性色彩濃厚的塔羅牌，但女神塔羅比芭芭拉沃克容易親近多

了。這套牌中所有的大祕儀，都以女神為代表，從埃及、希臘、印度、賽爾特到中國的女神，都出現在這套牌中，猜猜看中國的嫦娥放在哪個位置？在整個亞洲，從印度、西藏、中國、日本都被崇拜的觀音又在哪個位置呢？更特別的是這套牌的小祕儀，是以四位女神的故事作為主軸，畫風精美，不但具有收藏價值，而且只要熟悉諸位女神的神話故事，拿來占卜絕對不會有問題。這套牌被 Aeclectic 網站票選為西元二〇〇二年第十大受歡迎的牌。

http://www.aeclectic.net/tarot/cards/goddess/

36 圓形塔羅（Motherpeace Tarot）

這套牌的英文名雖然叫和平之母塔羅，但由於特殊的圓形紙卡，讓我們一直叫它圓形塔羅。它的特殊造型曾贏得不少關注，不過很少人注意到其中強烈的女性主義，牌中雖有部分男性圖像，但仔細觀察的話，仍會發現牌中所強調的男女平等喔！使用這套牌得專注於牌的解釋，不要死背偉特的解釋，畢竟這套牌沒有正位與逆位。

http://www.aeclectic.net/tarot/cards/motherpeace/index.shtml

37 三女神塔羅（Triple goddessTarot）

我們很少介紹只有二十二張大祕儀的塔羅牌，但這套牌實在太特殊了，值得一提。三女神塔羅和其他以女神或女性主義為主的塔羅一樣，以女性圖案為主，不過這套牌又融入了大量新世紀概念，仔細看它的編號與解釋，與傳統的塔羅牌有些不同，例如：愚人變成為飛入春天（flying into spring），它在繪圖上相當的精緻且華麗，而且還附帶七張稱為chakra的卡片用，來讓求占者與自己溝通或冥想，相當特殊，適合喜歡 New age 的玩家使用。

http://www.aeclectic.net/tarot/cards/triple-goddess/index.shtml

38 達利塔羅（Dali Universal Tarot）

畫風詭異又超現實，這副達利塔羅的藝術性頗高，不過卻很少有人用它來占卜，或許是實驗性格太強了吧！要解讀這套牌，你得完全進入虛幻的世界，它甚至和克勞力的透特塔羅、或是後面要介紹的黃金黎明魅惑塔羅同一個調調。

http://www.aeclectic.net/tarot/cards/dali-universal/

39 幻想塔羅（Fantastical Tarot）

特殊的現代畫風，曾被票選入圍十大受歡迎塔羅之一。仔細看圖案人物，都是閉著眼睛，在造型上頗有星際大戰或精靈的感覺，這套牌在小祕儀部分並沒有像偉特牌一樣的圖示，所以必須花點時間搞清楚。

40 神話塔羅（Mythic Tarot）

這套牌採用希臘神話為主軸，皇帝牌是宙斯，皇后牌則是西拉，在小祕儀部分，權杖牌組用的是傑森取金羊毛的故事，聖杯則是描述邱比特與皮斯切公主的愛情故事，寶劍牌組則是奧瑞司特因弒母與復仇女神之間的爭執，至於金幣牌組則是希臘神話中傑出工匠泰達魯斯，建立米諾陶迷宮的故事。這套牌我很久以前就有了，那時初學塔羅，總是被這套牌弄得暈頭轉向，因為根本不知道不同的塔羅有不同的解釋，很難將到懸者的角色與普羅米修司連想起來，使用這套牌應深入希臘神話的諸神個性，還有神話故事的情節，會比死背偉特的解釋來的有用多。

http://www.tarotwisdomreadings.com/TarotDecks/Mythic.html

41 愛之塔羅（Tarot of Love）

充滿柔美的水彩畫風，這套牌以解讀男女關係而聞名，每張牌都有象徵的花語，是使用這套牌時必須多下苦心的地方。

http://www.aeclectic.net/tarot/cards/tarot-of-love/

42 精靈塔羅（Fairy Tarots）

相當令人愛不釋手的作品，由義大利聖甲蟲公司出版。在圖案當中充分的顯示了歐洲人對精靈的崇拜與幻想，也包括許多森林中的生物，相當輕鬆活潑。

http://www.aeclectic.net/tarot/cards/fairy-tarots/

43 黃金黎明塔羅（Golden Dawn Tarot）

這是三套黃金黎明結社時期出版的塔羅，其中最著名者就是常見的RWS偉特塔羅，另一套也是頗為有名的克勞力透特塔羅，但這套由羅伯王設計的黃金黎明塔羅卻較不為人知。請仔細看看詮釋上是不是與偉特有相似之處呢？但這套牌仍有它獨特的風格與解釋方法，不能完全用偉特塔羅來解讀喔！

http://www.aeclectic.net/tarot/cards/golden-dawn/

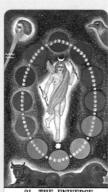

11 JUSTICE　　10 WHEEL OF FORTUNE　　21 THE UNIVERSE　　5 THE HIEROPHANT

44 塞爾特龍族塔羅（Celtic Dragon Tarot）

賽爾特民族以神話出名，他們的精靈與龍的傳說，早已融入許多歐洲的古老童話故事中，「龍」這種神奇的生物，更是賽爾特人對於強大自然力量的解讀。賽爾特龍族塔羅當中有許多關於賽爾特民族所使用的圖騰與符號，

使用這套牌最好讀熟相關書籍。

http://www.aeclectic.net/tarot/cards/celtic-dragon/

45 龍族塔羅（Dragon Tarot）

雖然畫風雖然不同，但龍族塔羅和賽爾特龍族塔羅一樣，都以龍為主題，都以歐洲人對龍的傳說來解讀這套牌，畫風生動活潑，也使得這套牌在歐美頗受歡迎，特別受到男性占卜師的喜愛。

http://www.aeclectic.net/tarot/cards/dragon/

46 亞瑟王塔羅（Arthurian Tarot）

以英國著名的亞瑟王與圓桌武士傳說為基礎，與下一個聖環塔羅相同，但這套牌以較為古典的畫風，將如此陽剛的傳說以溫柔的方式表現出來，曾經在西元二○○一年獲選為十大受歡迎塔羅的第四名。

http://www.aeclectic.net/tarot/cards/arthurian/

47 聖環塔羅（Sacred Circle Tarot, 2001 5* 2002 6* 2003 7*）

這套牌充滿了賽爾特的神祕風，賽爾特民族遍佈歐洲西部，從愛爾蘭、蘇格蘭、英格蘭到法國沿海的布列塔尼，都有著強烈的賽爾特信仰，精靈、土地、樹木、龍、魔法等等，細膩的畫風與豐富的內容與思想，讓這套牌在前幾年都在十大受歡迎塔羅牌之列。

http://www.aeclectic.net/tarot/cards/sacred-circle/

48 魔戒塔羅（The Lord of the Rings Tarot）

雖然看不到電影版的魔法師甘道夫，也看不到帥氣的精靈奧蘭多布魯，但這的確是以故事《魔戒》為主軸的塔羅牌。使用這套牌的前提，當然就是得把《魔戒》看得滾瓜爛熟，否則根本無法順利解出牌義。

http://www.aeclectic.net/tarot/cards/lord-of-the-rings/

In the battle for Minas Tirith, the balance of power has now shifted.

Gandalf confronts the Balrog. Gandalf loses his life, but is to be reborn.

The Nine Riders know nothing except the will of their Dark Lord.

The Lady Éowyn takes the initiative and slays the Nazgûl Chief.

⑨ 維京人塔羅（Vikings Tarot）

嚮往冰天雪地的斯堪地納維亞半島嗎？嚮往維京人航海及神話故事嗎？那你可以試試這套以維京人生活與神話為主軸的維京人塔羅。這套牌雖然在畫風上完全不同於偉特，仔細解讀後會發現，小祕儀仍脫離不了偉特系統的解釋法，只不過你得更用心的理解關於北歐民族的神話，才有助於解讀這套牌。

http://www.aeclectic.net/tarot/cards/vikings/

⑩ 特別推薦一布拉格塔羅（Tarot of Prague）

第一次看到這套塔羅牌時，立刻被吸引住，難怪它會成為西元二○○三年最受歡迎的塔羅。布拉格被稱為魔術之城，在中古的歐洲當中，鍊金術、魔法、神祕學等在此大受歡迎，因此它在畫風上融合東歐神祕色彩，揉合了傳統美學、立體透視與超現實主義的表現手法，顏色大膽豐富，所有牌義均明顯的藉由繪圖呈現。在大小祕儀的解讀上，以偉特的塔羅牌解讀為基調，值得注意的是，這套牌有兩張死亡（其中一張較令人恐懼），不過這套牌是限量版，只有三千五百套，想要買來炫耀的人可得多花些錢。

http://www.aeclectic.net/tarot/cards/prague/

感謝熱情贊助提供塔羅牌

◆ 元生塔羅牌專賣店
◆ 超心靈新時代商店

塔羅占卜全書〔經典收藏增訂版〕

作　　　　者	╱魯道夫、Amanda
文 字 整 理	╱刊欣媒體工作室
企 劃 選 書 人	╱劉毓玫
責 任 編 輯	╱何寧
內 文 編 輯	╱劉毓玫

版權行政暨數位業務專員	╱陳玉鈴
資 深 版 權 專 員	╱許儀盈
資 深 行 銷 企 劃	╱周丹蘋
業 務 主 任	╱范光杰
行 銷 業 務 經 理	╱李振東
副 總 編 輯	╱王雪莉
發 行 人	╱何飛鵬
法 律 顧 問	╱元禾法律事務所 王子文律師
出　　　　版	╱春光出版 台北市 104 民生東路二段 141 號 8 樓 電話：(02) 25007008 傳真：(02) 25027676 部落格：http://stareast.pixnet.net/blog E-mail：stareast_service@cite.com.tw
發　　　　行	╱英屬蓋曼群島商家庭傳媒股份有限公司城邦分公司 台北市民生東路二段 141 號 11 樓 書虫客服服務專線：(02) 25007718・(02) 25007719 24 小時傳真服務：(02) 25001990・(02) 25001991 服務時間：週一至週五 9:30~1200，13:30~17:00 劃撥帳號：19863813 戶名：書虫股份有限公司 讀者服務信箱 E-mail：service@readingclub.com.tw 歡迎光臨城邦讀書花園 網址：www.cite.com.tw
香 港 發 行 所	╱城邦（香港）出版集團有限公司 香港灣仔駱克道 193 號東超商業中心 1 樓 電話：(852) 25086231 傳真：(852) 25789337 E-mail：hkcite@biznetvigator.com
馬 新 發 行 所	╱城邦（馬新）出版集團【Cite(M)Sdn. Bhd.(458372U)】 41, Jalan Radin Anum, Bander Baru Sri Petaling, 57000 Kuala Lumpur, Malaysia. 電話：(603) 90578822 傳真：(603) 90576622 E-mail：cite@cite.com.my

封 面 設 計	╱黃聖文
內 頁 設 計	╱小題大作
內 頁 插 畫	╱鄧宏儀
印　　　　刷	╱高典印刷有限公司

2004 年（民 93 年）10 月 11 日初版
2022 年（民 111 年） 11 月 4 日三版 4 刷

售價 720 元

國家圖書館出版品預行編目資料

塔羅占卜全書／魯道夫 著 -- 初版 . -- 臺北市：春
光出版：家庭傳媒城邦分公司發行，2004（民 93）
面：公分 .
ISBN 978-986-7848-08-6（平裝）

1. 占卜

292.9　　　　　　　　　　　　　　　93016819

Printed in Taiwan

城邦讀書花園
www.cite.com.tw